信度與效度

薄喬萍 著

Reliability
and
validity

東華書局

國家圖書館出版品預行編目資料

信度與效度／薄喬萍著. -- 初版. -- 臺北市：
臺灣東華, 民99.10
　　面；　　公分

ISBN 978-957-483-636-9 (平裝)

1. 質性研究　2. 信度　3. 效度

501.2　　　　　　　　　　　　　　99019855

版權所有・翻印必究

中華民國九十九年十月初版

信度與效度

定價　新臺幣參佰伍拾元整
（外埠酌加運費匯費）

著　者　薄　　喬　　萍
發行人　卓　　劉　慶　弟
出版者　臺灣東華書局股份有限公司
　　　　臺北市重慶南路一段一四七號三樓
　　　　電話：（02）2311-4027
　　　　傳真：（02）2311-6615
　　　　郵撥：0 0 0 6 4 8 1 3
　　　　網址：http://www.tunghua.com.tw
印刷者　鴻展彩色印刷股份有限公司

行政院新聞局登記證　局版臺業字第零柒貳伍號

序　言

　　凡是以問卷作為論文工具者，對於所設計的問卷必須先經過信度與效度之檢測，檢測合格者，這份問卷才算有效、才能夠正式地發出去，實施意見調查。這個道理很簡單，大家都知道。

　　然而，當要執行檢測的時候，很多研究者卻不真正了解信度和效度的意義和做法，往往都是把測驗所收回的問卷分數，輸入電腦中的某種軟體，此時電腦報表會告訴我們 Cronbach's α 之值，也許很多人還不很清楚，此一 α 值究竟是如何得出來的。本書為了使初學者了解此一 α 值之由來，特以簡單明瞭的 EXCEL 舉例說明，淺顯易懂。以筆者之經驗，無論以前是否學過「統計學」，30 分鐘之內，每個人都學會如何計算 α 係數。

　　由於「信度」與「效度」的應用非常廣泛，各家學說並不齊一，很多內容並不容易彙整於章節之內，但是為了讀者能有更多的參考，本書將許多不易收錄在正文的內容，也設法出現在習題內。以筆者之設計，習題之作用可以視之為「Q & A」，因此，本書的習題也形成了另一種章節。

　　本書所包含的內容很多，對於只想學習如何使用信度、效度檢測的初學者而言，筆者建議可按以下順序閱讀較為有效：

1. 預習時，先做第一章第五節之「項目分析」。
2. 一般的內部一致性檢定，以第一章的 Cronbach's α 檢測為主。若是熟悉 SPSS 之讀者，可直接以 SPSS 評估。否則，可使用每部電腦都會配備的 EXCEL 軟體實施。信度的參考範圍請參閱第一章第三節。
3. 簡單的效度分析，通常都是以「內容效度」為主，此時可參閱第二章第三節。

4. 當使用到因素分析時，則可參閱第二章第三節的「構念效度」。內容只有「探索性因素分析」者，則可參閱第三章第二節之十一；若是還有「驗證性分析」，則請參閱第三章第三節。
5. 還有興趣再深入探討的讀者，即可由各章節一一參閱。由於本書章節有限，未能包含全部「信度與效度」之內容，必然還有未能包含周全之處，再請參閱參考文獻所列之叢書。

研究方法大致可分為「量化研究」和「質性研究」。質性研究者對於信度與效度的看法並不一致，甚至於有人並不認為需要做信度、效度之檢定，當然，這是見仁見智各有立場，筆者不擬評論。然而，基於對於信度與效度探討之立場，本書也特於第四章，撰寫了關於質性研究的信度與效度，希望藉此機會能夠對於質性研究的讀者們，也能提供一份心力與貢獻。

本書之撰寫前後費時幾近兩年，當然，一方面由於筆者才疏學淺，另一方面也是由於本書之題材較為分散，一時難以有效地蒐集足夠的資料所致。編撰之中，難免有掛一漏萬之可能，在此謹向讀者們致歉，也期望先進們不吝賜教為盼。

薄喬萍　謹識
九十九年9月於義守大學工管學系

序 言		iii

Chapter 1　信 度　　1

第一節	信度之意義	1
第二節	信度之內涵	6
	一、從受試者內在的變異分析	6
	二、從眾多受試者相互之間的變異加以分析	9
第三節	信度之種類	14
	一、再測信度	14
	二、複本信度	16
	三、折半信度	18
	四、庫-理信度	21
	五、Cronbach's α 係數	23
	六、評分者互評信度	31
	七、訪問的信度	31
	八、觀察的信度	32
	九、測量標準誤	33
第四節	影響信度之因素	37
第五節	項目分析	41
	一、項目分析之原理	41
	二、四類、七項準則之檢定	42

Chapter 2 效 度   63

第一節   效度之意義   64

第二節   效度之評量方法   64

第三節   效度之種類   65
- 一、內容效度   66
- 二、效標關聯效度   83
- 三、構念效度   90
- 四、內在效度與外在效度   106
- 五、觀察的效度   108
- 六、其他的效度   110

第四節   信度與效度之關係   110

Chapter 3 因素分析   117

第一節   因素分析的基本觀念   118

第二節   探索性因素分析   119
- 一、理論基礎   119
- 二、主成份分析   119
- 三、因素分析的基本原理   130
- 四、因素分析實施之步驟   133
- 五、共同性 h_i^2 之估計   136
- 六、共同因素的萃取   140
- 七、共同因素數目之決定   141

		八、特徵值與特徵向量之內涵	143
		九、因素軸之旋轉	146
		十、模式適合性之評估	157
		十一、統計驗證	163
	第三節	驗證性因素分析	167
		一、結構方程式	167
		二、驗證性因素分析之理論	171
		三、信度與效度	173

4 Chapter 質性研究之信度與效度　　185

第一節	信　度	187
第二節	效　度	189
第三節	質性研究中三角資料檢測法	194
	一、三角資料檢測法原理	194
	二、三角資料檢測法	196

參考文獻	201
習題解答	205
索　引	245

信度與效度

1

信 度

第一節　信度之意義

　　信度 (Reliability) 即可靠性、可信的程度，若是應用在一份測驗上，是指這份測驗的**一致性** (Consistency) 或是**穩定性** (Stability)。

　　所謂的一致性，是指一份測驗問卷中，對於同一件問題內容，各試題之間的涵義是否能夠相互符合、前後是否能夠連貫一致；對於穩定性而言，則是指此份問卷若是施測多次，其測驗結果是否還能保持不變？一項研究或是研究所使用的測量工具，反覆不斷地用來實驗或是驗證，如果所得的結果不會改變，就代表這項研究或是測量的工具具有良好的「信度」。

　　由此可知，並不是任何的測驗皆有良好的信度，信度的產生與提升，是需要刻意地努力和修訂的。以上這些問題，不論是討論各問題間的內容是否相互符合，或是討論幾次測驗的結果，都不致有太大的變異，信度在這些問題上的討論，都是在探測「相對程度上的差異」，因為「一致」或是變異都是形容詞，或是以相對的比較結果，而不是以絕對的數字表現，是有信度或是沒有信度。

　　在實際的應用上，研究者要先把觀念性的問題，轉換成「操作性定義」的

信度與效度

實證層次,由於不是十分容易實施,因而經常導致問卷的題意不明,這就產生了「信度」上的問題。

在測驗或是問卷的調查,由於是以隨機抽樣的進行,因此每次的衡量結果或多或少總是會有些變動,這種變動是否可以諒解或允許,就要看這份問卷或測驗是否具有相當程度的「信度」。

例如,如果用一台「體重計」測量某人的體重,昨天量的結果是 70 公斤,而今天再量,卻量得 65 公斤,除非此人在一天內暴減了 5 公斤,否則斷不致此,顯然是測量工具的「穩定度」發生了問題,也就是「信度」不佳。

本書第二章將討論到「效度」的問題,再以這個「體重計」來說明:若是想要用此一「體重計」來測量某人的身高,當然是用錯了測量的工具,這種情形就是「效度」不佳的問題;也就是說,用錯了測量的工具,就會產生「效度」上偏差的問題。

編製一份測驗或是問卷並不困難,但是編成了這份問卷所測驗出的答案,是否真正是研究者所需要的?這就是研究「信度」所應具備的無扭曲性 (Lack of Distortion),也就是說,這份問卷的文字部份,不致產生令人誤解或是看不懂的情形。談到此一論點,往往會令人對於「信度」與「效度」產生混淆。其實,信度並不討論所衡量的「真實性」,但是,有時候也會考慮到所衡量的「正確性」,此處所說的正確性,與以後談到「效度」所在意的正確性,其切入的角度並不相同。「信度」所關心的是測量工具的「正確性」,而不管其衡量的內容;若是需要知道這個測量工具,真正可以測到所需要知道的內容,這就是「效度」所要討論的問題。

「信度」也是在討論測量工具的「變異」問題。測量的變異,可分為「系統變異」和「隨機變異」。系統變異就是一種「偏離」的變異。經常見到一種評分的現象,所測出的分數,可能全是高分或者全是低分,在這種情形下,誤差是一種常數;而隨機所造成的誤差,是均勻分佈在整個領域之內,隨機誤差所造成的原因,可能是偶發的狀況、或是一些莫名的原因所造成的。隨機誤差的變動應該侷限在某一個特定的範圍內,若是所衡量的誤差,超過了某一個限度,就可以認定此一衡量工具不具有令人取信的「信度」。

「信度」也是衡量測量工具的精準性 (Precision)。所謂的精準性是指量測多次,每次所量得的結果都會一致,或是說多次量測的「變異」不大。然而,一種精準性很高的測量工具,卻不一定量測得正確。譬如,未經「歸零」的步

槍，以射手每次的射擊，都能集中同一個目標區，這個步槍可以說具有了「信度」，但是並不能說也具有「正確性」。

圖 1-1 以 A、B、C 三種步槍在靶紙上射擊的情形，說明「信度」的意義：

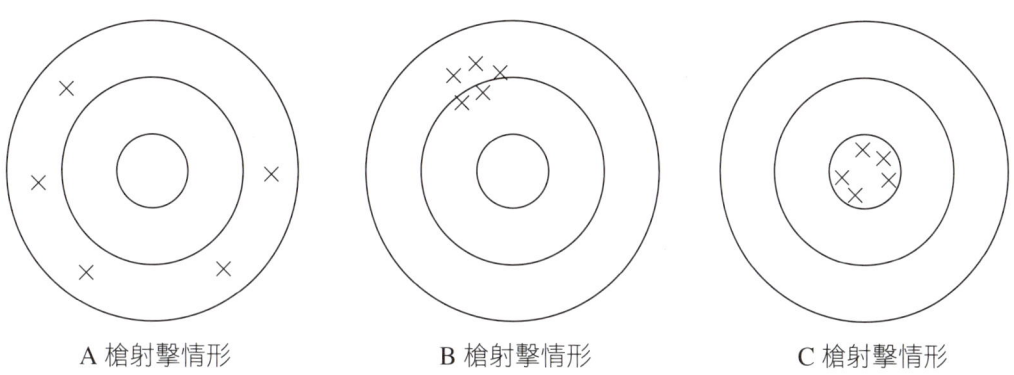

圖 1-1　　A 槍、B 槍與 C 槍的信度

從 A、B、C 三槍之射擊情形看來，以三種槍的彈著得分，A 槍彈著點不但未集中於靶心，而且其彈著點的分佈又很廣、意即「變異」很大，因此並無一致性可言，結論是 A 槍之射擊既無信度亦無效度；而，B 槍的彈著點很集中，以一致性信度而言較 A 槍為佳，但是距離中心點還是很遠，因此可說是具有信度卻無效度；以 C 槍的射擊情形來看，彈著點既集中又準確，因此，既具有高信度又具有高效度。

將以上步槍打靶之例應用於一般的問卷，若是該問卷的題意非常簡明，被測之人很容易回答，則無論該項問卷施測多少次，都不會改變原來的答案，這個問卷可稱為具有很高的「信度」；但是，另有一種情形，學校經常舉行「學生對於教師教學的意見調查」，若是某位教師非常嚴格，學生因懷恨而心生報復，在意見調查表全都以「最不滿意」給分，則無論調查多少次，答案都不變，此種調查問卷的「信度」是有了，但是缺乏「精準性」，亦即，此種情形稱為沒有「效度」。

信度與效度

 例題 1-1

某班級共有 10 位學生,這 10 位同學的程度鑑定(稱為真正程度),分別已知各為 1~10 名。如今,再以甲、乙另外兩種測驗,測試此 10 位同學之成績,其成績列於表 1-1:

表 1-1

學　生	真正程度排名	甲測驗排名	乙測驗排名
甲	1	1	5
乙	2	2	4
丙	3	3	1
丁	4	4	7
戊	5	5	9
己	6	6	2
庚	7	7	3
辛	8	8	10
壬	9	9	8
癸	10	10	6

從表 1-1 中,各同學成績情形來看,以「真正程度排名」視作基準排名,可知甲測驗的成績排名與基準排名之差異較小,因此,可認為甲測驗比乙測驗穩定,或者可說甲測驗之「信度」較高。以本例而言,由於排名情形極為顯著,很容易即可判斷兩種測驗的可靠度高低,若是排名之差異不是如此明顯,可使用「無母數統計」的「等級相關」檢定之。

假設,此 10 位同學以丙測驗所得之排名次序分別為:1,3,4,6,2,5,7,8,9,10。以 Spearman 的等級相關係數,分別計算乙測驗之排名、丙測驗之排名與「真正程度排名」之差距,計算其等級相關係數。等級相關係數之定義為:

$$\text{rsp} = 1 - \frac{6(\Sigma d_i^2)}{n(n^2-1)} \tag{1-1}$$

其中,

d_i =「某測驗排名」與「真正程度排名」之「差距」

n = 測驗題目之題數,本例題假設 $n = 10$

以本例而言，將各種測驗排名及「差距」整理如下表：

真正程度排名	乙測驗排名	d_i	d_i^2
1	5	−4	16
2	4	−2	4
3	1	2	4
4	7	−3	9
5	9	−4	16
6	2	4	16
7	3	4	16
8	10	−2	4
9	8	1	1
10	6	4	16
合　計		$\Sigma d_i = 0$	$\Sigma d_i^2 = 102$

$$\text{rsp}(乙) = 1 - \frac{6 \times 102}{990}$$
$$= 0.3818$$

再計算「丙測驗排名」與「真正程度排名」之「差距平方和」為 $\Sigma d_i^2 = 16$，則

$$\text{rsp}(丙) = 1 - \frac{6 \times 16}{990}$$
$$= 0.9030$$

同理，「甲測驗排名」與「真正程度排名」之「等級相關係數」為：

$$\text{rsp}(甲) = 1 - \frac{6 \times 0}{990}$$
$$= 1.0$$

此時即可看出，丙測驗的「信度」優於乙測驗，此三種測驗「信度」之排序為：

$$\text{rsp}(甲) > \text{rsp}(丙) > \text{rsp}(乙)$$

第二節　信度之內涵

一、從受試者內在的變異分析

由於測量是以抽樣測試，其中免不了會有誤差，因此，對於受試者所獲得的實測分數，與其真正的應得分數，此兩者之間，還有一個測量誤差。意即：

實測分數 (Obtained Score)
= 真正分數 (True Score) ＋ 測量誤差 (Error of Measurement)

以數學式表示，即為

$$X_o = X_t + X_e \tag{1-2}$$

若是測量誤差愈小，則實測分數與真正分數就愈接近。實測分數與真正分數之所以有差異，主要是由於抽樣的原因，若是以「普查」的情況測驗，其中除了工具上可能造成誤差之外，抽樣誤差幾乎已經沒有了。因此，若是樣本數愈多，或是在不改變測驗題目的品質條件下，測驗的題數愈多，此測驗的信度就會愈高，誤差自然就會愈小。上述 X_o、X_t 及 X_e 各有變異，在假設 X_t 與 X_e 為統計獨立的前提下，此三種變異之間的關係情形為：

實測分數之變異＝真正分數之變異＋誤差項之變異

其數學式表示為：

$$SS(X_o) = SS(X_t) + SS(X_e) \tag{1-3}$$

以此種觀點視之，真正分數的變異量與實測分數變異量之比，即可視為「信度」。意即：

$$r = SS(X_t) / SS(X_o)$$
$$= 1 - SS(X_e) / SS(X_o) \tag{1-4}$$

由此，亦可說明「信度」是衡量測量的工具，其「隨機誤差」愈少的程度。若是隨機誤差愈少，則每次所測量的結果就會愈接近，也就是顯示出每次測量結果的「一致性」或「穩定性」就愈強。

測量中的「真正分數」，其實只是個「理想」的數字，此一「理想」值無法以某個公式計算得出，但是在測量中，對於同一個受試者，測驗無數次的平均數，庶幾可認為近似於「真正分數」。然而，由於每次測量都是隨機性的，因此，每次測量的結果與真實分數並不會相同，其間的差異稱為「測量誤

差」，這些無限多次測量誤差的機率分配，許多學者都認為近似於「常態分配」。

例題 1-2

假設某種測驗可分為甲、乙兩種。甲、乙兩種測驗皆是為了測驗 4 個母體之平均數有無差異。假設各測驗之數據皆滿足常態分配，且此 4 組母體之變異數假設相等，甲、乙測驗之資料記錄如下：

(1) 甲測驗

分　組	1	2	3	4
成　績	60	60	50	40
	40	60	50	30
	40	40	40	20
	30	10	40	20
	10	20	10	10

(2) 乙測驗

分　組	1	2	3	4
成　績	60	40	50	10
	40	10	50	40
	40	60	40	20
	30	60	40	30
	10	20	10	20

甲測驗：

行平均　$\overline{X.1} = 36$　$\overline{X.2} = 38$　$\overline{X.3} = 38$　$\overline{X.4} = 24$

列平均　$\overline{X1.} = 52.5$　$\overline{X2.} = 45$　$\overline{X3.} = 35$　$\overline{X4.} = 25$　$\overline{X5.} = 12.5$

總平均　$\overline{\overline{X}} = 34$

以下，以 $SS(T_i)$ 表示甲、乙兩測驗之總變異；$SS(C_i)$ 表示甲、乙兩測驗各行間之變異；$SS(R_i)$ 表示甲、乙兩測驗各列間之變異。$SS(E_i)$ 是誤差之變異，可由 $SS(T_i)$ 減 $SS(C_i)$ 及 $SS(R_i)$ 獲得。

$$SS(T_1) = \Sigma\Sigma\,(x_{ij} - \overline{\overline{X}})^2 = 5680$$

$$SS(C_1) = \Sigma 5\,(\overline{X.i} - \overline{\overline{X}})^2 = 5\,(4 + 16 + 16 + 100) = 680$$

信度與效度

$$SS(R_1) = \Sigma 4 (\overline{X_{i\cdot}} - \overline{\overline{X}})^2 = 4 (342.25 + 121 + 1 + 81 + 462.25)$$
$$= 4030$$

$$SS(E_1) = (5680 - 680 - 4030)$$
$$= 970$$

為便於讀者操作，乙測驗之運算，則採用 EXCEL 執行，以「雙因子變異數分析：無重複試驗」，得出 ANOVA 如下：

變　源	SS	自由度	MS	F	臨界值
列	1880	4	470	1.807692	3.25916
欄	680	3	226.6667	0.871795	3.4903
錯　誤	3120	12	260		
總　和	5680	19			

$$SS(T_2) = 5680 = SS(T_1)$$
$$SS(C_2) = 680 = SS(C_1)$$
$$SS(R_2) = 1880 \neq SS(R_1) = 4030$$
$$SS(E_2) = 3120 \neq SS(E_1) = 970$$

由以上甲、乙兩種測驗得知，在 $SS(T_1) = SS(T_2)$ 及 $SS(C_1) = SS(C_2)$ 之條件下，可只考慮 R_1 與 R_2 之間的變異數差異，則此兩種測驗之信度各為：

甲測驗之「信度」：

$$r(甲) = 1 - SS(E_1) / SS(R_1)$$
$$= 1 - 970 / 4030$$
$$= 0.7593$$

乙測驗之「信度」：

$$r(乙) = 1 - SS(E_2) / SS(R_2)$$
$$= 1 - 3120 / 1880$$
$$= -0.6596$$

亦即可知，甲測驗之信度大於乙測驗之信度。

第一章　信　度

■ 二、從眾多受試者相互之間的變異加以分析

(一) 相關係數

以受試者相互之間的相關係數表示信度之高低，相關係數之公式為：

$$r = \frac{S_{xy}}{\sqrt{S_{xx}\, S_{yy}}} \tag{1-5}$$

式中：

$$S_{xy} = \Sigma\, (x_i - \overline{X})(y_i - \overline{Y})$$
$$S_{xx} = \Sigma\, (x_i - \overline{X})$$
$$S_{yy} = \Sigma\, (y_i - \overline{Y})$$

其中，$S_{xx} = x$ 之變異

$S_{xy} = x$ 與 y 之共變異。

(二) 相關係數之意義

1. 相關係數表示兩個變數間的關係，其絕對值愈大，表示兩者之關係愈強，卻並不表示此二者具有因果關係。
2. 相關係數介於 +1 與 −1 之間。若是相關係數為 +1，即表示此二變數之間為「完全正相關」；若是此二變數之相關係數為 −1，則表示此二變數為「完全負相關」；若是相關係數為 0 時，稱此二變數之間為「零相關」。
3. 本節所介紹之相關係數稱為 Pearson 積差相關係數，其使用於兩變數間為直線相關；若是兩變數間為非線性關係時，則不宜使用此一公式。
4. 相關係數之大或小，不能由個人所決定，而應依照統計檢定公式，檢定之後方能決定該係數算是「大」或是「小」。

例題 1-3

某單位想要評量張先生之學識及品德等 5 項能力，為了更公允起見，再請同仁給予互評分數，假設 6 位同仁，以 Likert 1-5 分量表對於張先生之評分如下：

信度與效度

同事＼學識品德	1	2	3	4	5
1	3	3	2	2	4
2	2	4	5	5	1
3	5	2	1	4	3
4	4	4	4	5	2
5	3	3	5	2	4
6	2	5	4	2	5

由上資料，可計算得各同事之間，對於 5 個問題之變異及共變異如下：

變異	1	2	3	4	5	6
1	0.56					
2	−1.12	2.64				
3	0.2	−1.0	2.0			
4	−0.64	1.28	0.2	0.96		
5	0.08	−0.16	−1.0	−0.52	1.04	
6	0.52	−0.44	−1.4	−0.88	0.76	1.84

將以上各變異及共變異，代入 (1-5) 式，即可求出相關係數：

$$r_1 = 1.00$$
$$r_{12} = -1.12 / \sqrt{0.56 \times 2.64} = -0.92113$$
$$r_{13} = 0.2 / \sqrt{0.56 \times 2.0} = 0.188982$$
$$\vdots$$
$$r_{65} = 0.76 / \sqrt{1.04 \times 1.84} = 0.549399$$

或直接以 EXCEL 之「相關係數」執行，即可得出以下相關係數矩陣：

相關係數	1	2	3	4	5	6
1	1.0000					
2	−0.9211	1.0000				
3	0.1890	−0.4352	1.0000			
4	−0.8729	0.8040	0.1443	1.0000		
5	0.1048	−0.0966	−0.6934	−0.5204	1.0000	
6	0.5123	−0.1996	−0.7298	−0.6621	0.5494	1.0000

由以上相關係數矩陣可看出，第 1 位同事與第 2 位、第 4 位同事之意見呈負相關；第 2 位同事與第 1 位、第 3 位、第 5 位以及第 6 位同事之意見呈負相關；第 3 位同事與第 2 位、第 5 位、第 6 位同事之意見呈負相關；第 4 位同事與第 1 位、第 5 位、第 6 位同事之意見呈負相關；第 5 位同事與第 2 位、第 3 位、第 4 位同事之意見呈負相關；第 6 位同事與第 2 位、第 3 位與第 4 位同事之意見呈負相關。

經此分析之後，可說明大家對於張先生之能力意見分歧，任何片面之意見皆不足取信，對於張先生能力正確的評估，還需更進一步以其他的方法評量。

例題 1-4

某餐廳老闆想要知道，顧客對於該餐廳服務項目重要度的看法，影響餐廳服務的項目概略可分為：「價格」、「餐廳氣氛」、「菜色變化」、「新鮮程度」以及「服務態度」。今隨機抽樣 10 位顧客，以 Likert 1-5 分量表評分如下：

服務因素 顧客	價 格	餐廳氣氛	菜色變化	新鮮程度	服務態度
1	4	3	2	2	3
2	3	4	2	2	3
3	4	4	3	1	5
4	2	5	4	4	4
5	3	3	5	5	2
6	1	1	1	1	2
7	5	4	5	5	4
8	2	3	3	4	1
9	2	5	3	5	5
10	4	5	4	2	4
平 均	3.0	3.7	3.2	3.1	3.3

以 10 位顧客共同的意見，取其平均數列於調查評分表之下方，再以相關係數之公式，求 10 位顧客之評分與「平均數」之相關係數，相關係數矩陣如下：

信度與效度

相關係數\顧客	1	2	3	4	5	6	7	8	9	10	平均
1	1.000										
2	0.643	1.000									
3	0.670	0.667	1.000								
4	−0.600	0.218	−0.090	1.000							
5	−0.757	−0.757	−0.885	0.102	1.000						
6	0.134	0.134	0.590	0.102	−0.667	1.000					
7	−0.218	−0.764	−0.662	−0.583	0.749	−0.612	1.000				
8	−0.629	−0.367	−0.896	0.320	0.850	−0.785	0.480	1.000			
9	−0.423	0.211	−0.117	0.807	−0.132	0.395	−0.646	0.155	1.000		
10	0.491	0.764	0.813	0.167	−0.578	0.102	−0.583	0.480	−0.161	1.000	
平均	−0.044	0.730	0.354	0.811	−0.331	0.083	0.811	0.016	0.589	0.642	1.000

由整體之相關係數矩陣看來，顧客意見「平均」與大部份之意見成正相關，但是，也與顧客1及顧客5與「平均」之意見呈負相關，此二位顧客與大部份其他顧客之意見也很不一致，這種情形可能是這二位顧客的看法有所偏差(與其他大部份顧客)；但是，也有可能只有這二位的意見是正確的，應該再深入訪談或研究；若是此二位顧客沒有太大的理由，應該將其意見刪除*，重新以所餘8位顧客的意見，再評估各因素之重要度。

(* 不要草率地決定刪除某人之意見，以免調查失真。)

(三) 標準化分數

標準化分數 Z，是由原始分數減去平均數之後，再除以標準差，而得之。亦即：

$$Z = \frac{x - \bar{X}}{\sigma} \quad (1\text{-}6)$$

若是兩組數據皆以「標準化分數」表示，則此兩個標準化分數之間的變異、共變異關係，就等於相關係數。

例題 1-5

已知某生的數學測驗成績與其英文測驗成績之相關係數為 0.60，若該同學之數學成績之標準化分數為 1.2 分，則依此可預測其英文成績為多少？

解：標準化之後的成績，其關係情形為

$$Z_y = r Z_x$$

故，英文成績之標準化分數 $Z_y = 0.60 \times 1.2 = 0.72$ 分。

 例題 1-6

以例題 1-3 之資料為例，說明原始資料經過標準化之後，各列之間的相關係數仍然不變。

原資料中，

第一列之平均數 = 2.8，標準差 = 0.836660
第二列之平均數 = 3.4，標準差 = 1.816590
第三列之平均數 = 3.0，標準差 = 1.581139
第四列之平均數 = 3.8，標準差 = 1.095445
第五列之平均數 = 3.4，標準差 = 1.140175
第六列之平均數 = 3.6，標準差 = 1.516575

將各原始數據皆減去平均數，並除以標準差之後，得出下表資料：

0.2390	0.2390	−0.9562	−0.9562	1.4343
−0.7707	0.3303	0.8808	0.8808	−1.3212
1.2649	−0.6325	−1.2649	0.6325	0.0
1.8257	0.1826	0.1826	1.0954	−1.6432
−0.3508	−0.3508	1.4033	−1.2279	0.5262
−1.0550	0.9231	0.2637	−1.0550	0.9231

再求以上六列之相關係數，結果如下：

相關係數	1	2	3	4	5	6
1	1.000					
2	−0.921	1.000				
3	0.189	−0.435	1.000			
4	−0.596	0.375	0.511	1.000		
5	0.105	−0.097	−0.693	−0.512	1.000	
6	0.512	−0.110	−0.730	−0.843	0.549	1.000

此相關矩陣，與例題 1-3 之原始數據之相關係數完全相同。

第三節　信度之種類

按照使用狀況之不同，信度可分為以下各種：

一、再測信度

所謂**再測信度** (Test-retest Reliability) 是指使用同一種測驗方法，對於相同的一群受試者，前後各測驗一次，然後再比較這兩次受測分數之相關係數，若是此一相關係數很高，就可認為「再測信度」高。由於再測是檢定前後測試分數是否穩定，因此，「再測信度」係數又可稱之為「穩定係數」。

「再測信度」之測試，可以檢測出該測試工具，是否會因時間變動而改變測試分數，也可以測試出，受試者是否並不十分了解題項之內容，而未加思考地隨意回答此一問題，此時的前後測試分數必然相差很大，以相關係數衡量，必然相關不高。

當然，實施「再測信度」檢定，前、後兩次測試的時間間隔要拿捏得恰當，若是前、後時間相隔太近，受試者對於問項的內容，還是記憶猶新，不論他對於問項是否真正了解，僅憑記憶就能回答和前次相同的答案；若是，兩次測試的時間間隔太遠，縱然該測試工具很合理、也很穩定，但是可能由於時間變動的因素，將會改變受試者的心態而改變問項之答案。

例題 1-7

某一次問卷調查,希望知道學生對於「台灣目前的民主」了解的程度。研究者擬定了 30 個題項,抽樣詢問 10 位同學的看法。為了檢測「再測信度」,對於此 10 位同學,以相同的問卷,前後實施兩次問卷調查,此 10 位同學前後測試各 $30 \times 10 = 300$ 個答題得分,為便於解釋說明,簡化答題分數前後各以 10 個得分為例,記錄如下:

前測得分 (x_i):3,2,5,4,3,5,2,4,1,5
後測得分 (y_i):2,2,4,3,4,5,2,3,1,5
$x_i \times y_i$ 得分:6,4,20,12,12,25,4,12,1,25
$\overline{X} = 3.4$
$\overline{Y} = 3.1$
$\Sigma x_i y_i = 121$

$$S_{xy} = \Sigma x_i y_i - 10\,\overline{X}\,\overline{Y}$$
$$= 121 - 10 \times 3.4 \times 3.1$$
$$= 15.6$$

$$S_{xx} = \Sigma x_i^2 - 10\overline{X}^2$$
$$= 9 + 4 + 25 + 16 + 9 + 25 + 4 + 16 + 1 + 25 - 10 \times 11.56$$
$$= 18.4$$

$$S_{yy} = \Sigma y_i^2 - 10\overline{Y}^2$$
$$= 4 + 4 + 16 + 9 + 16 + 25 + 4 + 9 + 1 + 25 - 10 \times 9.61$$
$$= 16.9$$

相關係數 $r = S_{xy} / \sqrt{S_{xx}\,S_{yy}}$
$$= 15.6 / \sqrt{18.4 \times 16.9}$$
$$= 15.6 / 17.6341 = 0.8846$$

亦即,前後測之相關係數為 0.8846,可認為此種測驗結果具有「再測信度」之要求水準。

對於前、後測試之分數是否確有差異,除了以相關係數檢測外,還可用 t 檢定判定前後測試之平均數是否相等。應用 t 檢定時,首先應確定這

些資料滿足常態分配,其次再確定前、後測試之變異數是否相等?茲以 EXCEL 實施檢驗 (本例題假設這些資料皆已滿足常態分配)。

進入 EXCEL 系統,按「工具」、「資料分析」、「F 檢定」,再按「確定」,即會出現 F 檢定之視窗。將兩組數據輸入後,即得出:

$$S_1^2 = 2.04444$$
$$S_2^2 = 1.87778$$
$$S_1^2 / S_2^2 = 1.088757 < F\,0.975\,(9,9) = 4.0259$$

判定為不顯著,亦即,可視為兩組之變異數相等,再以變異數相等之 t 檢定兩組之平均數是否相等。

進入 EXCEL 系統,按「工具」、「資料分析」、「t 檢定:假設兩母體變異數相等」,再按「確定」,即會出現 t 檢定之視窗。將兩組數據輸入後,即得出:

$$t\,統計 = 0.479022 < 雙尾臨界值 = 2.100924$$

未推翻 H_0,亦即,可認為此問卷之前、後測之平均得分無顯著差異。

■二、複本信度

對於同一種測驗,將此測驗分別使用不同的語句敘述,或是使用不同的問題測試,因而形成了外表看似截然不同,然而實際所測試的內容完全一致的兩種測驗。將此兩種測驗分別測試同一群受試者,如果,該一測驗真正能測試出受試者的內心意見,則不論該測試問題的文字或形式是否有異,此兩種測驗的分數應該都會一致,此一測驗的信度就會很高。信度之高低可使用兩次測驗分數之相關係數表示,若是相關係數高,就可認為有高度的**複本信度** (Alternate Forms Reliability)。此種信度之係數,又可稱之為**等值係數** (Coefficient of Equivalence)。

實施複本信度測試,雖然不必考慮前後測試的間隔時間,也不必擔心需要求受試者回答兩次測驗,但是,此種測驗的誤差仍然包含了「時間」及「內容」兩部份的誤差變異。雖然也有一些不便之處,然而一般來說,這種信度之測驗比實施「再測信度」方便,也比較不會受到干擾而且容易實施。

但是,複本測試題項不容易設計,為了非常公允、以相同的內涵,測驗出

受試者的心意,必須在題數、題型、難度、內容以及鑑別度,各方面都要兩者一致,因而,這種複本測驗的製作比較困難。

 例題 1-8

假設有 100 位同學參加英文程度測驗,測驗卷共有 A、B 兩種複本測試,其測驗結果如下:

		A 測驗		
		及 格	不及格	合 計
B 測驗	及 格	65	5	70
	不及格	10	20	30
	合 計	75	25	100

試問,此兩種測驗卷之百分比一致性如何?

解:

$$P = \frac{(A、B卷皆及格) + (A、B卷皆不及格)}{總人數}$$

$$= \frac{(65) + (20)}{100}$$

$$= 0.85$$

故百分比一致性為 0.85。

若是整理出 A、B 兩卷之答題分數各為:

A:3,4,3,5,2,3,4,4,4,4,3,
4,4,5,3,5,4,3,4,5,4

B:2,3,3,5,2,4,4,4,3,4,4,
4,4,5,3,4,4,4,3,4,4

計算此兩組答分之相關係數,作為「複本信度」:

$$r = 0.669281$$

因為信度尚未達到 0.7 的中等水準,因此,此一「複本信度」不算太高。

信度與效度

■ 三、折半信度

對於一份測驗問卷，實施測驗之後，將全部試題按「單」、「雙」分成兩半，根據各受試者在這兩半試題之分數，計算其相關係數，此種信度只考量到測驗的「內容」部份，並未涉及「時間」的誤差或變異，此種相關係數即稱為折半信度 (Split-half Reliability)。由於，此種相關係數是說明該問卷內部是否一致的情形，因此，折半信度又可稱之為一致性係數 (Coefficient of Internal Consistency)。

折半信度之實施很容易，其實只實施了一次測驗，就可以得到所需之資料，對於無法前後實施兩次測驗，或是不容易設計成兩種複本測驗之情形，可考慮使用折半信度。

但是，折半之方式有時也會令人感到困擾，因為，對於兩半如何取捨，並沒有一定的依據，不同的折半，也將會影響「折半係數」之評估。

由於折半係數會有偏低之趨勢，因此，以 Spearman Brown 公式加以調整：

$$r_{xx} = \frac{2r_{hh}}{1+r_{hh}} \tag{1-7}$$

式中　r_{xx} = 折半信度係數

　　　r_{hh} = 測驗之兩半分數之相關係數

使用此一公式之前提，假設兩半分數之變異數要相等，否則，即需使用以下所介紹的 Rulon 或 Guttman 之信度公式。

例題 1-9

假設某一測驗共有 10 個題目，今隨機抽樣 10 位受試者填寫該測驗，以 Likert 1-5 分量表，得出分數如下所示：

題目樣本	1	2	3	4	5	6	7	8	9	10	前5題總分 (a)	後5題總分 (b)
1	2	3	3	4	2	1	3	2	3	1	14	10
2	3	2	2	3	4	2	3	2	3	2	14	12
3	4	2	3	3	2	3	2	3	3	2	14	12
4	3	2	3	3	2	3	2	1	3	2	13	11
5	4	2	3	4	3	2	3	3	2	1	16	11
6	3	2	2	3	4	3	2	3	2	2	14	12
7	5	4	4	3	4	3	4	4	3	4	20	18
8	4	4	3	3	3	2	3	3	2	3	17	13
9	3	3	3	3	2	3	2	3	3	2	15	13
10	3	2	3	2	4	2	3	3	2	3	14	13

把整個測驗區分成相同的兩部份，假設前5題與後5題之性質接近，則將各樣本在1～5及6～10各題之得分加總，列於上表之最右兩欄。

計算 (a) 與 (b) 之相關係數：

$$SS_{ab} = 33.5 \text{，} SS_a = 38.9 \text{，} SS_b = 42.5$$

故 a、b 之相關係數為

$$r = \frac{33.5}{\sqrt{38.9 \times 42.5}} = 0.8239$$

將以上問卷區分為兩半，所求得之相關係數，再經 Spearman-Brown 公式之校正後，得出折半信度係數為

$$r_{tt} = \frac{0.8239}{1 + 2 \times 0.8239} = 0.3116$$

以上，使用 Spearman-Brown「折半信度」係數之公式，其先決之條件，假設所區分成兩半的分數，其變異數要相等。然而，實際上此一條件並不一定能夠滿足，因而，可再採用 Rulon 之公式，其公式為

$$r_{tt} = 1 - V(d) / V(t) \tag{1-8}$$

式中，

$V(d)$ = 兩半測驗分數差額之變異數

$V(t)$ = 整體測驗分數之變異數

信度與效度

 例題 1-10

試以例題 1-9 之數據，計算 Rulon 公式之信度。

解：以例題 1-9 之資料，將 (a)、(b) 列於下表，並計算整體資料 $d =$ (a) $-$ (b) 與 $t =$ (a) $+$ (b) 之變異數：

(a)	(b)	$d =$ (a) $-$ (b)	$t =$ (a) $+$ (b)
14	10	4	24
14	12	2	26
14	12	2	26
13	11	2	24
16	11	5	27
14	12	2	26
20	18	2	38
17	13	4	30
15	13	2	28
14	13	1	27

以 EXCEL 之「敘述統計」，得出摘要如下：

組	個數	總和	平均	變異數
欄 d	10	26	2.6	1.6
欄 t	10	276	27.6	16.48889

由上表得知，$V(d) = 1.6$，$V(t) = 16.48889$，故

Rulon 之信度 $r_{tt} = 1 - 1.6 / 16.48889 = 0.902965$

除了 Rulon 之信度公式之外，也有許多學者採用 Guttman 信度公式，其公式如下：

$$r_{tt} = 2[1 - (V(a) + V(b) / V(t)] \tag{1-9}$$

上式中，$V(a)$、$V(b)$ 各表示 (a) 與 (b) 之變異數，$V(t)$ 表示整體數據之變異數。

例題 1-11

仍以例題 1-9 之數據，試求 Guttman 信度係數。

解：依題意求得 $V(a) = 4.3222$，$V(b) = 4.7222$，$V(t) = 16.48889$
故，Guttman 信度係數

$$r_{tt} = 2\,[1 - (4.3222 + 4.7222) / 16.48889]$$
$$= 0.9029706$$

四、庫-理信度

庫-理信度 (Kuder-Richardson Reliability) 信度是由 G. F. Kuder 和 M. W. Richardson 於 1937 年所提出，對於量測問卷項目之間的一致性，所提出評估信度之方法。此種方法不需要將問題區分成兩部份，而是根據全部的問題「回答對與錯」之題數，所測出的一致性來估計該問卷之信度，因此，庫-理信度僅適用於二分法之問卷。

該方法假設，該問卷內部之一致性變量，受到內容取樣和取樣行為領域的異質性所影響，若是異質性愈低 (或是同質性愈高)，即表示各題項之間一致性就愈高。

庫-理信度公式為：

$$r_{kr20} = \left(\frac{k}{k-1}\right)\left(1 - \frac{\Sigma_{pq}}{V}\right) \tag{1-10}$$

上式中，

k = 該測驗的題數
Σ_{pq} = 整個測驗中，每題答對之機率 (p) 與答錯之機率 (q)，其乘積之總和
V = 測驗總分之變異數

若測驗問項是屬於可以複選的情形時，就可以「答對」與「答錯」之比率，代入 (1-10) 式，計算其信度係數。

信度與效度

例題 1-12

假設王老師想要了解國人對於財經知識的程度，因而設計了一份問卷，共有 10 個題目。邀請 10 位受試者回答每一題目，此 10 個問題回答之「答對」與「答錯」之記錄如下 (以「○」及「×」表示「答對」與「答錯」)：

受試者 題項	1	2	3	4	5	6	7	8	9	10	p	q	pq
1	○	×	○	○	○	○	○	×	×	×	0.6	0.4	0.24
2	○	×	○	×	○	○	×	○	○	×	0.5	0.5	0.25
3	○	×	○	×	×	○	×	○	×	×	0.4	0.6	0.24
4	×	×	○	○	×	○	×	×	○	○	0.6	0.4	0.24
5	○	○	×	○	×	○	○	○	×	○	0.6	0.4	0.24
6	○	×	○	×	○	×	○	○	×	○	0.5	0.5	0.25
7	○	×	○	○	×	○	×	○	○	○	0.6	0.4	0.24
8	○	○	×	○	×	○	×	○	×	○	0.5	0.5	0.25
9	○	○	×	○	×	○	○	○	×	○	0.6	0.4	0.24
10	×	×	○	×	×	○	○	×	○	×	0.4	0.6	0.24
得 分	8	3	6	6	4	7	5	7	6	1			Σ_{pq} = 2.43

$\Sigma x_i = 8 + 3 + 6 + 6 + \cdots + 6 + 1 = 54$，$\overline{X} = 5.4$

$\Sigma x_i^2 = 64 + 9 + 36 + \cdots + 36 + 1 = 321$，$V = 1/10\ (321 - 10 \times 5.4^2) = 2.94$

$\Sigma_{pq} = 2.43$，$V = 2.94$

(受試者之評分，以 ○ 表示 1 分、以 × 表示 0 分，自由度為 10，以計算本題之變異數 V。)

則，庫-理信度

$$r_{kr20} = (10/9)\ (1 - \Sigma_{pq}/V)$$
$$= 0.1889$$

此問卷以庫-理信度評估，顯示其內部一致性不高，似乎應考量重新檢討題項，進行修改或刪除。

五、Cronbach's α 係數

L. J. Cronbach 於 1951 年提出量測一份問卷的內部一致性之檢定公式，此方法之實施，只要測驗一次即可求得信度係數。當題項是屬於異質時，α 係數所估計的信度，將會低於折半信度，所以 Cronbach's α 係數常被稱為估計信度的「最低信度」。此方法克服了折半係數法的缺點，α 係數之衡量，只需測量一次，題目個數也不必增加為兩倍，此方法具有再測信度及折半信度的優點，也就是說，不必擔心「記憶效應」的問題，也不必像折半信度法，要將項目分組，此方法是目前社會科學所最常使用的信度，這是根據觀察值就可以計算出 α 係數。如果一個研究，其中包含了好幾個問項組合，則以總分的變異數與各問項之變異數相互之間的關係，以此作為衡量信度的指標，這就是 Cronbach's α 之意義。

計算 Cronbach's α，可以根據原始測量分數，也可以先將數據加以標準化 (標準化之作用，可以藉此消除變數本身由於「單位」不同，所帶來的影響)，一般的 SPSS 統計軟體，可以按研究者的需求，提供原始數據或標準化之後數據的 Cronbach's α。

以 Cronbach's α 衡量，某一構面下各題項間之一致性。一般而言，Cronbach's α 若高於 0.7，就可算是高信度值；而若低於 0.35 時，就應重新檢討問卷。在實務的應用上，若是 α 值達到 0.6，該問卷之信度就算是可以接受的。

如果每一個問項與整體所量測的內容一致 (即各題項之間皆為正相關)，則總和的變異數，將會大於個別問項變異數之總和。假設有 n 個題項，皆都來自於同一個構念，則各觀察值 x_i 乃由該一構念值與誤差項所組成。

Cronbach's α 之公式如下：

$$\alpha = \frac{k}{k-1}\left(1 - \frac{\sum V(x_i)}{V(H)}\right) \qquad (1\text{-}11)$$

上式中，

k = 測驗之題數
$V(x_i)$ = 每一題項分數之變異數
$V(H)$ = 測驗總分之變異數

當題項間的相關係數愈高，α 係數之值就會愈大，由以上公式可看出，當題項數 k 愈大時，α 之值就愈大，$\Sigma V(X_i) / V(H)$ 之值就愈小，$1 - \Sigma V(x_i) / V(H)$ 就愈接近 "1"；又當 $k / (k - 1)$ 愈接近 "1"，α 值就會愈大、愈接近 "1"。每一構念，至少要有兩個以上的題項，才可計算 Cronbach's α 信度；若是該構念只有一個題項，則此份問卷之 Cronbach's α 信度必然為 "1"。

(1-11) 式之應用，是在「同義」或「平行測量」的假設前提下才成立，若非同義之題項，就不宜逕自相加求 H，因此，進行信度檢定之前，需先檢查每一個題項是否都是同一個「方向」，亦即，是否都是以正向問句問題？各題項之間的相關係數都必須為正值，若有某題與其他題項之相關係數為負值，則應考量此題的必要性，或是調整此問題之問句，必要時也可以考量刪除此題，然後再計算 α 係數 (問卷中常有反向題之設計，此時應先將反向題之評分調整)。

例題 1-13

普羅旺斯餐廳，為了要了解顧客對於餐廳服務之需求，擬定了一份問卷，據此可以知道顧客對於餐廳服務的意見和看法。設計了五個問題，並隨機邀請 9 位顧客，以 Likert 1-7 分量表，請回答對於各問題的意見反映。此問卷之調查題項及 9 位顧客之意見如下：

x_1：餐飲的價格，使我感到很輕鬆

x_2：餐廳中的音樂播放，令人感到舒暢

x_3：在餐廳用餐時，等候時間不致太久

x_4：在餐廳用餐時，服務人員的服務態度令人感到溫馨

x_5：餐廳的菜色變化，經常令人感到欣喜

請顧客以 1-7 分量表，對於以上問題回答，分數愈高及表示顧客對於餐廳滿意度愈高；反之，分數愈低就表示顧客對於餐廳之滿意度愈低。9 位顧客之意見評分如下：

顧客問卷評分

題項	顧客評分									
	1	2	3	4	5	6	7	8	9
x_1	4	5	4	3	4	3	3	4	4
x_2	4	5	5	4	4	3	4	5	4
x_3	3	2	5	1	4	2	2	5	4
x_4	2	3	2	2	4	3	2	3	3
x_5	4	4	5	4	5	5	4	4	3
H	17	19	21	14	21	16	15	21	18

本例題中，$k = 5$，$V(x_1) = 0.54321$，$V(x_2) = 0.395062$，$V(x_3) = 2.22222$，$V(x_4) = 0.395062$，$V(x_5) = 0.54321$

$$H = x_1 + x_2 + x_3 + x_4 + x_5$$

$$\Sigma V(x_i) = 4.0987，V(H) = 6.666667$$

故　　Cronbach's α = (5 / 4) (1 − 4.0987 / 6.666667) = 0.4815

此時所得出之信度值 $\alpha = 0.4815$，並不能算是理想，應再深入探討。再計算 x_1，x_2，……，x_5 及 H，求其相關係數矩陣如下：

	x_1	x_2	x_3	x_4	x_5	H
x_1	1.0000					
x_2	0.5330	1.0000				
x_3	0.5394	0.3929	1.0000			
x_4	0.4264	−0.1562	0.3162	1.0000		
x_5	−0.3864	−0.0533	−0.1348	0.0533	1.0000	
H	0.7201	0.5705	0.8660	0.5249	0.0973	1.0000

由相關矩陣可看出，x_5 與 x_1、x_2、x_3 皆為負相關，而且，x_5 與 H 之相關係數為 0.0973，顯示 x_5 與 H 之相關甚低，此時應重新檢討 x_5 之問題內容，否則即應將此題項刪除。本例題將 x_5 刪除後，再計算 Cronbach's α 之值：

$$\Sigma V(x_i) = 3.5555，V(H) = 6.8396$$

Cronbach's α = (4 / 3) (1 − 3.5555 / 6.8396) = 0.6402

此時再檢驗相關係數矩陣：

	x_1	x_2	x_3	x_4	H
x_1	1.0000				
x_2	0.5330	1.0000			
x_3	0.5394	0.3953	1.0000		
x_4	0.4264	−0.1563	0.3162	1.0000	
H	0.7942	0.6384	0.8170	0.1727	1.0000

此時，仍有 x_2 與 x_4 之相關係數皆為負值，但是，x_2 與 H 之相關係數為 0.6384，而 x_4 與 H 之相關係數為 0.1727，顯示 x_4 與 H 不具有很顯著之相關，應該再繼續探討其中的原因，或是考慮再刪除 x_4 題項。

例題 1-14 ※

　　計算 Cronbach's α 之過程非常繁複，以下介紹一種容易記憶而且簡便的計算方法 (其理論說明，請參閱陳順宇著《多變量分析》，8-22)。用前面例題之資料再記錄如下：

　　可將「顧客評分」及「題項」視為兩個因子，以任何統計軟體皆可，實施「雙因子變異數分析：無重複試驗」，其 ANOVA 結果如下：

變源	SS	自由度	MS	F	P-值	臨界值
列	15.92	4	3.98	5.667722	0.001209	2.633534
欄	12.32	9	1.368889	1.949367	0.075651	2.152607
錯誤	25.28	36	0.702222			
總和	53.52	49				

此時即可直接計算

$$\text{Cronbach's } \alpha = 1 - \frac{MS(\text{錯誤})}{MS(\text{欄})}$$
$$= 1 - 0.70222 / 1.368889$$
$$= 0.4870147$$

經此計算結果之 α 值與前例所計算結果略有不同,純粹是計算時的進位或小數點取捨之間的誤差。

※由計算 α 之公式的 $(1 - \Sigma V(x_i) / V(H))$ 來看,因為:

$$V(H) = V(x_1 + x_2 + \cdots + x_k)$$
$$= V(x_1) + V(x_2) + \cdots + V(x_k) + 2\Sigma\Sigma \text{Cov}(x_i, x_j)$$

若是 $\text{Cov}(x_i, x_j) < 0$,則有可能使得 $\Sigma V(x_i) > V(x_1 + x_2 + \cdots + x_k)$,亦即,很可能產生 $\alpha < 0$ 之情況。由此可知,各題項之間之正相關愈高,所求得之 α 信度就會愈高。

例題 1-15

假設某構面問卷之題項有 5 題,各題測量分數之變異數各為:

$V(x_1) = 2$,$V(x_2) = 2.1$,$V(x_3) = 1.5$,$V(x_4) = 3.2$,$V(x_5) = 0.8$

各題項之間的相關係數各為:

$r_{12} = 0.3$,$r_{13} = 0.5$,$r_{14} = 0.2$,$r_{15} = 0.42$,$r_{23} = 0.71$,$r_{24} = 0.51$,$r_{25} = 0.21$,$r_{34} = 0.23$,$r_{35} = 0.51$,$r_{45} = 0.25$

試求此問卷之 Cronbach's α?

解: $\Sigma V(x_i) = 2 + 2.1 + 1.5 + 3.2 + 0.8 = 9.6$

$$V(H) = \sum V(x_i) + 2\Sigma\Sigma \text{Cov}(x_i, x_j)$$
$$= \sum_{i<j} V(x_i) + 2\sum_{i<j}\sum r_{ij}\sqrt{V(x_i)V(x_j)}$$
$$= 2 + 2.1 + 1.5 + 3.2 + 0.8 + 2(0.3 \times 2.0494 + 0.5 \times 1.7321 + 0.2 \times 2.5298 + 0.42 \times 1.2649 + 0.71 \times 1.7748 + 0.51 \times 2.5923 + 0.21 \times 1.2961 + 0.23 \times 2.1909 + 0.51 \times 1.0954 + 0.25 \times 1.6)$$
$$= 9.6 + 13.6345$$
$$= 23.2345$$
$$\alpha = (5/4)(1 - 9.6 / 23.2345) = 0.7335$$

例題 1-16

若是某一構面之題項有 k 題,各題項之間的相關係數皆相同為 r,各題項之變異數皆相等,試求此構面之 Cronbach's α 之值。

解:假設每一題之變異數皆相等,則,令

$$V(x_1) = V(x_2) = \cdots = V(x_k) = \sigma^2$$

令

$$H = x_1 + x_2 + \cdots + x_k$$

則

$$\begin{aligned}V(H) &= V(x_1 + x_2 + \cdots + x_k) \\ &= k\sigma^2 + 2\sum_{i<j}\sum \text{Cov}(x_i, x_j) \\ &= k\sigma^2 + k(k-1)r\sigma^2\end{aligned}$$

故,

$$\begin{aligned}\alpha &= k/(k-1)[1 - k\sigma^2/V(H)] \\ &= k/(k-1)[(k-1)/(1+(k-1)r)] \\ &= kr/[1+(k-1)r]\end{aligned} \quad (1\text{-}12)$$

由 (1-12) 式可知,當 $k = 2$ 時,

$$\alpha = 2r/(1+r) < 1$$

若當 k 值趨近於 ∞ 時,即

$$\lim_{x\to\infty} kr/(1+(k-1)r) = 1$$

故知,問卷構面之題項愈多,其信度愈有機會接近於"1"。若是某一問卷之 Cronbach's α 之值不高,即可設法多增加一些「同性質」之題項,即可增加 α 信度;或以另一個角度考量,把「非同性質」的題項刪除,也會提升 α 之值。

例題 1-17　以 SPSS 實施信度檢定

若是研究者附有 SPSS 軟體，以 SPSS 執行信度檢定可能更快速、方便。

設有以下 5 個題項，抽樣 10 位受試者回答該問卷，結果記錄如下：

受試者	題項 1	題項 2	題項 3	題項 4	題項 5
1	1	5	3	5	3
2	3	3	4	4	3
3	5	3	2	3	3
4	1	5	3	2	3
5	3	4	3	3	2
6	2	5	4	4	4
7	1	5	5	5	5
8	2	5	4	4	4
9	1	5	4	4	3
10	3	4	2	2	2

以 SPSS 軟體系統，點選「分析 / 尺度 / 信度分析」，實施操作後得出以下報表：

信度統計量	
Cronbach's α 值	項目的個數
0.121	5

項目總和統計量			
	項目刪除時的 尺度平均數	項目刪除時的 尺度變異數	修正的 項目總相關	項目刪除時的 Cronbach's α 值
變項 1	14.6000	9.822	−0.679	0.839
變項 2	12.4000	5.156	0.023	0.126
變項 3	13.4000	2.933	0.631	−0.814
變項 4	13.2000	2.622	0.626	−0.814
變項 5	13.6000	2.711	0.793	−0.896

以 5 個題項所得出之信度 $\alpha = 0.121$，表示此 5 個題項之內部一致性不高，若想提高此研究題項之信度，可由「項目總和統計量」表中的「修正的項目總相關」及「項目刪除時的 Cronbach's α 值」兩欄數字來判斷，此時看到「變項一」的「修正的項目總相關」為 "−0.679"，表示「變項

一」與總分間的相關為負相關,如果將「變項一」刪除,將可使信度提升至 "0.839"。

*讀者若有興趣,可以 EXCEL 實施「雙因子變異數分析－無重複」,於其 ANOVA 之表計算 Cronbach's Alpha 之值:

ANOVA:雙因子變異數分析－無重複

摘要	個數	總和	平均	變異數
列 1	5	17	3.4	2.8
列 2	5	17	3.4	0.3
列 3	5	16	3.2	1.2
列 4	5	14	2.8	2.2
列 5	5	15	3	0.5
列 6	5	19	3.8	1.2
列 7	5	21	4.2	3.2
列 8	5	19	3.8	1.2
列 9	5	17	3.4	2.3
列 10	5	13	2.6	0.8
行 1	10	22	2.2	1.733333
行 2	10	44	4.4	0.711111
行 3	10	34	3.4	0.933333
行 4	10	36	3.6	1.155556
行 5	10	32	3.2	0.844444

ANOVA

變源	SS	自由度 df	MS	F	P-值	F 臨界值
列	10.72	9	1.191111	1.138004	0.362684	2.152607
欄	25.12	4	6.28	6	0.000833	2.633532
錯誤	37.68	36	1.046667			
總和	73.52	49				

*α = 1－殘差之平均平方和 / 受測者之平均平方和

　　= 1－1.046667 / 1.191111

　　= 0.1209069

與 SPSS 報表之結果相同。

六、評分者互評信度

不同的評分者對於同一個測驗的看法若是一致,就可認為此一測驗的信度很高,否則就是信度不高。

此一信度之意義是指:對於不同的評分者,或是同一個評分者在不同時間點,在評量測驗的過程中,其間的觀察、評分、記錄等各方面是否相互一致性。其測量的方法是隨機抽取相當份數的測驗卷,分別由兩位評分者按該測驗編製的要點評分,然後再依每份測驗卷之兩種評分,計算其相關係數,此即互評信度 (Scorer Reliability),或稱之為評分者信度。

對於某些無法很客觀評分的測量工具,可以使用「互評信度」。例如,對於學生的作文、申論題等,凡是牽涉需要評分者主觀判斷者,為了避免過於主觀的認定,因而需要評分者之間的變異情形加以鑑別,即是「互評信度」的使用時機。

例題 1-18

已知某一個測驗其「折半信度」為 0.92,「複本信度」為 0.89,評分者「互評信度」為 0.94。試問,該測驗所測得之真實特質變異量,所佔之比例為何?

解:

折半信度 = 0.92,則內容取樣誤差 = 1 − 0.92 = 0.08

複本信度 = 0.89,則時間及內容取樣誤差 = 1 − 0.89 = 0.11

評分者互評信度 = 0.94,則評分者誤差 = 1 − 0.94 = 0.06

則時間取樣誤差 = 0.11 − 0.08 = 0.03

故總誤差變異量 = 0.08 + 0.06 + 0.03 = 0.17

因此,真實特質變異量所佔之比例 = 1 − 0.17 = 0.83。

七、訪問的信度

訪問的信度是指被問者回答問題內容的一致性。評量訪問的信度可按以下各種方法得到:

1. 在第一次訪問之後，將問題內容及次序重新排列調整，再重複發問，比較前後兩次回答內容是否一致。
2. 換一個時間點，再問一次同樣的問題，看其回答是否有重大的變動，以此作為一致性的檢定。
3. 對於很多人進行訪問，觀察其中的回答情形是否一致，以此作為一致性的檢定。
4. 將訪問之回答以錄音機記錄，邀請兩位評審人員，對於相同的錄音帶分別評分，然後計算兩者的相關係數，若是相關係數未達 0.80 以上，則該份問題內容應重新修改、設計，因為該項問題的本質上並不一致。

八、觀察的信度

觀察的信度可包含三種類型，分別為：

1. 不同的觀察者之間的相關係數。
2. 穩定係數。亦即，同一個觀察者，在不同的時間所觀察的一致性。
3. 信度係數。亦即，不同的觀察者在不同時間下，所觀察的一致性。

一般來說，不同的觀察者，甚至於相同的觀察者，在不同的時點的觀察，並不容易完全一致，這是說明無結構觀察的「信度」不易信賴，也不容易檢驗。

觀察的可靠性需要每位觀察者都能集中注意力，不僅要仔細探究每一個細節，而且要能用標準化的方式記錄下來，如此，才方便以統計方法計算「信度」。

以上的三種情形都需要長期的訓練。美國學者 Sears 等人，對於結構式觀察的信度曾有過詳盡的研究，該研究發現，「信度」會隨時間而遞增。因此，時間的掌控是研究「信度」的重要因素。

提高「觀測信度」的方法可以從不同時間的重複觀察，檢驗其中的一致性；或者是增加觀察者的人數。當然，這些觀察者的經驗以及是否受過專業訓練、對於所觀察的類別，都應明確地定義。在不同時間的觀察，要注意時間、地點的變化，以及相關人事情緒的反應變化，這都會對「信度」產生影響。

以觀察法進行對於問題的了解，可以從直接的觀看取得第一手的資料，觀察的行為要在很自然的狀態下所發生，如此才可以避免被探詢的對方不願回答的窘境，當然，當對方的語文或表達不易溝通時，經由直接觀察即可得到信度

的評估結果。但是，不可避免的，觀察法也有一些應用上的限制和缺點：

1. 由於不是在很自然的狀態下觀察，很難輕易地掌握時間和環境的變化，也不容易量化數據或是統計分析，有時候現場的樣本數不多，更不宜推論分析，若是由於樣本特性的偏差，也容易產生歪曲的推論結果。
2. 在進行觀察時，容易受到觀察者本身的主觀性和感情的影響。例如，觀察者經常會以本身自我為本位，如此不僅會忽略某些重要的社會現象，而且不同的觀察者，也常會得出不同的判斷結論。若是某位觀察者，對於所觀察的事務特別有興趣，觀察時間愈長，觀察結果的主觀成份就愈大，觀察者之信度難以確認和檢驗。
3. 由於觀察的資料及範圍很大，記錄的資料往往很瑣碎、缺乏系統性，也不容易分類和編碼，研究者不容易整理和分析，因而，研究不僅費時而且費力，需要花費的經費也較多。又由於沒有固定的模式，往往需要研究者本人的經驗，才能得出高素質的分析效果。因此，研究者的經驗又形成了影響信度的重要因素。

九、測量標準誤

(一) 意 義

在標準的情境下，以相同的測驗或是複本測驗，對於同一個受試者施測多次，對這多次分數求其平均數，此即該一受試者的「真實分數」，而每次所測得之分數與真實分數之差，即形成滿足常態分配之誤差項，而這些誤差之標準差稱為測量標準誤 (Standard Error of Measurement) 或「分數之標準誤差」(SEM)。

(二) 測量標準誤與信度之關係

測量標準誤與信度成反比之關係，意即，信度愈高，則測量標準誤愈低；反之，信度愈低，測量標準誤就愈大。此二者之關係式，可說明如下：

$$測量標準誤 = 測量標準差 \times \sqrt{1-測驗之信度}$$

或

$$SEM = S_x \times \sqrt{1-r_x} \tag{1-13}$$

上式中，

S_x = 測量標準差

r_x = 測驗信度

1. **使用時機**：當數值單位與測量分數之單位不相同時，不宜直接以一般的標準差來評估，此時改以測量標準誤，即可直接找到可允許之誤差範圍。當各群體之間的變異太大時，也需要以測量標準誤的穩定性來衡量。
2. **差異標準誤 (Standard Error of Difference)**：對於兩種不同的測驗，其評分標準原本差異很大，以其原始分數而言，此兩種測驗並不能直接加以比較，但是若能事先參照已經建立的常模，將原始評分加以轉換成相同尺度的「標準分數」，這兩種評分即可相互比較。此時需借助「差異標準誤」來衡量兩種評分之間的差異。其公式為：

$$SE_{\text{diff}} = S \times \sqrt{2 - r_x - r_y} \tag{1-14}$$

上式中，

SE_{diff} = 差異標準誤

S = 標準分數之標準差

r_x、r_y = 測驗 X 和 Y 之信度係數

例題 1-19

已知某一英文程度測驗之信度係數為 0.92，該測驗分數之標準差為 15 分，試估計其測量標準誤。

解：$S_x = 15$，$r_x = 0.92$

故，

$$SEM = S_x \sqrt{1 - r_x}$$
$$= 15 \sqrt{1 - 0.92}$$
$$= 4.24$$

例題 1-20

假設王同學參加數學及英文程度測驗,全體數學平均成績為 70 分,標準差為 5 分;全體英文平均成績為 62 分,標準差為 3 分,王同學在此二科之成績分別為 85 及 72 分,又數學及英文測驗之信度分別為 0.92 及 0.95。試以 $\alpha = 0.05$ 顯著水準,檢驗數學及英文二科成績是否有顯著之差異?

解:

王同學之數學成績 $x_1 = 85$,英文成績 $x_2 = 72$

$$\overline{X} = (x_1 + x_2)/2 = 78.5$$

標準化成績標準差

$$S = \sqrt{x_1^2 + x_2^2 - 2\overline{X}}$$
$$= \sqrt{(7225 + 5184 - 2 \times 78.5 \times 78.5)}$$
$$= \sqrt{84.5}$$
$$= 9.1923$$

差異標準誤

$$SE_{\text{diff}} = S\sqrt{2 - r_x - r_y} = 9.1923\sqrt{2 - 0.92 - 0.95}$$
$$= 3.3144$$

$$\frac{x_1 - x_2}{SE_{\text{diff}}} = \frac{85 - 72}{3.3144} = 3.9223 > Z_{0.95}$$
$$= 1.96$$

因此可知,在 $\alpha = 0.05$ 之顯著水準之下,推翻虛無假設 (H_0:數學和英文平均成績無差異),亦即,數學和英文成績具有顯著之差異,而且可知王同學的英文能力明顯高於其數學能力。

例題 1-21

假設某一數學測驗之測驗標準誤為 2.5，王同學在該一測驗之分數為 85 分。試問，在 95% 的信心水準之下，王同學的真正成績之區間為何？

解：

真正成績 95% 信賴區間

= [85 − 1.96 × SE_{means}, 85 + 1.96 × SE_{means}]

= [85 − 1.96 × 2.5, 85 + 1.96 × 2.5]

= [80.1, 89.9]

第四節　影響信度之因素

不論何種測驗，若是有了測驗上的誤差就會降低信度。至於誤差之來源，可分為以下數種：

1. **受試者方面** (動機、情緒等)：受試者對於回答該測驗的心態。若是回答問卷者不在意，就會胡亂回答；若是在很匆忙的情形下，就會草率地回答；若是該受試者當時的心情不佳，或是精神不濟的情況下，回答問題必然不準確。這些都是該項測驗不能量測出受試者真正意圖的誤差。

2. **主試者方面**：主試者的暗示會影響受試者的回答。在測驗期間，主試者的態度太緊張或是太草率，都會具有暗示的作用。一般來說，在受試者回答問題時，主試者應該儘量保持客觀、公正，否則會影響受試者正確地回答，這種錯誤必然降低該測驗之信度。

3. **測量內容方面**：任何一種測驗，都是為了評估出某一種研究的特性，但是此一測驗所設計的題項內容，是否很準確地與所欲研究的特性相關？是否能夠真正量測出所希望的答案？所問的問題是不是很有規劃？若是題項的代表性不恰當，或是題項數目太少，或是遺漏了重要的變項，就不能量測出真正的答案，此種錯誤，就會造成此一測驗的信度不高。

4. **測量情境方面**：測驗場所的環境也會影響受試者的回答心情。如果測驗的現場能配合很愉悅的音樂，受試者的心情就會很愉快，回答滿意度的分數就會提高；反之，若是測驗現場的氣氛紊亂，必然會影響受試者，其回答的滿意度會降低，這些都不能反映真實的內涵，這種錯誤也會影響測試的

信度。

5. **時間影響方面**：實施再測信度，前、後兩次測驗的間隔時間的拿捏，會影響信度的評量。若是間隔時間太短，同一份測驗，受試者再回答時，下意識間受試者會以強記的方式，回答前次的答案；若是間隔時間太長，這期間的變動因素，不論是政治、經濟、個人的健康、心情等，任何因素發生了變化，都會影響受試者的回答，這些錯誤皆會影響測試的信度。

除了以上測試設計方面的錯誤，還有以下一些因素也會影響信度之評定：

1. 測驗的題數多寡，會影響測試的信度。如果測試的題項很少，很容易造成由於少數以猜測回答，因而產生的變異問題；但若題項太多，由於精神不濟所產生的不耐煩，也會影響測試的信度。
2. 受試者背景的變異問題，會影響測試的信度。如果受試者都是同一種類型者，譬如都是虔誠的教徒，大家的認知和看法都一樣，就不容易測試出社會大眾的意見，此一問卷的信度就會降低。因此，受試者的特質分佈愈廣，愈有代表性，所評量的信度就愈高。
3. 測驗的難度會影響測試的信度。如果測試題項太容易，大家的得分都集中在高分的一端；若是題項太難，大家的分數又集中在低處，這些情形都會使得測驗分數過份的分佈集中，代表性降低，影響測試的信度。
4. 不論以何種測量工具，其**測量尺度 (Measurement Scale)** 可分為四種類型：**名目尺度 (Nominal Scale)**、**順序尺度 (Ordinal Scale)**、**區間尺度 (Interval Scale)**、**比率尺度 (Ratio Scale)**。此四種尺度各有不同的使用場所，若是研究者不察，誤用了測量尺度，研究結果的信度會受到影響。
5. 受試者之間在受測特質的差異愈大，α 信度就愈高。
6. 測驗題項之間的相關係數愈高，則此測驗之 α 信度亦愈高。
7. 同性質的測驗題目之題項愈多者，通常其 α 信度即愈高。
8. 將測驗的題意描述得愈清楚，信度就會愈高。

例題 1-22

茲舉以下兩個例子說明：

有三個測試題項，五位受試者，其測驗分數如下：

信度與效度

(1)

題項\受試者	1	2	3	4	5
A	1	2	3	4	5
B	1	2	3	4	5
C	1	2	3	4	5

以此例題，以「雙因子變異數分析：重複試驗」，得出 ANOVA 如下：

ANOVA

變源	SS	自由度	MS	F	臨界值
列	0	2	0	655.35	4.458968
欄	30	4	7.5	655.35	3.837854
錯誤	0	8	0		
總和	30	14			

由各欄(受試者)之平均數檢定結果，具有顯著之差異，則其 α 值為

$$\alpha = 1 - 0/7.5$$
$$= 1.0$$

(2)

題項\受試者	1	2	3	4	5
A	1	1.2	1.2	2.5	1.2
B	1	1.3	2.3	2.6	2.1
C	1	1.4	1.5	1.4	1.8

以「雙因子變異數分析：無重複試驗」，其 ANOVA 如下：

ANOVA

變源	SS	自由度	MS	F	臨界值
列	0.64533	2	0.322667	1.943775	4.458968
欄	2.34	4	0.585	3.524096	3.837854
錯誤	1.328	8	0.166		
總和	4.31333	14			

從各欄之平均數檢定，F 未大於臨界，亦即各受試者平均數並無太大差異，則其 α 值如下：

$$\alpha = 1 - 0.166/0.585$$
$$= 0.7162$$

由此兩例可以得知，受試者之平均差異愈大者，此測驗之信度就會愈大。

例題 1-23

仍以例題 1-22 的資料說明，計算兩組資料各題項之相關係數，分別如下：

(1) 相關係數

題項	A	B	C
A	1.0		
B	1.0	1.0	
C	1.0	1.0	1.0

(2) 相關係數

題項	A	B	C
A	1.0		
B	0.6831	1.0	
C	0.0830	0.6209	1.0

由 (1)、(2) 兩例可看出，例 (1) 之各題項間之相關係數，皆高於例 (2) 之各題項相關係數，依此可說明各題項相關係數愈高者，該測驗之 α 信度愈高。

例題 1-24

將例題 1-22 之 (2)，刪除其中題項 C，再檢視其中 α 係數之變動情形。

解：以 EXCEL「雙因子變異數分析：無重複試驗」，得出之 ANOVA 如下：

ANOVA				
變源	SS	自由度	MS	臨界值
列	0.484	1	0.484	3.61194
欄	2.804	4	0.701	5.23134
錯誤	0.536	4	0.134	
總和	3.824	9		

此時之 $\alpha = 1 - 0.134 / 0.701 = 0.8088$，將相關係數較低者刪除，也會提高 α 之值。

經由以上說明，可以得知，為了提高測驗的信度，可考慮使用以下各種方法：

1. 在不改變研究主題和範圍的前提下，可考慮增加測驗的題項。
2. 受試者的選取不要集中在某一範圍，應該考慮具有代表性，增廣意見來源的範圍。
3. 測驗之題項不要太極端，難易應適中；題項中不要有暗示性之說明，儘量客觀公正。
4. 前後測驗的間隔時間不宜太長，也不宜太短。
5. 測驗之題型及內容要通俗化，不要有艱深的文字或題意，題項內容要明確，不要含糊不清；或是內容影響隱私，令人無法回答。
6. 依據研究目的，研究架構之變項以及相關文獻資料，並且參考問卷之設計原則，編製合於水準的問卷。
7. 實施問卷時，一切過程及規定，均按照問卷之要領實施。
8. 問卷的題數不宜太多，但是也要有足夠的內容。

信度係數的參考範圍

信度是指測量結果的穩定性或一致性，研究者在不同情況下，或是在不同的樣本之下，所量測的信度值很難保證完全理想。茲舉以下概念，可作為評估信度時的參考：

信度係數	可信程度
信度 ≤ 0.30	不可信
0.30 ≤ 信度 ≤ 0.40	初步的研究，勉強可信
0.40 ≤ 信度 ≤ 0.50	稍微可信
0.50 ≤ 信度 ≤ 0.70	可信
0.70 ≤ 信度 ≤ 0.90	很可信
0.90 < 信度	十分可信

第五節　項目分析

項目分析之目的是在正式發放問卷前的預試，根據問卷預試之結果，對於測驗題項進行分析，根據分析結果，用以決定各測驗題項是否應該刪除或是保留，這是預試分析的最主要的內容。也有些學者，在預試階段也會進行試探性

的信度分析，用以作為測驗題項改進的依據。

項目分析不僅可以對各題項做計量之檢定，也可以對各題項做質性的探討分析。

一、項目分析之原理

當研究者為了某項研究而設計一份問卷，如果此份問卷的問項非常困難，很多題項使受試者因無法回答而放棄，此一問卷回收之後，就會形成很多遺漏值的情形，見到此一現象，研究者就應該體悟到，問卷的設計不恰當，或是受試者的回答不認真，無論如何，這都是問卷所造成的缺失，應該據以改善此問卷之題項內容。

另有一種極端的情形，當一份問卷回收之後，研究者發現，各受試者對於某一個題項的回答評分完全相同、都是非常高分或者都是非常低分，則無論此一題項的內容如何，測驗這一題根本就是多餘的，因為，就此一題項而言，無法分辨出眾人的意見，也就是說此題項的鑑別度過低，這是屬於設計不良的題項，研究者應想辦法改良問卷，或是刪除某些不恰當的內容。

如果大部份的受試者，對於所回答題項都是一面傾倒，這也不合乎常態性的假設，對於這種題項，研究者應該再深入探討原因。

在同一份問卷內，各題項的性質應該不致差離太遠，因此，各題項之間應該具有相當程度的相關性，或者以因素分析的因素負荷量來衡量，應該都保持在某一個水準的程度。

根據以上之分析，學者們歸納出四類、七項檢定準則，檢測每一題項是否違反這七項準則，若是違反準則多到某一個程度者，就應該將其刪除。這四類、七項準則各為：

1. 遺漏值之檢定。
2. 敘述性統計檢測：平均數檢定、標準差檢定、偏態係數檢定。
3. 極端組之比較。
4. 同質性檢驗：相關係數比較及因素分析檢測。

二、四類、七項準則之檢定

(一) 遺漏值之檢定

當收回了一份問卷，有些題項沒有答案，或許是受試者的疏忽而遺漏，也

信度與效度

可能是由於受試者對於問卷之內容不了解、題意不明，或是難以回答，此時，通常都是以空白作為回答。也有時候是由於資料輸入錯誤，被迫轉換成遺漏值來處理。因此，若是該份問卷內有過多的遺漏值情形，就顯示此一題項需要檢討重新設計或是調整內容。各題項之遺漏情形若是超過 3%，就算是不正常之情形，應該記錄以作綜合評判。遺漏之發生，可分為以下兩種情形：

1. **系統性遺漏**：造成系統性遺漏的主要原因，是測驗題項的題意令受試者無所適從 (例如，看不懂題目或是超過其個人的知識能力範圍)、或是下意識的抗拒 (例如，要求回答個人隱私的問題或是政黨色彩所引起的抗拒)。對於此類的遺漏性問題，研究者可將遺漏的項目加以歸類，再和其他無遺漏之項目加以比對，找出其中可能發生之原因，若是確有顯著差異，即應重新設計題項並且重新發卷再測。也有可能無法順利修改題項或是再測，研究者應該忠實地在研究中說明情形，以及可能發生的影響。

2. **非系統性遺漏**：如果不是上述刻意不想回答的遺漏，而是隨機性地忘記了回答，這是屬於非系統性遺漏，對於此類的遺漏，研究者可就實際情況填補上所遺漏的資料，由於這是非系統性的資料填補，即使稍有差錯，也還不致於影響太大，此時的誤差可視之為隨機性的錯誤。

3. **遺漏值之處理與估計**：由於經常會發現遺漏的情形，因此，在問卷之設計上，可加上一欄「其他」，以防由於研究者的疏忽，未能考慮周全使得回答問卷者無從填答；有時候，由於工作人員鍵入的資料太多，免不了會有疏忽遺漏鍵入的情形。若是輸入的欄位發生錯移，就會使得最後一個變項的數值，往前位移了一格，因此研究人員要經常檢查，輸入資料是否有誤。一旦發現有錯，就應回頭對照原先的資料，將遺漏值補足；當研究人員無法找到其他佐證資料時，對於遺漏值的處理，一般也常以下述方法處理：

    (1) **中間數估計法**：當無法判斷答案時，可用量尺中的中間值替代。例如，Likert 的 1-5 分量表，即可以 3 分替代遺漏值；若是 1-4 分的量表，就以 2.5 分替代遺漏值。

    * **Likert 量表 (Likert Scales)** 係由 R. Likert (1932 年) 所發展而成，由於 1-5 分評分，顯然不具連續變項之性質，因此，這是屬於加總式量表所常用的一種，其單獨或個別項目評分，較無意義。

    (2) **平均數估計法**：以發生遺漏題項全體回答的平均數，作為該遺漏題之回

答分數，此種估計可以反映出整體受試者的「集中」情形，若是該問卷已經區分出很多不同性質的類別，此時以受試者所在的類別，以該類的平均數作為遺漏值的估計，將是更準確的補救方法，此種方法不僅能表現「集中」的情形，更能反映該受試者的分類特性，此種遺漏值之估計，稱之為「分層平均數估計法」。

(3) **迴歸估計法**：以其他變項作為預測變項，以遺漏之變項作為被預測之變項，進行迴歸分析，求出迴歸方程式之後，即可據以估計出所遺漏題項的遺漏值。此種估計方法，不僅可以反映出該單一遺漏題項的情形，也能擴大到其他變項的共變間之考量，其估計情形較前兩種估計方法更精確。

例題 1-25

某學者想要了解消費者的心態，隨機抽樣發出 10 份問卷，問卷收回後，回答之資料如下。但是，發現第一題中有一位受試者未回答。試以平均數估計法，估計此遺漏值。

消費者心態意見調查
10 位消費者對於第一題之意見評分
4，3，×，3，4，4，3，4，3，5

其中第三位消費者遺漏未回答。

解：計算已回答的 9 位評分之平均數為

$$(4 + 3 + 3 + 4 + 4 + 3 + 4 + 3 + 5) / 9 = 3.67$$

因此，該題之遺漏值以 3.67 替代。

例題 1-26

同例題 1-25，假設 10 份問卷中的前 5 份來自於外縣市，後 5 題問卷來自於本縣市。試以分層平均數估計法估計該遺漏值。

解：為得到分類較精確之估計，僅計算前 5 位的 4 位評分之平均數為

$$(4 + 3 + 3 + 4) / 4 = 3.5$$

故以 3.5 作為遺漏值之估計。

信度與效度

例題 1-27

假設如同例題 1-25，除了第一題有遺漏值之外，還有另外兩題其回答評分如下：

消費者問卷意見			
消費者	題項 1	題項 2	題項 3
1	4	3	4
2	3	3	3
3	×	4	5
4	3	3	4
5	4	4	5
6	4	4	5
7	3	4	5
8	4	4	4
9	3	3	4
10	5	4	4

試以迴歸分析法估計遺漏值。

解：以題項 1 中，除了遺漏值之外，尚有 9 個回答數據，以此作為「依變項」(被預測之變項)，另外，兩個題項各有相對應的 9 個回答數據，作為兩個「自變項」(預測變項)，以 EXCEL 執行迴歸分析，得出迴歸方程式為

$$y = 1.461538 + 1.076923 \times x_1 - 0.38462 \times x_2$$

對於第三位消費者的遺漏值之估計，當 $x_1 = 4$、$x_2 = 5$，代入迴歸方程式，則

$$y = 1.461538 + 1.076923 \times 4 - 0.38462 \times 5$$
$$= 1.8654077$$

因此，此遺漏值可用 1.87 估計替代。

(二) 平均數檢定

測驗的各題項評分，其平均數在理論上應該趨向於中間值，不宜有太偏頗的平均數，研究者可自行訂定平均數及標準差之上下限範圍，若是不在此範圍

者，即列入考慮刪除之題項範圍。研究者應重新檢視該一題項，查看其中的措辭用語是否有不合適的情形，並加以調整或是刪除此題。

例題 1-28

假設某一問卷共有 10 個題項，50 份問卷回收後，研究者計算整體回答評分之平均數為 3.58、變異數為 0.21 (標準差為 0.45)。在計算每一題項得分之平均數及變異數，發現第三題之平均數為 2.15、變異數為 0.56。從表面上來看，第三題的平均數偏低，但是，是否確實為顯著的過低？茲以整體平均數之 99.7% 信賴區間，亦即以平均數的加 (減) 3 個標準差為其信賴區間，則 99.7% 之信賴區間為：

$$[3.58 - 3 \times 0.45, 3.58 + 3 \times 0.45] = [2.23, 4.93]$$

由於第三題之平均數不屬於此信賴區間，即可判定第三題之評分過低，應重新檢視原題意，必要時可考慮刪除此一題項。

(三) 標準差檢定

在極端的情形之下，若是每位回答的評分完全一致，則此題之評分變異數為 "0"；即使並非如此極端，則也會顯示其變異數很低，因此，如果某一題項之評分變異數很小，就表示此一題項可能會形成意見趨於一致，此題之測驗鑑別度就低。應再審慎考量此題之文字及內容，必要時應予刪除。其列入刪除之標準，也由研究者自行訂定之。

例題 1-29

某測驗問卷共有 5 個題項，抽樣 20 位樣本，第一個題項之變異數為 1.23 分，而其他全體題項評分之變異數為 3.25。試說明此問卷的第一個題項評分變異數是否太小？

解：兩變異數比例之大小，可用 F 分配檢定之，亦即，令

$$\frac{3.25}{1.23} = 2.6423 > F(0.95, 99, 19) = 1.94$$

依此標準，即可認為第一個題項之變異數偏離整體變異數太遠；或是說，第一題之標準差偏離整體標準差太遠，此一題項與整體之配適情形相離太遠，應考慮刪除或再修正題項內容。

若以母體變異數加、減 20%，其信賴區間為

$$[3.25 - 0.65, 3.25 + 0.65] = [2.60, 3.90]$$

而第一題標準差之平方為 1.5129，並未落在 [2.60, 3.90]，因此，可判定題項一之標準差偏低，此題應予重新檢視。

(四) 偏態係數檢定

當某一題項之評分過於偏頗時，反映在偏態係數上，其絕對值將大於"1"，因此，常以偏態係數大於"1"為標準，也可衡量此一題項是否適合。(偏態係數並沒有一個明確的界限值，一般是以"1"為衡量標準，但是，本章將有一個範例，該作者以"0.7"作為檢定之標準，若是某題項之偏態係數之絕對值大於"0.7"時，即認為此題項過於偏頗。在必要時，臨界值之設定也可由研究者自行決定界限標準。)

(五) 極端組之比較

各受試者對於每一個題項的評分，可以區分成得分最高者，與得分最低者的兩大極端群。若是各取極端的 27%，即構成了差異極大的兩組，在此兩極端組之中，檢驗此兩組平均數之差的顯著性，若是差異性不顯著，就表示兩極端組之差異不大，也就表示此一題項的鑑別度不夠。

例題 1-30

假設隨機抽樣調查 100 位消費者，對於某一問卷之某一題項評分，記錄如下：

1，2，1，3，3，5，4，3，5，2，
3，3，2，5，4，3，2，1，2，3，
3，2，5，4，5，2，3，2，3，3，
2，4，5，3，2，4，3，3，1，2，
3，1，2，2，1，2，2，2，2，3，
2，3，4，2，5，3，3，2，5，4，
2，2，3，5，4，5，2，3，5，4，
3，3，2，5，4，2，2，3，3，3，
2，4，5，4，5，2，3，3，3，2，
2，5，4，4，2，2，3，4，2，2

以 EXCEL 執行分析，按「資料」中之「排序」，即可將此 100 個數據由小而大重新排列。將前 27 個數據抽出，設為第一組；再將後面 27 個資料抽出，設為第二組，此時可做兩母體平均數之檢定。

第一組之 27 個數據為：

1，1，1，1，1，1，2，2，2，2，
2，2，2，2，2，2，2，2，2，2，
2，2，2，2，2，2，2

第二組之 27 個數據為：

4，4，4，4，4，4，4，4，4，4，
4，4，4，4，5，5，5，5，5，5，
5，5，5，5，5，5，5

按「工具」中之「資料分析」，按「敘述統計」、「摘要統計」，即可得出第一組平均數為 1.777778、變異數為 0.179487；第二組平均數為 4.518519、變異數為 0.259259。為檢定兩組母體之變異數是否相等，可按

47

信度與效度

以下程序：

$$(0.259259 / 0.179487) = 1.4444 < F(0.95, 6, 26) = 1.94$$

故可認為此兩組母體變異數為相等。因此，對於第一組、第二組平均數差異之檢定，應使用「兩母體變異數無差異之檢定公式」。

再按「工具」之「資料分析」中之「t 檢定：兩個母體平均數差的檢定，假設變異數相等」，即可得出顯著性之 p 值「近於"0"」，因此，可判定第一、第二兩組平均數具有顯著之差異。此一檢定，可顯示此一測驗之此一題項，具有顯著之鑑別能力。

(六) 相關係數比較

為了檢驗同一份測驗中的各題項都具有相同的屬性，各題項之間應該具有較高的相關係數，在實施檢測之應用時，可先將各題項之評分加總，然後檢視每一題項評分與總分之相關情形，若是相關係數低於 0.3 者，即認為此題項與其他題項總分之同質性不高；也有學者以 Cronbach's α 內部一致性檢定，作為評量該測驗各題項內部是否達到一致性之檢驗，通常以達到 0.7 以上，方可稱為較佳之內部一致性之信度。

例題 1-31

某一測驗共有 5 個題項，隨機抽樣 10 位消費者，對於此 5 個題項之評分如下：

樣 本	題項1	題項2	題項3	題項4	題項5	總 和
1	4	2	3	5	4	18
2	3	4	4	4	3	18
3	4	3	4	4	3	18
4	4	3	3	4	3	17
5	3	2	4	4	4	17
6	3	3	4	3	4	17
7	3	3	3	4	4	17
8	4	3	5	4	4	20
9	3	3	5	5	3	19
10	3	4	4	4	3	18

以 EXCEL 之「工具」、「資料分析」中的「相關係數」，計算「題項 1」至「題項 5」與「總和」之相關係數矩陣為：

	題項1	題項2	題項3	題項4	題項5	總和
題項1	1.0000					
題項2	−0.3227	1.0000				
題項3	−0.1749	0.2259	1.0000			
題項4	0.2274	−0.2936	0.0265	1.0000		
題項5	0.0000	−0.6325	−0.1429	−0.1857	1.0000	
總和	0.3029	0.1676	0.7419	0.4134	−0.1060	1.0000

由相關係數可看出，題項 2 及題項 5 與總和之相關係數小於 0.3，此兩題項與各題項總分之相關性較低，可考慮刪除之。

各題項之間也不宜有太高的相關係數，若是各題項之間相關係數太高，則此兩題項之間可能具重複性，必要時可以考慮刪除其中一個題項。

例題 1-32

同例題 1-29，試以 Cronbach's α 檢定此 5 個題項間之內部一致性。

由 EXCEL 軟體，按「工具」、「資料分析」中之「雙因子變異數分析－無重複試驗」，得出結果如下：

變源	SS	自由度	MS	F	P-值	臨界值
列	1.78	9	0.197778	0.477212	0.88022	2.152607
欄	7.48	4	1.87	4.512064	0.004668	2.633534
錯誤	14.92	36	0.414444			
總和	24.18	49				

由 ANOVA 表，計算 α 值如下：

$$\alpha = 1 - \frac{MS(錯誤)}{MS(列)} = 1 - \frac{0.414444}{0.197778} = -1.0955$$

此結果顯示此 5 題項之內部一致性「極差」，應重新檢視各題項之語句是否有不合適之情形，並重新改寫不適合之題項。

信度與效度

* 內部一致性檢定之公式，依原先之定義應為：

$$\alpha = (\frac{k}{k-1})(1 - \frac{\Sigma V(x_i)}{V(\Sigma x_i)})$$

上式中，

k = 題項之個數

$V(x_i)$ = 題項 x_i 評分之變異數，為各題項評分總和之變異數

按題意，以 EXCEL 按「工具」、「資料分析」中之「敘述統計」，即可求得「題項1」至「題項5」以及「總和」之變異數，分別為：

$$V(x_1) = 0.266667$$
$$V(x_2) = 0.44444$$
$$V(x_3) = 0.544444$$
$$V(x_4) = 0.322222$$
$$V(x_5) = 0.277778$$
$$V(總和) = V(\Sigma x_i) = 0.988889$$

$\Sigma V(x_i) = 0.266667 + 0.44444 + 0.544444 + 0.322222 + 0.277778$
    $= 1.855551$

則　　$\alpha = (5/4)(1 - 1.855551 / 0.988889) = -1.09549$

此答案與前述方法完全相同。

例題 1-33

同上題，由於題項 5 與總和之相關最低，顯然題項 5 的缺失最大，因此先由題項 5 開始檢討，由於該題不易修正調整，最後決定刪除此一題項。再以相關係數檢視，各題項之間仍有負相關之情形，因此仍需修正各題項之問句及內容，再三調整後，得出以下評分結果：

樣本＼題項	1	2	3	4
1	4	3	4	4
2	3	2	3	4
3	4	4	3	4
4	4	4	3	4
5	3	3	2	3
6	3	2	2	4
7	3	2	3	3
8	4	3	3	3
9	3	2	2	2
10	3	2	2	3

再以 EXCEL 之「工具」、「資料分析」之「雙因子變異數分析－無重複試驗」，得出 MS (錯誤) $= 0.225926$、MS (列) $= 1.211111$，因此，

$$\alpha = 1 - \frac{0.225926}{1.211111} = 0.8135$$

可見各題項之間的相關係數愈高，則內部一致性亦愈高。

(七) 因素分析檢測

對於因素分析檢測，EXCEL 無此功能，只能使用 SPSS。進入 SPSS 系統之後，選擇「分析」以「主成份分析」，設定只取一個「主成份」，此一主成份所形成的「因素」，其「因素負荷量」與各題項之間，具有相當程度之關係，若是某題項在此因素之因素負荷量低於 0.3 時，就顯示此一題項與其他全體題項的同質性不高。

例題 1-34

假設某一測驗共有 5 個題項，隨機抽樣 16 位顧客，各對於 5 個變項之評分整理如下：

信度與效度

樣　本	變項1	變項2	變項3	變項4	變項5
1	23	45	24	25	25
2	25	46	54	24	24
3	26	42	47	32	32
4	32	48	44	36	36
5	35	78	22	35	35
6	65	46	33	54	25
7	25	25	65	35	39
8	54	57	25	25	68
9	46	48	26	32	54
10	21	68	36	36	47
11	32	62	39	25	45
12	25	32	58	42	65
13	54	36	45	24	58
14	32	39	65	23	25
15	25	58	25	33	36
16	56	45	24	65	66

試以「因素分析」方法檢測各題項與整體題項同性質之程度。

解：以 SPSS 中的「分析」、「資料縮減」之「因子 (F)」，則由因子分析視窗的「萃取」項，選擇因子個數為 "1"、未轉軸因子解，即得出成份矩陣如下：

成份矩陣	
	成　份
VAR1	0.729
VAR2	0.437
VAR3	−0.799
VAR4	0.597
VAR5	0.553

萃取方法：主成份分析
萃取了 1 個成份

由未轉軸成份矩陣之「因素負荷量」，各題項之因素負荷量不宜小於 0.3，否則表示該題項與其他各題項之同質性不高，若是無法再修正、調整時，應予以刪除。

例題 1-35

2008 年，何偉南先生所撰寫的碩士論文——「我國高等回流教育成人學生校園經驗與學習成效關係之研究」，該文之問卷預試回收後的「項目分析」，其過程及結果如下：

項目分析

本預試問卷回收後，就校園經驗量表與學習成效量表，以 SPSS12.0 統計軟體進行項目分析，實施「遺漏檢驗」、「描述統計檢測」(包含平均數、標準差、偏態係數)、「極端組比較」、「同質性檢驗」(包含相關係數、因素負荷量) 等四類、七項指標分析，依據分析結果，修正後再編製正式問卷。

1. 校園經驗量表

   (1) 遺漏檢驗：以觀察值處理摘要檢定遺漏數量，發現第 2、4、21、25、26、27、34 題有遺漏情形，遺漏值在 2.2％ (3 個) 以下，未達 5％ 標準，顯示本測驗量表沒有讓受試者感到嚴重的難以回答或是抗拒回答部份。

   (2) 描述統計檢測：以平均數、標準差、偏態係數檢測本量表。

   a. 全量表項目平均數 $M = 2.95$ ($SD = 0.34$)，以平均數的正負 1.5 個標準差為界限，即高於 3.46 或低於 2.44 者，即為不合理之題項，茲檢驗各題項，均無顯著偏離情形。

   b. 標準差低於 0.6 者視為低鑑別度，計有第 1、3、7、8、16、17、21、22、23、24、27、28、30、32、33 及 34 等題。

   c. 偏態係數之絕對值大於 0.7 者，表示偏態明顯，計有第 16、20、23 及 29 等 4 題。

   d. 有些問卷為了避免答題者下意識的胡亂回答，可將某些題向設計成「反向問題」。「反向問題」之配分與「正向問題」完全相反，亦即，對於「非常同意」的「正向問題」配分 5 分，則對於「反向問題」只能配分 1 分，其他題項之配分依此相對配分。此種設計原是用以測試是否有人胡亂回答，因此，問卷完畢之後，應再將「反向問題」之配分還原，亦即 5 分改為 1 分、4 分改為 2 分、⋯、1 分改為 5 分。

信度與效度

(3) 極端組比較：在 134 份有效的問卷中，取全量表總分最高與最低的各 27% 為極端組，進行平均數差異之檢定，當 t 檢定均達 0.05 顯著水準，且其絕對值均大於 3，表示本量表鑑別度佳。

(4) 同質性檢定：以 Cronbach's α 信度係數檢驗量表內部一致性，經分析本量表之內部一致性達 0.94，各構面之 Cronbach's α 係數分別為：學習目標注重程度 0.91、校園整體環境感受 0.88、學習支持系統感受 0.85，顯示本量表具有相當的同質性與良好的信度。量表內各問題的同質性檢驗，其相關係數或因素負荷量，除了第 5、12、20、29 題之外，其餘均高於 0.3 的標準，顯示各問題與量表同質性高。

(5) 綜合判斷：根據上述指標數據，彙整「校園經驗量表項目分析暨問卷題目篩選表」如表 1-2。各題項在 7 項指標中，均未超過 3 項(含)以上指標不理想之題項，故「校園經驗量表」各題項均予保留。

表 1-2　校園經驗量表項目分析暨問卷題目篩選表

題號	題目內容	遺漏檢驗	平均數	標準差	偏態	極端值 t	相關檢定	因素負荷	綜合判斷
1.	藉由進修，增進我的知識	0.0%	3.40	0.51	0.26	−8.39	0.51	0.57	保留
2.	藉由進修，增進我的道德修養	0.7%	2.95	0.64	−0.32	−5.82	0.57	0.60	保留
3.	藉由進修，增進我的生活品質	0.0%	2.87	0.71	−0.30	−6.50	0.56	0.60	保留
4.	藉由進修，增進我的文化藝術修養	1.5%	2.98	0.65	−0.49	−4.99	0.52	0.56	保留
5.	藉由進修，改善我的經濟狀況	0.0%	2.49	0.72	0.17	−6.26	0.45	0.29	保留
6.	藉由進修，增進我的獨立思考的能力	0.0%	3.18	0.59	−0.05	−5.73	0.53	0.59	保留
7.	藉由進修，增進我的做人處世的能力	0.0%	3.09	0.58	−0.24	−5.39	0.60	0.64	保留
8.	藉由進修，增進我參與社會的能力	0.0%	3.10	0.55	0.06	−6.41	0.57	0.62	保留
9.	藉由進修，我得到力爭上游的契機	0.0%	3.10	0.60	0.05	−6.65	0.50	0.55	保留

表 1-2 校園經驗量表項目分析暨問卷題目篩選表 (續)

題號	題目內容	遺漏檢驗	平均數	標準差	偏態	極端值 t	相關檢定	因素負荷	綜合判斷
10.	藉由進修，我得到公平受教的機會	0.0%	2.96	0.66	−0.27	−5.82	0.51	0.56	保留
11.	藉由進修，我建立新的工作價值觀	0.0%	3.01	0.63	−0.20	−6.39	0.60	0.64	保留
12.	藉由進修，促進我在職場經驗與學術領域整合	0.0%	3.07	0.61	−0.24	−6.83	0.63	0.27	保留
13.	我覺得教室空間寬敞明亮	0.0%	3.13	0.60	−0.27	−7.11	0.57	0.61	保留
14.	我覺得教室課桌椅大小適中	0.0%	2.86	0.70	−0.51	−4.36	0.42	0.46	保留
15.	我覺得教學設備供應正常	0.0%	2.93	0.64	−0.44	−5.74	0.55	0.58	保留
16.	我覺得飲水乾淨衛生	0.0%	2.91	0.57	−0.77	−5.05	0.54	0.56	保留
17.	我覺得空調舒適	0.0%	3.09	0.54	−0.22	−5.88	0.62	0.66	保留
18.	我覺得廁所乾淨清潔	0.0%	2.92	0.64	−0.46	−4.99	0.44	0.47	保留
19.	我覺得到校上課的交通安排沒問題	0.0%	2.60	0.70	−0.31	−4.58	0.45	0.46	保留
20.	我覺得學校停車空間充足	0.0%	2.78	0.70	−0.73	−4.50	0.36	0.28	保留
21.	我覺得學校餐廳乾淨清潔	0.0%	2.82	0.70	−0.29	−3.06	0.40	0.41	保留
22.	我覺得校園整體環境優美	0.0%	3.11	0.50	0.22	−5.84	0.56	0.59	保留
23.	我覺得多數老師能以平等的師生關係與學生互動	0.0%	3.03	0.55	−0.26	−5.89	0.53	0.57	保留
24.	我覺得多數老師能體會學生扮演多重角色的不便	0.0%	3.01	0.57	0.00	−5.34	0.50	0.54	保留
25.	我覺得校園教職員親切友善	2.2%	2.95	0.65	−0.60	−7.01	0.69	0.73	保留

表 1-2　校園經驗量表項目分析暨問卷題目篩選表 (續)

題號	題目內容	遺漏檢驗	平均數	標準差	偏態	極端值 t	相關檢定	因素負荷	綜合判斷
26.	我覺得學校重視學生意見	0.7%	2.79	0.64	−0.66	−5.20	0.58	0.61	保留
27.	我覺得班級同學願意相互切磋課業、分享經驗	0.7%	3.08	0.56	−0.50	−4.81	0.48	0.52	保留
28.	我覺得班級同學感情融洽、合作愉快	0.0%	3.14	0.52	−0.47	−3.89	0.39	0.43	保留
29.	我對學校提供的輔導服務感到滿意	0.0%	2.76	0.71	−0.79	−5.95	0.58	0.22	保留
30.	我對學校的圖書資源感到滿意	0.0%	3.10	0.52	−0.52	−5.31	0.59	0.63	保留
31.	我對學校 e 化的學習服務感到滿意	0.0%	3.02	0.62	−0.40	−6.79	0.58	0.61	保留
32.	我很容易取得學校學習資訊	0.0%	2.97	0.56	−0.53	−6.84	0.64	0.66	保留
33.	我的疑難問題能即時獲得處理	0.0%	2.81	0.55	−0.89	−4.25	0.52	0.53	保留
34.	學校的諮商輔導機制，可協助我的學習	0.7%	2.71	0.57	−0.38	−5.85	0.53	0.55	保留
35.	學校充份提供證照檢定或國家考試資訊	0.7%	2.48	0.67	−0.62	−4.81	0.41	0.43	保留
	全量表	0.23%	2.95	0.34	0.29				

＊若是經過綜合判斷，有超過 3 項指標不合標準時，為提高該問卷之信度、效度，即應將該題項刪除。

習題

1. 試說明以下名詞：
   (1) 觀念與操作性定義。
   (2) 名目尺度、順序尺度、區間尺度及比率尺度。
   (3) 內部一致性信度。
   (4) 複本信度。
   (5) 再測信度。

2. 假設在某一個測驗結果，某甲所得的服務滿意度平均分數為 4.0 分，某乙所得服務滿意度平均分數為 2.0 分，則可推論某甲之服務滿意度是某乙的兩倍。此論點是否成立？

3. 某老師的「教學意見調查」平均分數為 3.2 分，低於學校所設定的 3.5 分之標準。因此，即可認為該老師之教學平均成績未達標準。此結論是否合理？

4. 以 Likert 1-5 分量表，測得某公司之服務滿意度平均分數 4.5 分，是否就表示其經營的成效，高於另一家服務平均成績為 4.2 分的公司？

5. 試述哪種信度的測試方法比較容易受到記憶的影響？

6. 在不更改原來信度的品質條件下，若是測試題項愈多，其信度之測量會上升或是下降？

7. 任何一種問卷，都必然具有相當程度的信度。試說明是否正確？

8. 一般常用的檢定內部一致性的信度是哪一種？如何進行？

9. 若是不方便實施兩次測驗，可以使用哪一種信度測驗？

10. 國家的政治型態改變前後，人民的心態也會跟著變動。若是想要測試某一測量工具是否在時間上具有穩定性，可以使用哪一種信度測試？

11. 若欲測驗一份考卷是否難易適中，或是太難、太簡單，可使用何種信度測試方法？

12. 試說明，一個測驗測量其所要測量的特質，此測驗前後一致的程度為何？如何計算？

13. 良好的測驗特徵，包含有信度、效度、實用性以及常模。以上這些特徵中，何者最重要？

14. 試說明信度與效度之關係。
15. 如果某一測驗是用來比較兩個母體程度之差異，則其信度至少要達到多少？
16. 某生的智力測驗得分為 135 分，而其測量標準誤 $SE_{means} = 4$ 分，試計算其真實分數之 95% 信賴區間。
17. 哪一種測驗信度最能測出該測驗之穩定性？
18. 當測驗題目為異質性時，則該測驗的折半信度與其 Cronbach's α 係數，何者較高？
19. 假設以 T 表示測驗的真實分數、X 表示在此測驗所獲得的分數、E 表示誤差分數，則此三者之關係為何？
20. 若欲了解某一測驗問卷在時間上是否有影響，則應最關心的是哪一種信度？
21. 試說明重測信度的誤差來源是哪些？
22. 折半信度及複本信度的誤差來源是哪些？
23. 試述信度與標準誤之間的關係。
24. 已知某一項測驗之折半信度為 0.90，複本信度為 0.85，評分者信度為 0.95。試述該測驗之真實特質變異量，所佔之比例為多少？
25. 假設有 100 位同學參加數學測驗的 A、B 兩種複本測驗，其結果如下。試問該測驗之一致性如何？

		測驗 A		
		及 格	不及格	合 計
測驗 B	及 格	42	20	62
	不及格	15	23	38
	合 計	57	43	100

26. 仍以上題為例，試計算其柯恆 K 係數。
27. 假設某一測驗的信度係數為 0.90，測驗分數之標準差為 10 分，王同學測驗分數為 95 分。試問在 95% 信心水準之下，王同學的真正分數之信賴區間如何？
28. 試說明以下各名詞之意義。
    (1)信度
    (2)複本信度

(3) 測量標準誤。

(4) 差異標準誤。

29. 假設一份問卷共有四個題項，今隨機抽樣 6 位顧客回答對於該問卷問題之意見，其結果如下。試計算此問卷之 Cronbach's α 之值，並說明應如何改善？

題項 顧客	1	2	3	4
A	5	3	2	4
B	2	1	5	3
C	4	2	2	2
D	3	3	2	1
E	2	4	3	5
F	5	2	3	4

30. 假若一份問卷共有 10 題，任何兩題之間皆為「0 相關」，試問此份問卷之 α 係數如何？

31. 試說明 Cronbach's α 之值是否有可能「小於 0」。

32. 如習題 27，若將各題項之得分加以標準化，試問此問卷之 α 係數是否會有不同？

33. 假設一份問卷共有 10 個題項 (假設為 $x_1, x_2, \cdots, x_{10}$)，抽樣 50 人回答問卷，各題項之變異數為

$V(x_1) = 2.3$，$V(x_2) = 3.5$，$V(x_3) = 2.8$，$V(x_4) = 5.1$，$V(x_5) = 1.9$，$V(x_6) = 2.8$，$V(x_7) = 3.2$，$V(x_8) = 2.8$，$V(x_9) = 3.1$，$V(x_{10}) = 4.1$

令 $H = x_1 + x_2 + \cdots + x_{10}$，$V(H) = 30.5$。

(1) 試問各變項之間之相關係數是否皆為正相關？

(2) 假設各題項之間的相關係數矩陣如下：

信度與效度

題項\題項	1	2	3	4	5	6	7	8	9	10
1	1.00									
2	0.25	1.00								
3	−0.36	0.24	1.00							
4	0.25	0.28	0.54	1.00						
5	0.36	0.39	0.32	0.54	1.00					
6	0.45	0.47	0.34	0.32	0.34	1.00				
7	0.65	0.68	−0.32	0.21	0.25	0.47	1.00			
8	0.27	0.34	0.45	0.16	0.54	0.51	0.47	1.00		
9	0.34	0.28	0.29	0.36	0.32	0.21	0.36	0.54	1.00	
10	0.45	0.61	0.35	0.47	0.71	0.34	0.28	0.62	0.41	1.00

試問，若將題項 3 刪除，則 Cronbach's α 值會下降或上升？

34. 假設某一問卷共有 5 個題項，隨機抽樣訪問 9 位顧客，所得之顧客評分如下：

題項	顧客評分								
	1	2	3	4	5	6	7	8	9
P_1	4	5	4	3	4	3	3	4	4
P_2	4	5	5	4	4	3	4	5	4
P_3	3	2	5	1	4	2	2	5	4
P_4	2	3	2	2	4	3	2	3	3
P_5	4	4	5	4	5	5	4	4	3

試說明，如果這 9 位顧客之中，有人與大部份的人意見相左，應如何判斷及處理？

35. 有人認為「測驗之題項愈多，則該測驗之內部一致性就愈高。」試說明此句話是否正確？

36. 試說明影響研究測驗「缺乏信度」的原因有哪些？

37. 試說明增加「信度」的方法有哪些？

38. 試以 SPSS 計算習題 34 之 Cronbach's α。

39. 某班的統計學測驗，一學期共有四次平時考試以及一次期末考，抽樣記錄 10 位同學之成績，列表各次成績如下：

測驗\同學	1	2	3	4	5	6	7	8	9	10
A	50	63	47	58	62	78	81	63	74	82
B	47	62	48	61	63	82	83	72	76	85
C	55	66	51	62	65	82	86	74	81	89
D	45	56	42	51	56	71	72	55	65	52
E	56	58	51	63	68	82	84	68	78	86

假設某生之學期總成績為 57 分，全班成績之標準差為 13 分。試問此位同學之學期成績，是否可以及格？

40. 試述 Likert 量表之由來，以此種量表所得出評分，是否可以用一般的統計方法檢定？

41. 試述「正向問題」與「反向問題」如何配分？應如何調整？

42. 實施信度檢定時，在眾多的信度檢測方法中，應選擇哪一種信度方法？

信度與效度

2 效度

　　當一位研究者很認真地設計了一份問卷,根據此問卷的內容,所能測得的內容,是否就是該研究者真正想要的結果?如果沒有事先慎重的規劃,很可能就會變成「答非所問」或是「問非所答」。

　　常常見到一些初學者,想到什麼就隨性寫了一些問題,編成了一篇問卷,至於問卷的真正作用為何,這份問卷是否能達到研究者心目中想要的答案,恐怕這位研究者也不清楚。一份問卷是否能測問到真正想要的答案?這種問題就是屬於「效度」的檢定範圍。從這個角度來看,「效度」所要衡量的就是:「所測量得到的訊息,是否就是我們真正所要測量的內容?」

　　雖然知道了「效度」的概念,然而效度的衡量和檢定如何實施?在實際上應用的「效度」檢測並非只有一種,有些是符合數學類效度、有些是用在心理學,甚至更有些比較抽象,並不能直接以表面的數據衡量,可能還需要更進一步以迂迴方式檢定的效度問題。因此可知,「效度」並不只一種,不同的場合、不同的目的,將會有不同「效度」的檢定方法。也就是說,效度不是一個靜態的觀念,而是具有動態發展的特質,隨著時間的演變,效度的證據可能會被其他的新發現所強化或推翻;從更大的層面來看,隨著社會的變化,某些反應特定的社會意義,所得出之研究活動與測量結果,也會因為社會條件與期待之改變,而投射出不同的社會意義。因此,效度的評估並沒有一個最後的終

點，而是在持續進行的過程，這是一種演化性的現象 (Messick, 1988)。

第一節　效度之意義

所謂**效度 (Validity)** 就是指「正確性」的程度，也就是指該測驗所能夠測量出該研究所欲測得特質的程度，當此測驗能夠測出該研究特質的程度愈高，就表示此測驗的效度愈高。

決定一份測驗是否有效，其中最簡單的方法就是測量「內容效度」。研究者想要研究什麼？他想從這份測驗中得到什麼訊息或目的？若是從這份測驗所能測得的目標程度愈高，內容效度就會愈高。「效度」的評量，除了「內容效度」之外，另外還有其他許多不同作用的「效度」，以下將循序介紹各種「效度」的內涵。

有些問題無法以直接的量測得出，研究者就要以其他的方法評量，然而，這種使用的方法或工具，是否能夠量測出「真正」所需要的評分？有關這類的問題，也是「效度」所需考慮的內容。

「效度」是一個測量工具的必備條件，如果一個測量的效度不高，這個測量就沒有作用，也就是說，所測量到的任何資訊，都不是該項研究真正需要的內容。綜合以上，可以將「效度」的性質說明如下：

1. 「效度」並不是指測量的工具，而是指以該項測驗工具，所能夠測量出該項研究所需要資訊的「正確程度」。
2. 「效度」之量測，是以相對程度之比較，因此其值之大小並非一個絕對值，縱然是一個不好的量測，也多多少少會有一些「效度」存在。它具有以下的特點：
   (1) 「效度」之量測，只是針對此次特殊目的而產生，若是更換了另一個情境，此次的「效度」就不能再應用了。
   (2) 「效度」之產生，是以現有的資料或證據之推論而得，因此「效度」也必然具有某些程度上的變異。

第二節　效度之評量方法

以變異的觀點來討論效度，是目前最常用的方法。此方法之概念，是假定該測驗的目的，是在量測所欲探討個體之某種屬性與整體屬性上的差異，亦

即,探討該個體之變異,在整體變異中的比例情形。以此種觀念,可將此一測驗得分之總變異,區分為三個部份:實測分數 (X_o)、真正分數 (X_t) 以及測量誤差分數 (X_e),此三者之關係為:

$$X_o = X_t + X_e \tag{2-1}$$

(2-1) 式已於第一章介紹過,其中特別提出此三者變異量之間的關係為:

$$SS(X_o) = SS(X_t) + SS(X_e) \tag{2-2}$$

前一章所介紹的「信度」,其計算之公式為:

$$r = SS(X_t) / SS(X_o) \tag{2-3}$$

若把 $SS(X_t)$ 再分解,可再分為共同因素的共同變異量,以及該變項所獨特的變異量,亦即:

$$SS(X_t) = SS(X_{co}) + SS(X_{sp}) \tag{2-4}$$

其中

$SS(X_{co})$ = 對於該測量相關共同因素所共有的變異量

$SS(X_{sp})$ = 個別變項所獨特的變異量

則效度可定義為:

$$val = SS(X_{co}) / SS(X_o) \tag{2-5}$$

第三節　效度之種類

當我們設計了一份測量問卷,研究者想從問卷的內容得到想要分析的內容,然而,這份問卷的內容是不是真的能夠問出研究者心中的想法?也就是說,心中想要問的,和表面上所問的,是不是能夠一致?這就是效度所要考慮的問題。

以上只是介紹一種效度,其實效度的種類並不只一種。譬如,有些效度是用在研究者對於「科學或實務」的目的;有些效度的研究,是偏向教育的「學習成就」的衡量。因此,「效度」的評量,並不是以某一種固定的型態或方法所能測量得到的。

若是對於「學習成就」的衡量,該研究者的興趣是在於想了解學生在英語或數學的學習成就或是性向測驗,所能衡量到的是什麼?或者是說,研究者想

信度與效度

要知道什麼因素會影響數學或英語的測驗成績？也想了解這些因素對於各種測驗成績的貢獻度有多大？這種測驗的目的，並不十分在意所衡量的「性向」如何，而主要是想要知道「預測」的能力。因此，當研究者想要探究「性向」或是想要研究「預測」，對於這兩種不同的情況，需要使用不同的效度工具測試。

根據美國心理學會 (American Psychological Association)、美國教育研究學會 (American Educational Research Association) 以及全國教育衡量學會 (National Council on Measurements used in Education) 共同組成的委員會討論，提出了效度的分類，將效度分為：內容效度 (Content Validity)、效標關聯效度 (Criterion-related Validity) 以及構念效度 (Construct Validity)。以上三種效度，以科學研究的觀念而言，以構念效度最為重要。

一、內容效度

(一) 意　義

「內容效度」主要是有系統地檢查測驗內容的「適切性」，考量測驗的內容是否包括了足夠的樣本，而且考量是否具有適當的比例分配。內容效度的評估需針對測量工具的目標和內容，以系統的邏輯方法來詳細分析，因此，內容效度又稱為課程效度 (Curriculum Validity) 或是邏輯效度 (Logical Validity)。

「課程效度」可用來檢查內容取樣代表性的方法；「邏輯效度」則著重於邏輯上的判斷，並不是以實徵資料的效度檢定；「內容效度」所欲量測的是該份測驗能否量測出具有代表性的內容和所預期的行為改變。因此，「內容效度」是指衡量工具的代表性 (Representativeness) 或是衡量工具對於內容抽樣的適切性 (Sampling Adequacy)。因此，內容效度的檢定考驗，就可再引述如下：「該研究所衡量的問題本質或內容，是否能代表全部所欲衡量的內容和本質？」一份具有高內容效度的測量，最好能夠測量出該主題各方面的分類項目，亦即不要偏頗或遺漏。因此，決定一份測驗是否有效，最簡單的方法就是內容效度。

再以課程的內容而言，可分為「教材內容」和「教學目標」兩個層面。教材內容中，又可分為「主題」或「教材領域」兩方面。例如，在統計學的教材內容中包括「敘述統計」、「機率分配」、「抽樣」、「估計」、「檢定」等。而教學目標則是指在此一測驗下，預期能獲得被測者的「行為或能力的改

變」。例如，經過此一測驗，是否可以測出「分析」的能力、「綜合」的能力、「評鑑或理解」的能力以及「知識」獲得的能力等。也就是說，此一測驗要能量測出研究者所要得到的結果，才算是一份具有內容效度的測驗。

　　若是該一測驗的目的，是為了了解整體對於某一學科的表現時，此時也可以採用「內容效度」作為量測的方法。例如，某教授想要知道同學們是否能夠適切地應用「統計學」上的技術時，就可因應目的編製一份測驗問卷，此份問卷所包含的題目內容，應該難易適中，若是其中的題目太偏向統計學上艱深的「理論」，就顯示題目太難，選題有所偏差；若是所選的題目太容易，或是無法測量出學生是否真的會應用統計學，這種選題也是具有偏差。因此，以內容效度的角度而言，編製測驗題項的時候，應該兼顧所有教材的內容和教學目標，並且能夠根據所需的重要性，分別給予不同的權重。

　　從以上所述，可以得知一份測驗是否具有較佳的內容效度，並不是光看這份測驗的外表，當然，這份測驗的印刷清晰、題型排列是否整齊、內容閱讀是否舒適等，也可以提升該份測驗的效度，這種效度可稱之為**表面效度 (Face Validity)**；而內容效度則更深入地，為了檢視此一測驗題目的「內容」是否適當。若是只注重「內容」而忽略了「表面」，容易使受測者感到厭惡而產生排斥；反之，若是只注重「表面」而忽略了「內容」的深度，這就是徒具其表，無法探測出所欲探究的資訊。因此，「內容效度」與「表面效度」皆具重要性，兩者並不能相互替代。

　　再深入探求「內容效度」的考驗，可以得知其中包含了以下內涵：該測驗所欲衡量問題的**本質 (Substance)** 或**內容 (Content)**，是否能夠有效地代表所欲衡量的內容？譬如，某學者想要檢定學生的「學習成效」與「性向」的關係，但是，他所設計的測驗問卷，卻是偏向於「智力的測驗」或是只測驗到學習的成績，而未關聯到性向的問題，這種測驗就不具有高度的「內容效度」。

　　當然，這麼明顯的不具內容效度，不必特別測試，也能很容易地看出來，若是稍微複雜的測驗，就不可能如此簡易地看出是否具有內容效度。其實，內容效度的考驗，基本上就是「判斷」。仔細研判測驗的每一個題項，計算出能代表每一個題項，能夠表現出所欲測量內容的權重，這個權重就是代表著，每一「題項」與所欲衡量的「性質」之間的相關情形，當然這種判斷並不容易，通常要以其他的適當的衡量，作為判斷這些題項的內容。以下將介紹一些常用的「內容效度」的方法。

(二) 考驗內容效度的方法

　　學者經常採用「細目表」作為考驗內容效度的方法。譬如，研究者編製一份測量問卷，想要了解學生對於「統計學」的了解程度，因而編製了如表 2-1 之細目表。表 2-1 中的百分比，指出在編製測驗時，統計學各章內容以及各類行為改變的相對重要性。因此，若是具有優良內容效度的此份測驗，所能測量到教材內容的代表性樣本，其中需要有 10% 的題目屬於「敘述統計」、10% 屬於「機率分配」、20% 屬於「估計」、20% 屬於「檢定」、20% 屬於「變異數分析」、20% 屬於「相關與迴歸」。再進一步，如果這個測驗能測量到一個行為改變 (學習結果) 類型的代表性樣本，其中要有 50% 的題目，用來測量「觀念的理解」，另有 50% 的題目用來測量「觀念的應用」。因此，所設計的測驗，除了要與上述兩個層面相符之外，還要考量各細目的比率是否相同。

　　將此統計學的測量問卷，再以這兩個層面之比例，設計分配所佔比率，其「雙向細目表」設計如表 2-1：

表 2-1　統計學成就測驗雙向細目表

教材內容大綱	行為改變 (%) 觀念的理解	觀念的應用	合　計
敘述統計	5	5	10%
機率分配	5	5	10
估　　計	5	15	20
檢　　定	5	15	20
變異數分析	5	15	20
相關與迴歸	5	15	20
合　　計	50%	50%	100%

　　研究者對於所設計的測驗試題，將試題逐題與表 2-1 之雙向細目表比較並作分類，若是測驗試題之內容，愈能符合表 2-1 所規範之百分比例，則此測驗之「內容效度」就愈高，以這種方式檢測即可了解該一測驗卷「內容效度」之高低程度。

　　以上所介紹之方法，僅能粗略地測量出此一問卷的「內容效度」，對於較單純的測驗之實施還算容易，但若是內容稍微複雜者，則不是如此簡單就可以衡量的。因為有很多問卷的題目，在表面上看來，似乎確能測量到「觀念的理解」，但是，事實上可能由於題意不明確，或是文字語言用詞不當，無法適當

地控制測驗的情境，就會影響該測驗測量的功能，無法真正地量測到「觀念的理解」，亦即，影響測量問卷的原因很多，並不限定於本書所介紹的方法。

(三) 內容效度的適用範圍

內容效度特別適用於成就測驗的效度考驗。在成就的考驗中，研究者的興趣，主要在乎此測驗是否能充份地測驗出所學過教材的重點，和所期望的行為改變。內容效度的量測，除了可應用在學習成就上的評量，也可應用在「性向」、「興趣」、「態度」以及「社會適應」等測驗，這些測驗之素材，也都需要考慮到該測驗卷之「內容效度」。譬如，當編製一份測量英語能力的量表，該測驗的內容是否已包含了各種英語程度之類型，所設計的量表與理論上的規劃是否都能夠相符，當然，相同的比例愈高就表示該一測量的「內容效度」愈高。

「內容效度」的衡量並不像大多數的檢定，可以找到適合的統計方法來檢定，當要測驗「內容效度」時，研究者往往需要花費很大的功夫來進行測驗內容的「邏輯分析和比較」(因此，內容效度又常被稱為邏輯效度 (Logical Validity))。此一測驗的內容往往在不同的情境之下，需要設計不同的內容，即使是標準化的成就測驗，在選用之前也要重新考驗其「內容效度」。因此，「內容效度」又是指測量「內容的適切性」，亦即，衡量此一測驗之內容，是否能夠涵蓋所欲測量構念的效度。內容效度又可分為抽樣效度 (Sampling Validity)、表面效度 (Face Validity) 和訪問效度 (Interview Validity)。這三種效度不易找到客觀檢定的方法，在應用時，大都是依賴專家主觀的判定，因此又可稱為「專家效度」。

1. **抽樣效度**：此種效度主要是驗證該測驗所包含之項目是否能代表母體構念的項目；亦即，內容效度之衡量，要看測驗問卷中各項目取樣的代表性，是否能夠顯示出樣本的內容、真正能夠反應母體的特性。此種反應母體的程度愈高，代表性愈強，即表示「抽樣效度」愈強。然而，如何判定抽樣是否具有代表性，則可按照以下的判定準則實施：

(1) 每一問項題目，都要與所欲界定之內容或行為，有相當程度之相關性。

(2) 問項題目之內容，要能涵蓋所欲討論之範圍。

(3) 問項題目之分配比例，要能適切地反映出研究範圍，同時表現出各構念變數之重要性。

信度與效度

(4) 問項題目不能太少，或是全部集中在某一構念上。

例題 2-1

　　某大學研究所入學考試的統計學試題中，5 題裡有 4 題是測驗「實驗設計」。此份考卷的「抽樣效度」即不具代表性，因為，若是以入學考試題目作為衡量學生對於「統計學」的程度，所出的題目不宜偏頗。「實驗設計」雖然也是統計學的範疇，但是所佔比例太重，「抽樣效度」就不高，此份考題應以統計學各章的範圍均勻出題，才能真正測出同學對統計學了解的程度，如此才能提高「抽樣效度」。

例題 2-2

　　某一碩士生，想要研究「影響消費者購買珠寶飾品之行為」，設計出以下問卷。此問卷共分四個部份，每一部份皆有不同的調查訴求。試以「抽樣效度」之觀點，檢定此一問卷第一部份之抽樣內容，是否具有代表性：

　　第一部份：以下問題主要是想要了解消費者在選擇品牌珠寶飾品時，對於品牌認知的看法。

　　請專家就以下各題，評估各題是否「都與所欲界定之內容，有相當程度之相關性」？請就您的看法給予各題適當的評分：

	1	2	3	4	5
1. 我認為，擁有品牌珠寶飾品是財富的象徵。	□	□	□	□	□
2. 我購買品牌珠寶飾品，是因為其限量發行。	□	□	□	□	□
3. 擁有品牌珠寶飾品，會讓我感覺特別幸福快樂。	□	□	□	□	□
4. 擁有品牌珠寶飾品，會讓我感覺比別人更受尊重。	□	□	□	□	□
5. 我認為品牌珠寶飾品，鑲工、設計比非品牌珠寶飾品細緻美觀。	□	□	□	□	□

6. 我認為佩戴品牌珠寶飾品，可以提高自己的身份地位。	□	□	□	□	□
7. 我認為佩戴品牌珠寶飾品，在團體中會吸引眾人的目光。	□	□	□	□	□
8. 我認為配戴品牌珠寶飾品，會增強自我形象。	□	□	□	□	□
9. 我購買品牌珠寶飾品，是因為周圍的朋友都有購買。	□	□	□	□	□
10. 我如果看到品牌珠寶飾品新的式樣，會毫不猶豫購買。	□	□	□	□	□
11. 具有品牌的珠寶飾品，對我來說比較有吸引力。	□	□	□	□	□
12. 具有品牌的珠寶飾品，對我來說像是藝術品般，讓我愛不釋手。	□	□	□	□	□

若是某位專家對於此一問卷各題項之評分，分別為 4，4，5，5，5，5，5，4，2，5，5，其總分為 49 分，換算為每題平均分數，再乘以 20 得到以 100 分為滿分之計算，計為

$$(49 \div 12) \times 20 = 81.67$$

此為該專家對於該問卷第一部份所欲界定內容的評分。其中以第 9 題之評分只有 2 分，顯然較低，可再回顧檢視「我購買品牌珠寶飾品，是因為周圍的朋友都有購買。」此句之內涵與「對於品牌之認知」似乎相去較遠，此題應再調整內容使該問卷更具「效度」。

以上舉例只說明了檢定各問卷題項，與「所欲界定之內容或行為，有相當程度之相關性」，至於其他「判定準則」之檢定評分，亦可以相似方法進行之。

2. 表面效度：此一效度是指測驗量表的項目和形式上給人的主觀印象。若是從表面來看，能肯定此一測驗確實能量測出所欲研究的主題，這就是具有「表面效度」；更簡單地來說，表面效度主要是檢測遣詞用語、問題形式、字型、大小以及空間是否合宜。對於這種效度之測定，通常是請該方

信度與效度

面的專家提供評估的意見,或是給予適當的評分,作為「表面效度」之評估。

表面效度與內容效度非常相似。就技術觀點而言,表面效度並不能算是一種效度。對於該項測驗,經由受過訓練者或是未受過訓練的個人,由他們來檢視此一測驗,從外表來看,直覺地認為這個測驗是在測量什麼?判斷此一測驗是否已經衡量到所欲衡量的部份,這種判斷純粹以觀念的認知作判定,並沒有量化的評定,也沒有統計上的一致性指數。

雖然,表面效度並不能算是一種效度,但是,如果不善加處理,當受試者感覺到此測驗與所欲測驗的目的無關時,他們可能會從心理上產生排斥,這種情形當然會影響測驗的功能,為了顧及到受試者的感受,所編製的問卷就必須考慮到表面效度。

欲使測驗或問卷具有表面效度,必須先了解受試者的工作性質、教育背景,然後選擇適合的測驗題材和習慣用語。例如:

(1) 某學校有 500 位學生,平均每月、每位學生使用 50 張紙。試問該學校全年使用多少張紙?

(2) 某部隊有 500 位士兵,平均每月、每位士兵消耗 50 發子彈。試問該部隊全年消耗多少發子彈?

以上這兩個題目,雖然所採用的是不同的背景語言,但是對於受試者所需的計算能力則完全相同。然而,第一題對於一般的學校具有表面效度;但是,第二題則對於軍中單位才有表面效度。若是以上兩種試題,交換了問卷測驗的對象,雙方受試者都不會有興趣,甚至不會樂於接受測驗。

如果這份測驗不能有效地滿足表面效度,應該如何加以改善?怎樣才能獲得合理的表面效度?雖然很多學者都認為表面效度其實算不上是一種效度,但如果從「表面上」看起來,該測驗所選擇的題項能與測驗的目的相符,就可以認為是具有表面效度。另外,也有學者應用統計方法檢測該測驗中,單項與總和作相關分析,根據相關係數是否顯著,作為判定該題項是否有效,若是題項中有反向的題項,應加以修改或是刪除。

例題 2-3

某研究生對於「品牌、品質、促銷活動對於購買決策之影響研究」設計了一份問卷，茲節錄其中數題如下：

	重視程度
	低　　　　　　　　　　高
1. 您購買商品時，總喜歡選擇知名品牌。	□　□　□　□　□
2. 您對於品牌內容並不介意。	□　□　□　□　□
3. 您對於產品的外觀並不在意。	□　□　□　□　□

對於以上三個問題，無法找出共同的「方向」，亦即，無法判斷研究者究竟希望產生「重視程度」的「低」或是「高」？因此，這一份問卷從表面上來看就是不具有「表面效度」，該研究生應該重新改寫此份問卷。

例題 2-4

假設有一份問卷，其中有四個題項，隨機邀請 7 位受測者回答問卷，以 Likert 1-5 分量表，得出結果如下：

樣本＼題項	1	2	3	4	5	6	7
A	2	3	3	2	5	4	2
B	3	4	5	4	3	4	2
C	5	1	4	4	2	1	5
D	2	4	2	1	4	4	2
總計	12	12	14	11	14	13	11

以 EXCEL 2003 版之「工具」、「資料分析」中的「相關係數」，得出相關係數矩陣如下：

信度與效度

	1	2	3	4	總計
1	1.0000				
2	0.1479	1.0000			
3	−0.7328	−0.3441	1.0000		
4	0.8060	0.0194	−0.8785	1.0000	
總計	0.7941	0.4410	−0.4011	0.5075	1.0000

由此相關係數矩陣可看出，第 3 題與總計之相關係數為「−0.4011」，顯示此題與其他大部份成反向作用，從「表面」上來看，已經不很融洽，應該針對此題認真檢討，必要時應予刪除。

例題 2-5

某研究生以 PZB 模式，撰寫了一份「軍訓教官軍訓工作服務品質」之問卷，共有 26 個題目：

1. 學校軍訓教官對於同學的需求，其整體工作之表現令您滿意的程度。
2. 對於同學所提的意見，軍訓教官能將問題立即向上反映，而能迅速獲得解決的能力。
3. 當軍訓教官無法當面答覆同學的問題，而需向上反映時，等待答覆時間的長短，令您滿意的程度。
4. 在您接受軍訓教官的服務過程中，能感受到教官服務之熱忱與實際執行，表裡相同的程度。
5. 軍訓教官能如期執行服務，令您滿意的程度。
6. 軍訓教官執行校規時，能秉持相同標準、一視同仁，讓您感到前後一致的程度。
7. 軍訓教官能夠做到您的需求的程度。
8. 當某位軍訓教官很忙碌時，其他教官能主動為您服務之積極態度，令您滿意的程度。
9. 軍訓教官回答您詢問的問題時，表現從容不迫的態度，令您滿意的程度。
10. 當您有學生生活輔導上的問題時，軍訓教官的專業能力能夠提供您所

需要的協助。

11. 當您對教官的服務表示不滿意時，軍訓教官的反應態度。
12. 校長、學務主任對教官的工作表現，能給予適當的考核與指導，以提升服務品質、滿足學生需要。
13. 您覺得軍訓教官是否會因為其職位或身份，既要考量學生的權益，也要注意學校的立場，因而在提供服務時，對您有差別待遇。
14. 軍訓教官在輔導服務同學時，不會有逾越其職責或行為偏差的現象。
15. 您對軍訓工作相關事務的建議，軍訓教官的回應能令您滿意的程度。
16. 軍訓教官能確實提供其承諾之服務程度。
17. 您覺得軍訓專業教官能提供令您感到可靠的服務。
18. 學校每位軍訓教官，都能提供令您感到可靠的服務。
19. 當您遇到困難時，軍訓教官能及時給予幫助，令您滿意的程度。
20. 軍訓教官提供的服務，令您信賴並願意再次請求其協助的程度。
21. 軍訓教官經常利用課外時間與學生溝通，並了解學生需求，令您滿意的程度。
22. 軍訓教官在軍訓教學、生活輔導等工作具有的專業能力，令您滿意的程度。
23. 教官室隨時有人留守，且專線電話24小時接聽，令您滿意的程度。
24. 軍訓教官輔導學生能維護學生尊嚴，且公平對待學生，令您滿意的程度。
25. 當您對軍訓工作之服務品質有意見時，能有良好的申訴或溝通管道。
26. 當您尋求軍訓教官協助時，內心相信教官、感到安全的程度。

以上之問卷，請您以專家之立場，檢視其「專家效度」，並提出缺失以及應該改進之處。

解：

PZB模式，主要是針對五個缺口的檢視。

缺口一：指管理者認知之差距。其內容包含：(1) 市場調查；(2) 向上溝通；(3) 管理層次。

缺口二：指服務規格之差距。其內容包含：(1) 品質管理；(2) 目標設置；(3) 任務標準化；(4) 可行性。

信度與效度

缺口三：指服務傳遞之差距。其內容包含：(1) 協調合作；(2) 員工勝任性；(3) 技術勝任性；(4) 控制力；(5) 監督控制體系；(6) 角色矛盾；(7) 角色不明。

缺口四：指外部溝通之差距。其內容包含：(1) 誇大宣傳；(2) 水平溝通。

缺口五：指服務品質之差距。其內容包含：(1) 有形性；(2) 可靠性；(3) 反應性；(4) 信賴性；(5) 了解性；(6) 勝任性；(7) 接近性；(8) 禮貌性；(9) 溝通性；(10) 安全性。

以上五個構面，共有 26 個子題，恰好對應於本問卷之題項內容，但是對於各題項之內容仍需逐題細審，檢視是否合乎原模式所規劃之內涵。

1. 首先判斷各題目與所欲界定之內容是否具有相關程度？依各構面之各題項逐題討論：

(1) 討論到「整體工作滿意程度」可認為是「市場調查」的一部份。

(2) 「向上反映」之速度是「向上溝通」的內涵。

(3) 「等待答覆時間的長短」可視作「管理層次」的一種。

(4) 此題之設計未能完全達到「品質管理」的需求，該題應重新改寫。

(5) 「如期執行服務」與「目標設置」並不能表達相同之概念，該題應重新改寫。

(6) 「秉持相同標準」與「任務標準化」有某些程度的近似性，此題似乎可以改寫得更切近內容。

(7) 「能夠做到的程度」與「可行性」，相近度雖然很高，但是此題之本意應該是指「在學校的規定範圍內」，教官的服務「能夠確實達成的程度」，此題應再改寫。

(8) 「其他教官能主動服務」與「協調合作」性質相近。

(9) 「從容不迫」與「員工勝任性」不完全配合，此題應再改寫。

(10) 「教官的專業能力」與「技術勝任性」性質相近。

(11) 除了控制力之外，也應包含其他事務控制的考量。此題應再改寫。

(12) 此題已表現出，學校長官對於教官服務的掌控情形。

(13) 此題已表現出「角色矛盾」的特性。

(14) 此題已表現出「角色不明」的重點。

(15)「軍訓教官的回應」與「誇大宣傳」，並不完全符合，此題應再重寫。

(16)「提供承諾」並不代表能做到「水平溝通」，此題應再重寫。

(17)「有形性」應該指的是軍訓教官的儀表、風度、待人接物的禮貌態度等，此題應再改寫。

(18)「可靠的服務」與「可靠性」相符合。

(19)「教官的及時協助」與「反應性」內容相符。

(20)「令人信賴的服務」與「信賴性」內容相符。

(21)「常與學生溝通」與「了解性」內容相符。

(22)「教官的軍訓教學、生活輔導」等工作之專業能力與「勝任性」內容相符。

(23)「教官室隨時有人留守」表示有事找教官，並不困難，與「接近性」內容相符合。

(24)「維護學生尊嚴」與「禮貌性」不能完全相符，此題應再重寫。

(25)「能有良好的申訴或溝通管道」與「溝通性」其意義並不完全相符，此題應再重寫。

(26)「軍訓教官令人感到安全」與「安全感」內容相符合。

2. 按照 PZB 的五項缺口模式，再經各題項的重寫，即可包含所欲討論之範圍。

3. 分配比例，已由 PZB 模式在五項缺口，按 3 題、4 題、7 題、2 題以及 10 題，適切地反映出各構面之重要。

4. PZB 模式的五個缺口，共有 26 個子題，若是能每一子題各有兩個問題，其效果將會更好。

信度與效度

例題 2-6

試檢測上題例題問卷,是否具有表面效度。

解:上例題之問卷,每一題項希望同學回答他們「滿意度」的感受,但是,第4題、第6題、第7題、第8題、第9題、第10題、第11題、第12題、第13題、第14題、第18題、第25題,從這些題項的問句而言,被問的同學並不知應該有何反應。以表面效度來看,此份問卷應該重新改寫。

例題 2-7

試以專家立場,對於例題 2-5「軍訓教官軍訓工作服務品質」,該測驗問卷效度,設計評估之評分格式。

請專家就以下 26 個題項,提供您對於各題內容的認知看法,根據 PZB 模式的五個缺口,其中 1～3 題屬於缺口一;4～7 題屬於缺口二;8～14 題屬於缺口三;15～16 題屬於缺口四;17～26 題屬於缺口五。試就您的看法,查驗各題項是否符合該屬性之缺口,按符合之程度,最高分給予 5 分,其次 4 分、3 分、2 分、1 分。

解:

	1	2	3	4	5
1. 學校軍訓教官對於同學的需求,其整體工作之表現令您滿意的程度。	☐	☐	☐	☐	☐
2. 對於同學所提的意見,軍訓教官能將問題立即向上反映,而能迅速獲得解決的能力。	☐	☐	☐	☐	☐
3. 當軍訓教官無法當面答覆同學的問題,而需向上反映時,等待答覆時間的長短,令您滿意的程度。	☐	☐	☐	☐	☐
4. 在您接受軍訓教官的服務過程中,能感受到教官服務之熱忱與實際執行,表裡相同的程度。	☐	☐	☐	☐	☐

5. 軍訓教官能如期執行服務，令您滿意的程度。　□　□　□　□　□
6. 軍訓教官執行校規時，能秉持相同標準、一視同仁，讓您感到前後一致的程度。　□　□　□　□　□
7. 軍訓教官能夠做到您的需求的程度。　□　□　□　□　□
8. 當某位軍訓教官很忙碌時，其他教官能主動為您服務之積極態度，令您滿意的程度。　□　□　□　□　□
9. 軍訓教官回答您詢問的問題時，所表現的從容不迫的態度，令您覺得滿意的程度。　□　□　□　□　□
10. 當您有學生生活輔導上的問題時，軍訓教官的專業能力能夠提供您所需要的協助。　□　□　□　□　□
11. 當您對教官的服務表示不滿意時，軍訓教官的反應態度。　□　□　□　□　□
12. 校長、學務主任對教官的工作表現，能給予的適當考核與指導，以提升服務品質、滿足學生需要。　□　□　□　□　□
13. 您覺得軍訓教官是否會因為其職位或身份，既要考量學生的權益，也要注意學校的立場，因而在提供服務時，對您有差別待遇。　□　□　□　□　□
14. 軍訓教官在輔導服務同學時，不會有逾越其職責或行為偏差的現象。　□　□　□　□　□
15. 您對軍訓工作相關事務的建議，軍訓教官的回應能令您滿意的程度。　□　□　□　□　□
16. 軍訓教官能確實提供其承諾之服務程度。　□　□　□　□　□
17. 您覺得軍訓專業教官能提供令您感到可靠的服務。　□　□　□　□　□
18. 學校每位軍訓教官，都能提供令您感到可靠的服務。　□　□　□　□　□
19. 當您遇到困難時，軍訓教官能及時給予幫助，令您滿意的程度。　□　□　□　□　□

信度與效度

20. 軍訓教官提供的服務，令您信賴並願意再次請求其協助的程度。　□ □ □ □
21. 軍訓教官經常利用課外時間與學生溝通，並了解學生需求，令您滿意的程度。　□ □ □ □
22. 軍訓教官在軍訓教學、生活輔導等工作具有的專業能力，令您滿意的程度。　□ □ □ □
23. 教官室隨時有人留守，且專線電話24小時接聽，令您滿意的程度。　□ □ □ □
24. 軍訓教官輔導學生能維護學生尊嚴，且公平對待學生，令您滿意的程度。　□ □ □ □
25. 當您對軍訓工作之服務品質有意見時，能有良好的申訴或溝通管道。　□ □ □ □
26. 當您尋求軍訓教官協助時，內心相信教官、感到安全的程度。　□ □ □ □

假設某位專家給予此問卷之評分，對於各題項之評分，各為5、5、5、5、4、4、5、5、4、4、4、4、4、5、5、4、4、4、4、5、4、4、4、5，則平均分數為4.4231，再化為百分數為4.4231×20＝88.46，此分數即代表該「專家」對於此問卷之「內容效度」評分。

3. **訪問效度**：訪問者能否在訪問過程中，和受訪者建立良好、互信的關係，是這次訪問有無成效的重要關鍵。訪問者的專業知識、訪問者的穿著打扮、年齡、性別以及相互應對的態度、訪問時的和睦氣氛，對於訪問的成效都有重要的影響。訪問之前，如有完善的結構設計，在訪問過程中，就能引發出重要的內容線索，這種訪問效度就會提高。

為了減少訪問人員在訪問過程中的失誤，有人認為可事先規劃「標準訪問」。針對此一論點，有許多學者提出不同的見解：訪問品質所要求的兩個重要的指標，其一是「回答的完整性」；另一個是「回答的正確性」。杜素豪教授 (2004) 曾以「訪問風格」著手，分析標準化訪問與個人化訪問風格之間，在訪答完整性與正確性上，有無明顯的差異，同時也探討了訪

問人員的態度，對於訪答的品質之影響。

(四) 提高內容效度之方法

所謂內容效度，主要是檢測該問卷所依循的架構、涵蓋所界定的範圍、能反映出切合研究問題的程度。

編製測驗問卷時，若能考慮到以下所介紹之要點，將可提高該測驗問卷之內容效度：

1. 列出所需要測驗的教材內容的重點，以及所欲測量的各種學習結果。教材內容的重點，實際上與教學大綱的重點相同，對於特殊的測驗則可由專家共同討論制定。
2. 將測驗的內容重點以及各類的行為改變，列出其相對的重要度比例。此處之設計並沒有很簡便的辦法，通常可依據教學大綱、或是理論的看法或是根據專家們的共同意見編列。
3. 編製一個如同例題 2-8 的雙向細目表，作為與測驗題目比較之基礎。
4. 依據雙向細目表來編製測驗，若所編製的測驗愈符合細目表的各種比例，就表示該測驗量表之內容效度愈高。

例題 2-8

某教授為了測驗學生對於「統計學」的學習效果，設計了一份測驗，根據「教材內容」，包括 10 題問答及計算題，以「雙向細目表」檢視此份問卷是否能符合「教學目標」？

信度與效度

表 2-2 統計學測驗之雙向細目表

題號	敘述統計	檢定	估計	變異數分析	迴歸分析	卡方檢定	知識	理解	應用	分析
1	×						×			
2	×							×		
3		×							×	
4		×								×
5			×						×	
6				×						×
7				×					×	
8					×					×
9					×		×			
10						×	×			
配分	20	20	10	20	20	10	10	30	30	30

	知識	理解	應用	分析	總計
敘述統計	1	1			2
檢　定			1	1	2
估　計			1		1
變異數分析			1	1	2
迴歸分析		1		1	2
卡方檢定		1			1
題　數	1	3	3	3	

經由以上雙向細目表可看出，雖然「知識」的測驗部份稍弱，但是六種「教材內容」都能涵括在內，此份測驗應該具有很高的「內容效度」。

二、效標關聯效度

(一) 效標關聯效度之意義

效標關聯效度 (Criterion-related Validity) 是以測驗的分數，與已知或可被相信、可衡量的，所研究之屬性來作比較，常以兩者的相關係數，作為此項測驗的效度。亦即，可用測驗的分數來預測未來的行為表現，或是用來估計目前在其他測驗上的表現。這是實用性最高的一種效度，因此，又常被稱為實徵效度 (Empirical Validity) 或是統計效度 (Statistical Validity)。譬如，某大學想要自編一份英語能力測驗，則可考慮以「托福」或「多益」當作外在效標，然後以自編之英語能力測驗成績與「托福」所測之成績進行相關係數比較，相關係數愈高者，即表示效標關聯效度愈高。

國軍對於軍校學生施以「智力測驗」，以「智力測驗」之成績作為未來位階晉升之參考；留學美國都要參加 GRE 測驗，GRE 又可分為「一般」與「進階」，此一成績也是美國各大學作為判斷申請入學的學生，是否有能力完成學業的參考指標。這些都是效標關聯的例子，若是其中某一效標的效度高，就是值得繼續引用的指標。

(二) 效　標

效標是考驗效度的一個參照標準，它是用來顯示該測驗所欲測量或預測的特質，此一測量可用來作為檢定效度的參考，效標關聯效度最關鍵的問題，就在於效標的選用，效標必須能夠作為反應測量分數內涵與特質的獨立測量，同時也需為社會大眾或一般研究者所接受，並能夠具體反應某項特定內涵的指標，因此，研究者除了透過理論或文獻的證據作為選用效標的依據，同時也要能提出具有說服力的主張，來支持其效標關聯效度之評估。用來預測的測驗與被測的測驗，相互比較所得出的效度，稱為預測效度 (Predictive Validity)。此種測驗之應用，必須間隔一段時間實施。例如，當我們要用學生的學業性向來衡量預測學生們的課業成績，就是屬於預測的效標關聯效度。預測效度所常用的效標資料，包括專業訓練或研究的成績，與實際工作的成績等。預測效度乃是運用追蹤的方法，對受試者將來的行為表現，作長期的觀察或是考核和記錄，然後以累積的資料與當初測驗的分數進行相關分析，以此結果就可作為將來成就的能力預測。

信度與效度

　　如果所研究的主要興趣在於評量目前的狀態，因此兩種測驗必須同時實施。譬如，「打字的速度」可以作為文書處理能力的評估，如果這兩種測驗同時實施，而且其間的測驗分數相關度很高，就表示打字的速度，是文書處理能力檢定的一項良好指標。由於此種測驗是為了測量同一時間成就，因而此一效度，又可稱之為**同時效度 (Concurrent Validity)**。此種效度常用的效標資料，包括學生在校的學業成績、操行成績或是其他同性質的測驗結果。例如，某大學以「英文」、「電腦文書處理」之成績，作為判定職員辦事能力之依據，這就是一種「效標」的功能。採用同時效度考驗的時機和原因，主要是為了考量以下原因：

1. 採用已具知名度的測驗作參考標準，來考驗新編測驗的內容，是否具有高度的效度。
2. 為了設計一種較簡易的測驗，用來取代原先很複雜或是很昂貴的測驗。
3. 為了要了解某一個測驗，是否可以作為一種預測的工具。

　　依照美國心理學會 (A. P. A., 1974) 的認定，「預測效度」與「同時效度」之量測皆以相關係數來表示，此兩者主要的差別在於兩種測驗間隔時間的長短。

　　除了同時效度和預測效度之外，又因心理學的需要，還可分為**合成效度 (Hetic ValiSyntdity)** 和**區別效度 (Differential Validity)**。

　　所謂「合成效度」主要是用來預測受試者整體的工作效率，以職業表現為效標，再根據工作分析的結果，決定不同工作項目所佔的比重，由此得出權重，分別求出測驗分數和各工作項目間的相關係數，與各工作權重的加權值，即可得出「合成效度」。

　　所謂「區別效度」是以兩種性質不同的職業為效標，分別求其與測驗分數之相關係數，再以此兩者之差距作為「區別效度」，以此效度作為應該選擇某種職業的可能性。

(三) 效標之特性

　　一個良好的效標，應該具有以下各種特性：

1. **可信賴性 (Reliability)**：以另一個測量工具來預測此一時無法測量的工具，其量測的結果，能夠令人相信的程度要夠高。在理論上或實務上的研究

經驗，已經有了相當的口碑者，譬如，全世界已經相當普遍的 TOEIC、TOFEL 等，都是值得作為效標之參考。

2. **實用性 (Availability)**：作為參照標準的測量工具，要能容易實施、容易獲得、操作容易，而且成本也要合理。譬如，以學校自行發展出的「英語能力測驗」，可以取代價格昂貴的 TOFEL 或是 TOEIC，這就是值得以自行開發之測驗所實施的測驗。

3. **適切性 (Relevance)**：作為參考標準的測量工具，要能夠真正地量測出所欲衡量的內容，否則就不具有適用性的意義。譬如，商用與數理測驗用 GRE，各有不同之功用，所測出的成績也適用於不同之場合，已經是公認的適切的工具，至於其他的量測效標，也同樣需要考慮到適切的問題。

4. **避免效標混淆性 (Criterion Contamination)**：有些測量工具性質非常相近，要能夠明確地區別，當用以量測時，不致發生使用範圍上的混淆。例如，GMAT 與商用 GRE，有些相似之處，但又不完全相同，在選擇測驗應用時，應慎重注意區別。

(四) 效標之種類

效標之用途很多，其種類可區分為以下數種：

1. **學業成就效標 (Academic Achievement)**：包括學業成績、語文能力測驗成績、電腦能力測驗成績或者其他的特殊活動表現成績等。其中最常被引用的是智力測驗的成績，用來作為學業或人格測驗上的效標。例如，國軍的每位軍官皆須實施智力測驗，若是智力測驗未能達到一定的標準者，就無法晉升到某一個階級。因此，智力測驗成績就可視為該位軍官的學習能力指標。

2. **實際工作的成就 (Actual Job Performance)**：在工作職場上經過主管或其他方式，對於受試者工作上的評定分數。例如，許多大學已經對於教師實施「績效評鑑」，按照一些標準，對於每位老師給予「教學」、「研究」及「服務」上的評核成績。此一「績效評分」就是說明該老師這一年度工作的表現。

3. **特殊化的訓練成績 (Performance in Specialized Training)**：此種成績可包含各種非正式教學的成績，譬如文書處理、簿記、會計、外語文鑑定等成績，都可作為各種專業性向測驗之效標。例如，某大學對於學校的行政職

員，實施「文書處理」及「英文能力」測驗，凡是未達及格者，學校即認為該職員的行政能力不足，因此學校定期給予授課輔導，直至測驗及格，方能有參加升等之機會。

4. **評定成績 (Ratings)**：各級人員對於受試者的認定所作之評分都是效標的一種。以人事單位所綜合的評分，即反映出該員工的工作能力表現。
5. **先前有效的測驗 (Previously Available Tests)**：譬如依據 TOEFL 題庫所編製成的英文能力測驗，作為檢定的效標。以 TOEFL 所測得的成績即可說明此人的英語程度。

(五) 效標關聯效度的考驗方法

1. **預測效度之考驗**：某軍醫院對於眾多護理人員未來的發展非常重視，因此，對於將要晉升的護理人員，都要先作「人格特質」測驗，用以決定此人未來發展的前途。理論上，每人的「人格特質」各有不同，有人適合「研究型」的發展，有人適合「行政型」的發展，也有人適合「藝術型」的發展，以「人格特質」測驗成績，可以作為該護理人員晉升的方向，未達某個標準者，其未來的晉升就會受到限制。這種測驗就是用來預測未來的成就，以「人格特質」作為未來用人的標準，人格特質測驗成績高的人，應該具有較高的軍官素質表現。

   (1) 相關的意義：軍官的智力測驗的分數，雖然很可能與他的未來成就有相當大的關係，但是這兩者之間究竟「相關程度」有多大？能否以一個數字量測出來？為了尋求此一衡量的數字，通常可用**相關係數 (Correlation Coefficient)** 表示。

   所謂相關係數，是用來衡量兩個變數 X、Y 之間關聯性的高低。對於 X、Y 兩變數，若蒐集 n 對資料 $(X_1, Y_1), (X_2, Y_2), \cdots, (X_n, Y_n)$，則在統計上定義 X、Y 的「樣本相關係數」(簡稱相關係數)，可寫成 $r(X, Y)$ (簡寫為 r)，計算相關係數之公式有很多種，茲先介紹：

   a. 以原始資料計算相關係數，其公式為：

   $$r = \frac{\Sigma(x_i - \overline{X})(y_i - \overline{Y})}{\sqrt{\Sigma(x_i - \overline{X})^2}\sqrt{\Sigma(y_i - \overline{Y})^2}} \tag{2-6}$$

例題 2-9

假設某班有 10 位同學，他們的智力測驗成績 (x_i) 和數學成績 (y_i)，記錄如表 2-3。試求智力測驗成績與數學成績之相關係數。

解：

表 2-3 10 位同學之智力測驗成績與數學成績

學生	智力測驗成績 (x_i)	數學成績 (y_i)
01	125	84
02	110	78
03	95	71
04	100	81
05	141	89
06	110	75
07	105	62
08	122	84
09	85	61
10	108	70

為配合 (2-6) 式之計算，先將表 2-3 計算得出表 2-4 型式。

表 2-4 由原始分數計算相關係數

學生	x_i	y_i	x_i^2	y_i^2	$x_i y_i$
01	125	84	15625	7056	10500
02	110	78	12100	6084	8580
03	95	71	9025	5041	6745
04	100	81	10000	6561	8100
05	141	89	19881	7921	12549
06	110	75	12100	5625	8250
07	105	62	11025	3844	6510
08	122	84	14884	7056	10248
09	85	61	7225	3721	5185
10	108	70	11664	4900	7560
合計	1101	755	123529	57809	84227

由表 2-4 求得變項 X 與 Y 之平均數 $\overline{X} = 110.1$ 及 $\overline{Y} = 75.5$，再求出 $\Sigma x_i y_i = 84227$，$\Sigma x_i^2 = 123529$，$\Sigma y_i^2 = 57809$。(2-6) 式之計算，通常可用以下方法進行：

$$S_{xy} = \Sigma (x_i - \overline{X})(y_i - \overline{Y}) = \Sigma x_i y_i - N\overline{X}\,\overline{Y}$$
$$= 84227 - 10 \times 110.1 \times 75.5$$
$$= 1101.5$$

$$S_{xx} = \Sigma (x_i - \overline{X})^2 = \Sigma x_i^2 - N\overline{X}^2$$
$$= 123529 - 10 \times 110.1^2$$
$$= 2308.9$$

$$S_{yy} = \Sigma (y_i - \overline{Y})^2 = \Sigma y_i^2 - N\overline{Y}^2$$
$$= 57809 - 10 \times 75.5^2$$
$$= 806.5$$

得出

$$r = \frac{1101.5}{\sqrt{2308.9 \times 806.5}} = 0.8072 \text{ 。}$$

b. 由離均差求相關係數：從表 2-3 的原始分數看來，有些數字可能太大，計算相關係數可能容易出錯，若是將原始分數先減去各平均數，可減少一些計算困難度。以表 2-4 之資料為例，各數據皆先減去該變項之平均數，如表 2-5 所示：

表 2-5　各變數先減去該變項平均數

x	y	$(x_i - \overline{X})$	$(x_i - \overline{X})^2$	$(y - \overline{Y})$	$(y_i - \overline{Y})^2$	$(x_i - \overline{X})(y_i - \overline{Y})$
125	84	14.9	222.01	8.5	72.25	126.65
110	78	−0.1	0.01	2.5	6.25	−0.25
95	71	−15.1	28.01	−4.5	20.25	67.95
100	81	−10.1	102.01	5.5	30.25	−55.55
141	89	30.9	954.81	13.5	182.25	417.15
110	75	−0.1	0.01	−0.5	0.25	0.05
105	62	−5.1	26.01	−13.5	182.25	68.85
122	84	11.9	141.61	8.5	72.25	101.15
85	61	−25.1	630.01	−14.5	210.25	363.95
108	70	−2.1	4.41	−5.5	30.25	11.55
合計			2308.9		806.5	1101.5

$$r = \frac{\Sigma(x_i - \overline{X})(y_i - \overline{Y})}{\sqrt{S_{xx} S_{yy}}}$$

$$= \frac{1101.5}{\sqrt{2308.9 \times 806.5}}$$

$$= 0.8072$$

c. 以 EXCEL 計算相關係數：從 EXCEL 的表格中，先將兩組數據輸入兩行，按「工具」、「資料分析」，找到其中的「相關係數」。標示出兩行數據，設定資料顯示位置之後，按「確定」，即會出現如下矩陣：

$$\begin{bmatrix} 1.00 & \\ 0.807197 & 1.00 \end{bmatrix}$$

此一上三角矩陣，即顯示出 X 與 Y 之相關係數為 0.807197。

d. 相關係數之檢定：前節介紹了一些「相關係數」的計算方法，然而，這些相關係數之值的大小是否顯著？尚需進一步地以統計檢定。假設：

$$t_0 = \frac{r - r_0}{\sqrt{(1-r)/(n-2)}} \tag{2-7}$$

(2-7) 式中，r 是所欲檢定的相關係數，r_0 是欲檢定是否與 r 相等，n 則是樣本之數目。(2-7) 式之 t_0 滿足自由度為 $(n-2)$ 之 t 分配。

例題 2-10

以例題 2-9 所計算之相關係數，試檢定 $r = 0$ 之虛無假設。

解：

$$t = \frac{0.8072 - 0}{\sqrt{(1 - 0.8072)/8}} = 5.1997 > t_{0.95}(8) = 1.86$$

故推翻 $r = 0$ 之虛無假設，亦即，可認為 $r \neq 0$。

若是某一相關係數求得為 0.3，是否可認為此相關係數近乎於 "0"？以相同之檢定步驟，得出：

$$t_0 = \frac{0.3 - 0}{\sqrt{(0.7)/8}} = 1.014 < 1.86$$

故沒有充份之證據推翻虛無假設，因此，可認為此一相關係數為"0"。

三、構念效度

(一) 意　義

　　構念 (Construct) 是一種抽象的概念，主要的內涵涉及心理學層面，通常是假設性的想法、或是某種特性、變項，根據以上這些假設，經過調查、問卷測驗，可以用以解釋個人的行為特性；以另外一種說法，如果一個測驗與其他訊息的關係，非常符合某一種「理論」，則此一測驗就可說是具有**構念效度 (Construct Validity)**。構念效度的檢驗必須建立在特定理論基礎之上，透過理論的澄清，引導出各項關於潛在特質或行為的基本假設，再以實證方式，查驗此一結果是否符合理論假設的內涵。此處所謂的「理論」是指在邏輯上的合理化解釋。此一解釋能有效地說明此一測驗的目的。

　　研究者對於「理論」認知的期待，形成了進行研究的動機。因此，對於任何測驗的結果，若能符合研究者的期待，就可說此一測驗具有測驗上的效度。研究者常使用「因素分析」作為效度的檢定 (因素分析將於第三章介紹)，因素分析主要的目的是用以認定心理學上的特質，藉著共同因素的篩選，可以確定理論觀念的結構成份，因而，因素分析也是測量構念效度的適當方法之一。由此可知，構念效度就是為了衡量該一測量工具，所能量測到理論概念的程度。

　　若是沒有已經建構的測驗，或是沒有可以量測的未來行為作為參考時，此時需要重新建立一個測驗的構念效度。如果在理論下的測驗，能夠有效地反應出所欲量測的特殊關係，則此一測驗便是具有良好的構念效度。由於確認一個構念的研究，可能會產生好幾個有關的相關係數，其間的關係複雜，對於效度之評鑑過程，又非常冗長，同時因為構念效度結合了計量心理學的觀念，與實務及理論的觀念相融合貫通，因此，並沒有一種簡潔的統計方法可以直接採用實施。當研究者想要研究某測驗的構念效度時，通常都是以某種心理性特質來解釋測驗的現象，而這些測驗現象，則是針對測驗成績之「變異」來衡量，研究者想要知道哪些因素或構念是造成測驗變異的原因？這些測驗能夠衡量出什麼意義？此一測驗能否測出所欲探測的真相？每一構面的變異能夠解釋總變異

中的多少比例？總體而言，想要探求個人在測驗分數上，與真正的得分之間，所造成的差異為何？如何解釋？

基於以上之考量，構念效度一般的發展步驟為：

1. 根據構念的理論分析，發展出一套測量的題目。
2. 提出可考驗之構念，與其他可觀察變項間關係之預測。
3. 以實證性之研究，以驗證上述之預測。
4. 將各題項與理論構念相反之題項刪除，重新設計相關之題項，若是仍有負向相關，即表示缺乏效度或是理論架構有疑問。

(二) 建立構念效度之方法

1. 首先需要堅強的理論，根據理論之敘述，從構念有關的理論中，預想可能的反應情形，據此發展出一套測量的問卷題項。
2. 根據理論，提出欲對於所測量的「構念」與某一已知「變項」之間，是否具有相當關係之預測。
3. 對於上述之預測，提出觀測數據，用以作為驗證。
4. 若是某些題項與假設理論不符，則應設法修改或是刪除；若是上述之假設檢定成立 (即統計檢定不顯著)，即可認為預測假設成立。若是預測不成立，就表示構念效度有問題，或是根本上的理論不對，甚至於以上兩者都有問題。

(三) 考驗構念效度之方法

考驗的方法有很多種，其中以「內部一致性之考驗」最常使用：

內部一致性之考驗：此一考驗主要的目的在於檢驗測驗的題項，是否能測量到相同程度或內容的心理特質。這種測驗是以測驗的總分為效標，再計算各測驗題目分數與測驗總分之間的關係，其相關係數愈高，就代表此一測驗問題的內部凝聚力愈強，全部的測驗問題與測驗總分的相關都很高，就表示該一測驗所測量的心理特質近於相同。有關內部一致性之考驗，經常使用的方法有以下幾種：

a. **相關係數法**：計算每一測驗題項的分數，與測驗總分之相關係數，此分數即內部一致性之係數，若是每一問項皆與測驗總分之相關性都很高，即代表此一問卷之內部一致性高。

信度與效度

例題 2-11

一份問卷包含 5 個題項,隨機邀請 8 位顧客,針對此 5 個題項,回答問卷分數如下:

答分樣本＼題項	1	2	3	4	5	合計
1	4	3	4	5	2	18
2	3	3	4	5	2	17
3	4	3	3	3	3	16
4	3	3	4	2	4	16
5	2	3	4	3	4	16
6	4	5	3	5	4	21
7	4	3	2	3	4	16
8	3	5	5	4	4	21

以 EXCEL 計算此 5 個題項與合計總分之相關係數,得出相關矩陣如下:

相關矩陣	題項1	題項2	題項3	題項4	題項5	合計
題項1	1.0000					
題項2	0.1037	1.0000				
題項3	−0.6026	0.2526	1.0000			
題項4	0.2884	0.3974	0.1673	1.0000		
題項5	−0.2358	0.4211	−0.1489	−0.5689	1.0000	
合　計	0.1855	0.9469	0.3456	0.6271	0.1506	1.0000

為了測驗其「構念效度的內部一致性」,雖然題項 1 至題項 5 與合計之相關係數皆為正值,但是,亦可看出題項 5 與題項 1、3、4 皆為負相關,題項 1 與題項 3 亦為負相關,顯示此一問卷構念效度之內部一致性並非很理想,各題項之內容仍需要再修訂,其中尤以題項 5 及題項 1 與合計之相關係數較低,更應首先考量修訂。

　　b. **外在相關法**:若能找到一個已經公認具有效度的測驗,將此次的問卷測驗分數,與該有效度的測驗求其相關係數,即可依此相關係數作為「構念效度」。此種「構念效度」又稱為「符合效度」。

例題 2-12

以「托福」成績作為英語程度鑑定,已是全世界所公認具有高「效度」的量測工具,某教授自行研發了一種英語檢定的工具(姑且稱之為 ABC 方法),為了取得大家對於 ABC 方法之公信力,該教授隨機抽樣 10 名學生,實施「托福」及「ABC」兩種方法之測驗,其成績記錄如下:

學 生	1	2	3	4	5	6	7	8	9	10
托福成績	420	435	355	550	540	450	350	580	550	450
ABC 成績	181	185	186	194	192	184	178	196	191	182

以 EXCEL 之「資料分析」中的「相關係數」,即可求得此兩種測驗成績之相關係數矩陣:

	托福	ABC
托福	1.0000	
ABC	0.8765	1.0000

「托福」成績與「ABC」成績之相關係數,高達 0.8765,因此可認為 ABC 方法具有高度的「符合效度」。

c. 因素分析法:對於大量的變項,應用因素分析方法,找出各變項之間的「共同性」和各變項間的關係,其主要的目的是在找出心理學上的特質。因此,因素分析是研究構念效度非常重要的方法。本質上,因素分析就是相關係數更進一步的應用。

例題 2-13

隨機抽樣 40 個人,請其回答以下 5 個題項。題項 1 為「經驗分享」,題項 2 是「產品利益」,其他 3 個題項各為「服務利益」、「應變能力」以及「整合能力」,計算出此 5 個題項之間的相關係數如下:

信度與效度

題項	1	2	3	4	5
1	1.00				
2	0.338	1.00			
3	0.101	0.259	1.00		
4	0.022	0.001	0.251	1.00	
5	0.023	0.016	0.142	0.223	1.00

以此相關矩陣大致可以看出，有些題項之間的相關係數較高、也有些題項之間的相關係數不高，因此，令人不禁聯想到，是否這 5 個題項之間具有某種特性，可以用較少的因素，而不必用到 5 個題項，就可以表示出其間的關係？此種計算的技術即可使用「因素分析」法執行。

解：首先，以 MathCAD 計算相關矩陣之**特徵值** (Eigen Values)，以及相對應的**特徵向量** (Eigenvectors) 如下：

$$\Lambda = \begin{bmatrix} \lambda_1 \\ \lambda_2 \\ \lambda_3 \\ \lambda_4 \\ \lambda_5 \end{bmatrix} = \begin{bmatrix} 1.573 \\ 1.25 \\ 0.847 \\ 0.747 \\ 0.583 \end{bmatrix}$$

$$V = \begin{bmatrix} 0.427 & -0.480 & -0.421 & -0.469 & 0.436 \\ 0.512 & -0.466 & 0.061 & 0.267 & -0.668 \\ 0.554 & 0.145 & 0.556 & 0.327 & 0.506 \\ 0.384 & 0.540 & 0.161 & -0.654 & -0.329 \\ 0.3180 & 0.491 & -0.695 & 0.418 & 0.0053 \end{bmatrix}$$

計算因素分析的方法主要分為以下三個步驟：

步驟 1：以原始數據計算各變項之間的相關係數矩陣。

步驟 2：以相關矩陣計算特徵值及特徵向量。按凱塞爾 (Kaiser, 1958) 所提出之方法，以特徵值大於 "1" 的，就其相對之前兩個特徵向量作為因素。(一個特徵值產生一個因素，因此特徵值其實就是

該因素各負荷量之平方和，此總和表示該因素能解釋全體變異的比例。另外，至少兩個向量才能作因素軸之旋轉，因而暫舉兩因素為例。)

步驟 3：因素軸之旋轉。兩個特徵向量構成了矩陣 V，從 V 矩陣的前兩個向量，即可得出「因素負荷量」，這表示各題項與此兩個因素之相關情形。在未轉軸之前，此兩個因素還看不出來有何特殊，在經過適當的旋轉角度之後 (本例題經過旋轉 $-42.6°$，詳細之說明，請閱讀第三章「因素分析」)，矩陣 V 之前二向量與矩陣 T 相乘後，即得出「轉軸後之因素」：

$$T = \begin{bmatrix} \cos\theta & -\sin\theta \\ \sin\theta & \cos\theta \end{bmatrix}$$

$$= \begin{bmatrix} \cos(-42.6°) & -\sin(-42.6°) \\ \sin(-42.6°) & \cos(-42.6°) \end{bmatrix} = \begin{bmatrix} 0.7361 & 0.6769 \\ -0.6769 & 0.7361 \end{bmatrix}$$

$$= \begin{bmatrix} 0.427 & -0.480 \\ 0.512 & -0.466 \\ 0.554 & 0.145 \\ 0.384 & 0.540 \\ -0.50 & 0.078 \end{bmatrix} \begin{bmatrix} 0.7361 & 0.6769 \\ -0.6769 & 0.7361 \end{bmatrix}$$

$$= \begin{bmatrix} 0.639227 & -0.06429 \\ 0.692319 & 0.00355 \\ 0.309649 & 0.481737 \\ -0.082864 & 0.657424 \\ -0.098278 & 0.576679 \end{bmatrix} \quad \cdots\cdots 轉軸之後的矩陣$$

因素分析的「轉軸」目的是要設法找到新的參照軸，儘量能夠符合塞思通 (Thurstome, 1947) 所提出的**簡單結構原則** (Rules of Simple Structure)，如此即可使得因素之解釋更清楚。

信度與效度

轉軸後之因素矩陣			
題　項	第一因素	第二因素	共同性 (hi)
1	0.639227	−0.06429	0.412729
2	0.692319	0.00355	0.479300
3	0.309649	0.481737	0.327941
4	−0.082864	0.657424	0.439056
5	−0.098278	0.576679	0.342205
負荷量平方和	0.999969	1.001262	2.001231
佔總變異之百分比	19.9999%	20.0252%	40.0246%

從兩個因素之負荷量可看出，題項 1「經驗分享」及題項 2「產品利益」，在第一個因素之負荷量較大，因此，可命名第一因素為「規劃能力」。題項 3「服務利益」、題項 4「應變能力」及題項 5「整合能力」，在第二因素之負荷量較高，故第二因素可命名為「執行能力」。因此，五個題項之測量，即可歸類為「規劃」與「執行」兩種能力。

第一因素與第二因素之變異量佔總變異大約各為 20%，此兩因素之重要程度非常相近，其總和變異量佔全體變異量約 40%。此一分析結果並不能算是十分理想，很可能還需要第三因素。有關因素分析進一步之介紹，請參閱第三章之內容，此處不擬作太多說明。

上述各題項與各因素之相關 (即因素負荷量)，就是每一題項之**因素效度 (Factorial Validity)**，也就是每個題項對該因素的相對重要性。例如，題項 1「經驗分享」在第一因素之負荷量是 0.639227，代表以「經驗分享」來測量「規劃能力」之因素效度為 0.639227。此測驗的總體構念效度，就是共同性佔總體變異量之比例，本例之效度即為 0.400246，此值不高，顯示構念效度不佳，仍須再修改題項內容，以及增加下一個因素。

以上之因素分析方法，屬於傳統的因素分析，或稱之為「探索性因素分析」，其主要的目的在尋找因素結構、決定因素之多寡，或是作為篩選測題之工具，並不能作為檢驗理論模式之工具，若是進一步應用「驗證性因素分析」，則可用以檢驗測驗的理論與意義。

(四) 區別效度

驗證性因素分析的主要的方法就是驗證結構的效度，或是稱為構念效度。構念效度中，最主要的有區別效度 (Differential Validity) 和收斂效度。

由於並非所有的資料都適合驗證性因素分析，因此，因素分析之後，緊接著應該檢驗各因素是否合宜，亦即檢定「區別效度」。以傳統的參數差異來進行區別效度，在統計學領域上，仍有一些未盡理想之處，但若是應用 SEM 之技術，首先將所欲檢測結構之效標變項的參數設為 "1"，與沒有設定參數的模式進行巢套比較 (Nested Comparison)，再以卡方檢定之，若有顯著即表示具有區別效度。(區別效度之例題列於第三章之中。) 因素分析中，萃取了因素之後，需要計算變異數抽取量 (Variance Extracted, VE)，VE 之值愈大，即表示該因素愈能凝聚所有觀測變項之特質，此一因素分析是使用了「正確的方法」，因此，具有高度之「信度」與「收斂效度」。(以下之收斂效度例題，也可與第三章之收斂效度例題互相參考。)

例題 2-14

某學者研究平衡計分卡中的「顧客構面」、「內部流程構面」以及「學習成長構面」等三個構面，且此三個構面皆是由六個可觀測變項所構成。此學者想要知道，在這三個「非財務構面」之間，是否具有某些潛在的關係？茲以資料結構 (Structure Equition Method, SEM) 分析，得出以下「標準化後」之結構模式圖，如圖 2-1。

圖 2-1 中，可觀測變項「顧客 1」至「顧客 6」到潛在因素「顧客」，各斜線上數字為各變項至潛在因素的「因素負荷量」，各 ○ 表示各變項之誤差。「顧客構面」之「變異數抽取量, VE_1」之計算如下：

$$VE_1 = (0.92^2 + 0.19^2 + 0.63^2 + 0.44^2 + 0.58^2 + 0.28^2)$$
$$= 1.8878$$

同理，可再求得「內部流程」及「學習成長」此兩構面之 VE_2、VE_3：

$$VE_2 = (0.64^2 + 0.59^2 + 0.73^2 + 0.55^2 + 0.55^2 + 0.58^2)$$
$$= 2.232$$

信度與效度

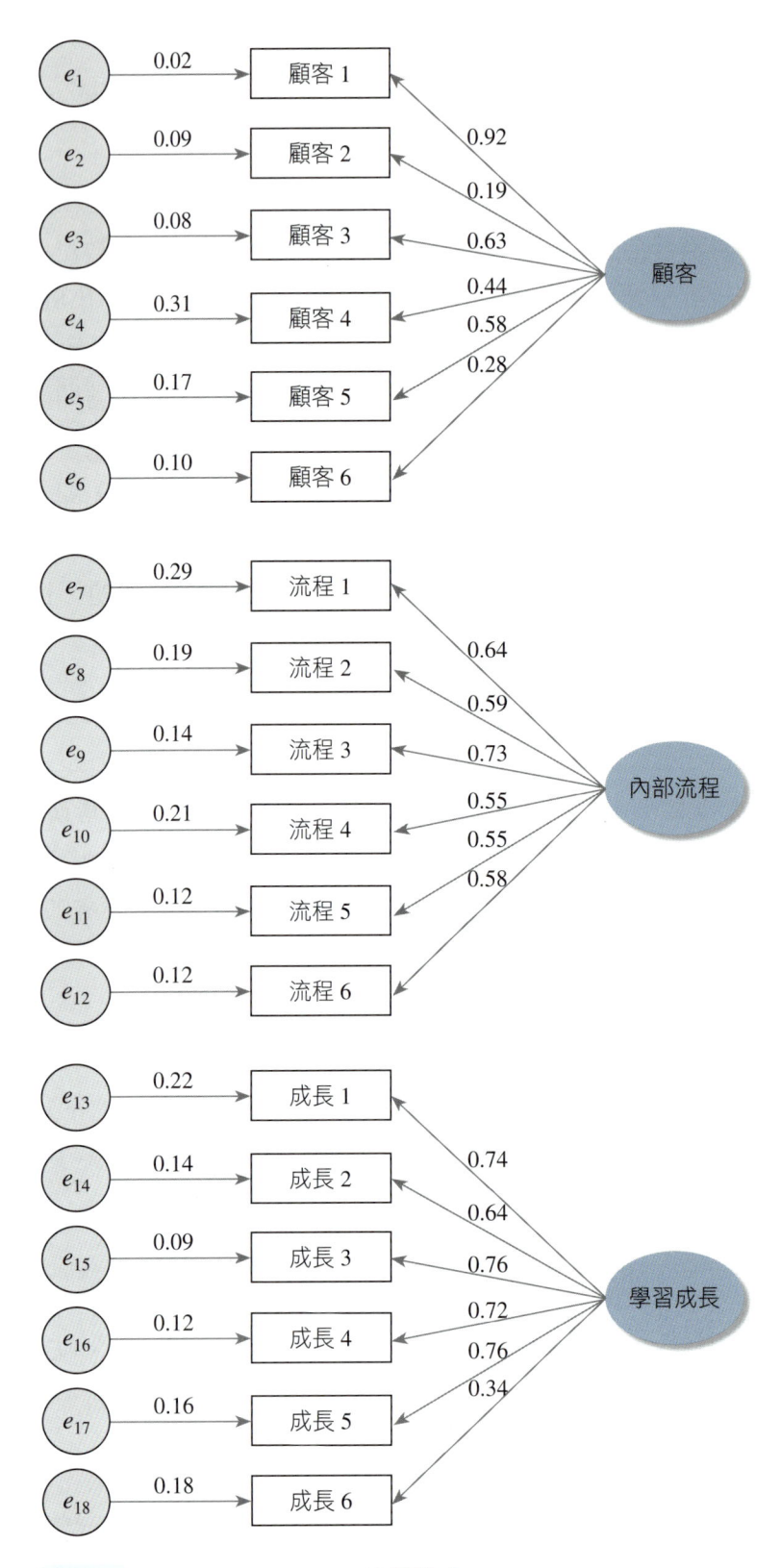

圖 2-1　各非財務構面變項之結構模式

$$VE_3 = (0.74^2 + 0.64^2 + 0.76^2 + 0.72^2 + 0.76^2 + 0.34^2)$$
$$= 2.7464$$

以上雖然已求得了各潛在因素之 VE，但是並無法判斷此一資料結構分析是否可行，也不能判定「收斂效度」之大小，因此在實際的應用上，還是要以「平均變異抽取量」作為檢定之指標。

因素分析之後，還要檢視各因素所代表的特性之間，是否有明顯的區別？

平均變異數抽取量之計算方法，有兩個不同之公式：

1. Fornell 和 Larcker (1981) 建議以「平均變異抽取量, AVE」檢視之，此處之 $AVE = VE / n$，其中 n 為該構面題項之個數，AVE 值應大於 0.5。
2. AVE = (因素負荷量平方和) / [(因素負荷量平方和) + (各題項誤差和)]
此處之 AVE 也以 0.5 為臨界值。

VE 是衡量各構念 (因素) 上因素負荷量之平方和，檢驗每一變項之 AVE，若是所有構念之間的最小 AVE 之值，大於全部變項間的最大的相關係數之平方，即可認為此一因素分析具有「區別效度」；反之，若是存在有某兩變項之相關係數之平方大於 AVE，即表示此兩變項具有很多相似的特性，因而不宜實施因素分析。

當執行了因素分析之後，每一個因素即形成了一個「潛在變項」，各變項在該潛在變項上，均有相對應的**因素負荷量** (Factor Loading)，因素負荷量需大於 0.5 才表示具有顯著性。

例題 2-15

同例題 2-14 之資料。

1. 三個潛在變項之 AVE 各為：

$$AVE_1 = VE_1 / n = 1.8878 / 6 = 0.3146$$
$$AVE_2 = VE_2 / n = 2.232 / 6 = 0.372$$
$$AVE_3 = VE_3 / n = 2.7464 / 6 = 0.4577$$

信度與效度

此三個因素之「平均變異抽取量, AVE」皆未大於 0.5，顯示這些數據不宜進行結構方程式分析。

2. 以第二種 AVE 之計算方法：

各構面之誤差和：

$$E_1 = \Sigma (e_{1i}) = 0.02 + 0.09 + 0.08 + 0.31 + 0.17 + 0.10$$
$$= 0.77$$

$$E_2 = \Sigma (e_{2i}) = 0.29 + 0.19 + 0.14 + 0.21 + 0.12 + 0.12$$
$$= 1.07$$

$$E_3 = \Sigma (e_{3i}) = 0.22 + 0.14 + 0.09 + 0.12 + 0.16 + 0.18$$
$$= 0.91$$

$$AVE_1 = VE_1 / VE_1 + E_1 = 1.8878 / (1.8878 + 0.77)$$
$$= 0.7103$$

$$AVE_2 = VE_2 / (VE_2 + E_2) = 2.232 / (2.232 + 1.07)$$
$$= 0.6759$$

$$AVE_3 = VE_3 / (VE_3 + E_3) = 2.7464 / (2.7464 + 0.91)$$
$$= 0.7511$$

本例題之資料，若是依照第二種 AVE 之計算方法，三個構面之「平均變異抽取量」皆大於 0.5，與第一種計算方法之結果相去甚遠，讀者們在使用此方法檢定時，應特別加以注意，必要時可增加第三種方法，作為「再」鑑定之方法。

例題 2-16

某學者乙，以資料結構方程式分析，各以四個題項分析出三個潛在變項，以標準化分析，各題項與相對應之潛在變項之因素負荷量及誤差分述如下：

題　項	誤　差	因素負荷量	潛在因素
A1	0.32	0.78	A
A2	0.22	0.72	
A3	0.22	0.67	
A4	0.39	0.60	
B1	0.28	0.74	B
B2	0.28	0.82	
B3	0.25	0.75	
B4	0.21	0.58	
C1	0.37	0.69	C
C2	0.33	0.73	
C3	0.18	0.81	
C4	0.22	0.67	

則此三個潛在變項之 AVE 各為：

$$AVE_1 = (0.78^2 + 0.72^2 + 0.67^2 + 0.60^2) / 4$$
$$= 0.4839$$

$$AVE_2 = (0.74^2 + 0.82^2 + 0.75^2 + 0.58^2) / 4$$
$$= 0.5297$$

$$AVE_3 = (0.69^2 + 0.73^2 + 0.81^2 + 0.67^2) / 4$$
$$= 0.5285$$

若是這三個 AVE 之值皆大於 0.5，即可判定具有顯著之「區別效度」，此處的 "0.5" 之意義是說，所觀察題項的變異數，至少一半以上可以解釋此研究構面之變異數。而本例題的 $AVE_1 < 0.5$，表示此一因素分析之效果不算太好。

信度與效度

例題 2-17

假設以上的第一個構面中,各題項之間的相關係數矩陣已知如下:

$$\begin{bmatrix} 1.00 & & & & & & & & & & & \\ 0.71 & 1.00 & & & & & & & & & & \\ 0.72 & 0.41 & 1.00 & & & & & & & & & \\ 0.70 & 0.45 & 0.65 & 1.00 & & & & & & & & \\ 0.58 & 0.65 & 0.67 & 0.71 & 1.00 & & & & & & & \\ 0.42 & 0.36 & 0.54 & 0.21 & 0.57 & 1.00 & & & & & & \\ 0.54 & 0.70 & 0.71 & 0.54 & 0.24 & 0.58 & 1.00 & & & & & \\ 0.25 & 0.54 & 0.69 & 0.47 & 0.65 & 0.71 & 0.57 & 1.00 & & & & \\ 0.57 & 0.28 & 0.36 & 0.54 & 0.47 & 0.58 & 0.54 & 0.68 & 1.00 & & & \\ 0.24 & 0.57 & 0.47 & 0.57 & 0.65 & 0.44 & 0.54 & 0.70 & 0.58 & 1.00 & & \\ 0.65 & 0.36 & 0.27 & 0.61 & 0.24 & 0.62 & 0.34 & 0.68 & 0.24 & 0.58 & 1.00 & \\ 0.45 & 0.65 & 0.47 & 0.21 & 0.56 & 0.48 & 0.48 & 0.34 & 0.14 & 0.56 & 0.47 & 1.00 \end{bmatrix}$$

以上是 12 個題項之間的相關矩陣,各相關係數中最大值 0.72,0.72 之平方為 0.5184,仍然小於最小的 $AVE_3 = 0.5285$。因此可判定此一因素分析具有顯著之「區別效度」。

在驗證性的因素分析時,也如同以 Cronbach's α 檢測各變項內部一致性,對於構念的內部一致性,亦以**組成信度** (Composie Reliability, CR) 作為評估指標。CR 之值愈高,表示這些觀測變項愈能測出該構念 (潛在變項),Fornell 和 Larcker (1981) 建議,CR 值應大於 0.6 以上,才算是具有夠高的組成信度。CR 之計算公式如下:

CR = (因素負荷量總和之平方) ÷ (因素負荷量總和之平方 + 變項誤差之總和)

例題 2-18

同例題 2-14 之資料,三個構念分別產生三個「組成信度」,其計算方法如下:

設三構面之組成信度分別以 ρ_i，表之 $i = 1, 2, 3$，則

$\rho_1 = (0.78 + 0.72 + 0.67 + 0.60)^2 / [(0.78 + 0.72 + 0.67 + 0.60)^2 + (0.32 + 0.22 + 0.22 + 0.39)^2]$
$= 0.8726$

$\rho_2 = (0.74 + 0.82 + 0.75 + 0.58)^2 / [(0.74 + 0.82 + 0.75 + 0.58)^2 + (0.28 + 0.28 + 0.25 + 0.21)^2]$
$= 0.8892$

$\rho_3 = (0.69 + 0.73 + 0.81 + 0.67)^2 / [(0.69 + 0.73 + 0.81 + 0.67)^2 + (0.37 + 0.33 + 0.18 + 0.22)^2]$
$= 0.8742$

以上三個構面之組成信度皆都大於 0.6，顯示這些指標的一致性已達到顯著之水準。

例題 2-19

有關「構念效度」之檢定，也有學者以下述方式實施。茲假設抽樣 16 位顧客，得出四個題項之回答資料如下：

變項 1	變項 2	變項 3	變項 4
2	3	3	3
3	3	2	5
3	3	5	4
5	4	3	4
4	5	2	5
4	4	5	3
4	1	5	3
3	2	5	3
3	4	4	2
2	2	4	5
5	5	3	5
2	3	2	4
4	2	3	4
3	4	1	4
3	5	2	3
2	4	3	2

信度與效度

為檢定此四個題項執行因素分析時，是否具有構念效度，茲以 SPSS 點選「分析 / 資料縮減 / 因子」，經過程式操作，分析結果：

KMO 與 Bartlett 檢定	
Kaiser-Meyer-Olkin 取樣適切性量數	0.300
Bartlett 球形檢定近似卡方分配	9.737
自由度	6
顯著性	0.136

上表中 KMO 之值介於 0 到 1 之間，當數值愈接近"1"時，表示變數之間的共同因素愈多，表示愈適合作因素分析；當 KMO 之值小於 0.5，則不宜作因素分析。本例題之 $KMO = 0.30 < 0.5$，因此，研究者想要知道，究竟是哪一個題項出了問題？

從因素分析的「成份矩陣」報表，看出：

成份矩陣		
	成份 1	成份 2
變項 1	0.399	0.827
變項 2	0.746	−0.214
變項 3	−0.778	0.508
變項 4	0.604	0.372

萃取方法：主成份分析。
a. 萃取了 2 個成份

變項 3 的因素負荷量在成份 1 與成份 2 之因素負荷量，同時大於 0.5，此種現象表示該一題項，在成份 1 與成份 2 之間不易區別，亦即缺乏「區別效度」。此時應再審視題項 3，是否題意不明或是文字上模糊，若能修改最好，否則即應將此題刪除。假設將題項 3 刪除後，再以 SPSS 執行因素分析，其結果如下：

KMO 與 Bartlett 檢定	
Kaiser-Meyer-Olkin 取樣適切性量數	0.509
Bartlett 球形檢定近似卡方分配	1.920
自由度	3
顯著性	0.589

此時 $KMO = 0.509$，已經大於 0.5，但是，球形檢定之 p 值為 0.589，不小於 0.5，未達顯著水準，意即不能拒絕虛無假設：「變數間之淨相關係數矩陣是單位矩陣」，因此顯示，母體的相關係數矩陣可看出，各題項間「沒有」共同因素存在，不適合實施因素分析。

例題 2-20

某一研究共有 5 個題項，以主成份分析後，得到以下報表：

KMO 與 Bartlett 檢定	
Kaiser-Meyer-Olkin 取樣適切性量數	0.821
Bartlett 球形檢定近似卡方分配	426.234
自由度	103
顯著性	0.000

轉軸後之因素矩陣

	因素 1	2	3	4	5
變項 1	0.784	0.145	4.21E−02	−0.126	4.690E−02
變項 2	0.786	9.32E−02	0.235	0.103	0.143
變項 3	0.751	0.152	0.124	0.382	0.120
變項 4	0.682	0.124	0.101	0.008	0.145
變項 5	0.484	0.452	0.210	0.112	−0.201
變項 6	0.421	2.14E−02	−0.321	0.452	0.165
變項 7	1.52E−02	0.762	−1.22E−02	0.231	0.210
變項 8	0.362	0.684	−3.52E−02	−0.110	−9.57E02
變項 9	0.453	0.612	0.132	0.245	−3.21E−02
變項 10	−0.54E−02	−5.32E−03	0.854	−3.25E−02	0.301
變項 11	0.203	4.3E−02	0.667	0.132	−0.5E−02
變項 12	0.141	3.05E−02	7.6E−03	0.784	−0.211
變項 13	−9.2E−02	0.145	6.2E−03	0.745	0.235
變項 14	0.231	−0.124	0.243	0.124	0.741
變項 15	0.124	0.421	5.8E−02	−0.124	0.657

(因素分析中之「轉軸」，其詳細內容請參閱第三章之敘述。)

由上表轉軸後之因素矩陣，因素 1 中有 6 個題項，其中的題項 5 與題項 6 之因素負荷量小於 0.5，因此可判斷此一因素分析「不具收斂效度」；再者，因素 2 的題項 5 之因素負荷量達到 0.452，無法顯示與因素 1 之區別，因此判斷也「不具區別效度」。若將題項 5 及題項 6 刪除後，再執行因素分析，其結果報表如下：

轉軸後之因素矩陣

	因素 1	因素 2	因素 3	因素 4
變項 1	0.884	0.125	0.681	−0.126
變項 2	0.766	0.324	0.035	0.103
變項 3	0.721	0.152	0.134	0.342
變項 4	0.687	0.154	0.131	0.018
變項 5	0.614	0.021	0.342	0.212
變項 6	0.542	−0.134	0.432	−0.352
變項 7	0.052	0.746	0.022	0.231
變項 8	0.132	0.674	0.252	−0.141
變項 9	0.153	0.652	0.172	0.145
變項 10	0.203	0.123	0.687	0.132
變項 11	0.112	0.205	0.662	0.184
變項 12	0.028	0.125	0.122	0.755
變項 13	0.231	−0.154	0.143	0.721

刪除了題項 5 與題項 6 之後，共萃取出四個因素。因素 1 包含了題項 1 至題項 6；因素 2 包含題項 7 至題項 9；因素 3 包含題項 10 及 11；因素 4 包含題項 12 及 13，各因素之因素負荷量皆大於 0.5，因此，「具有收斂效度」。另外，各題項之因素負荷量只在本身所屬之因素上具有較高的負荷量，而在其他的因素上的負荷量並不高，此即顯示「具有區別效度」。綜合以上，此一因素分析之執行，可稱為「具有構念效度」。

四、內在效度與外在效度

在既定的時間、地點，對於既定的對象，在一項既定的、具體的問題上，檢驗「內容效度」、「效標關聯效度」以及「構念效度」，若是此三種效度的檢驗都沒有問題，就可認為此一研究具有「內在效度」；但是，此一研究結論

的有效性,是否能夠延續至其他的時間、地點和對象呢?這就是「外在效度」的問題。

「外在效度」之衡量並沒有一定的數學方法可供檢視,端視研究者本身對於研究問題的深入程度,但在研究過程中,研究者本身難免已經過度沉迷於問題之中,自己的檢視或看法經常會過於主觀,此時,或許需要借助其他專家,以客觀的態度幫助檢驗比較恰當。

由於「信度」和「效度」之關係密切,所有影響信度檢測的因素,也必然會影響效度,其中,除了無法掌控的隨機誤差之外,效度還可能受到以下兩種情形之影響:

(一) 測量工具之影響

研究者經常以問卷來測量所需要的內容,因此,在設計問卷時,要審慎地考慮所提問題的項目及內容,不僅要考慮文字的部份,並且也要對於概念的操作定義和問題的「內容效度」進行檢定。

(二) 樣本代表性之影響

「樣本代表性」是影響「外在效度」的主要原因,所調查的樣本是否具有足夠的代表性?亦即,設計抽樣方法時,應考慮到隨機抽樣、均勻普遍,不能因為方便,而失去了代表性。當研究主體之異質性很高時,也應考慮到擴大調查範圍及樣本數。

例題 2-21

有兩份碩士論文的問卷,其中各有一題問題內容如下:

1. 請問貴公司的決策層對公共關係的認知為何?公司在決策制定時,是否會參考公共關係上的建議?
2. 出版社以編碼方式讓讀者區分特殊刊物印製方法,您接受的程度如何?

試說明此兩問題在問卷上的效度如何?

解:

1. 公司的決策層對於公共關係的認知,並不是一般職員所能夠知道的,此題之回答並不容易,因而,經常會使受試者「胡亂回答」,因而,此題量測之效度不佳。

> 2. 何謂「編碼方式」？又何謂「特殊刊物印製方法」？這些並不是普通的讀者所能了解的，因而此題也不具很高的效度。

例題 2-22

台北市某一民意調查機構，利用上班時間，以電話訪問之方式調查詢問民眾對於政府施政之意見。請問，此種抽樣方式是否具有代表性？
解：此種抽樣不具代表性。原因如下：

1. 台北市之調查，必然以台北市居民為主，不能代表全台灣民眾之意見。
2. 上班時間，以電話方式調查，只能詢問到各家庭不上班的老年人口或家庭主婦。這些人的意見只能表示某一些層級的意見，不具代表性。

因此，以效度的立場來看，此一測驗之效度，必然不佳。

前文介紹了「內容效度」、「效標關聯效度」以及「構念效度」，看似是三個不同的效度方法，實則這三者之間並不能完全區分，以內容分析與測量的效標關聯分析，也能對於構念效度提供相當程度的幫助。

對於「構念效度」之分析，最好以結構方程式分析 (詳細內容將於第三章介紹)，構念效度的建立，應該始於研究之前，研究者當從研究的理論、文獻的結果，或是根據相關領域所進行的系統化觀察，所引導出的構念定義。根據這些構念撰述題項，然後才是實證的「項目分析」，剔除不良的題項，再藉由真實生活的外在效標，用以建立各分數的效度，以及分數的解釋組合。在各項檢定的過程中，實際上每一項都是與效度有關，檢測的適配度愈高，就顯示理論與實務結合的程度愈高，也就是「效度」愈高。

■ 五、觀察的效度

在社會科學中，觀察法也是一種蒐集社會訊息的方法，這種方法是透過直接感受或是直接記錄方式，得到研究所需的資訊，觀察法也是社會研究的主要方法之一，在進行應用時，還可以配合其他方法一起進行。

觀察之進行時，首先應該考慮到觀察的適當方法、觀察的地點及時間也應

該慎重選擇，考慮是否適合此一研究目的。例如，想要研究回教的信仰特徵，卻選擇原住民部落作為考察對象，這樣當然不容易得到所需的研究資料；又譬如，某研究者想要研究下層社會文化，他自己也參與了下層社會的工作，但是他本身是大學教授身份，生活習慣和思維模式已經固定，言行很不容易和四周環境配合，因此，不容易得到大家的認同，也無法獲得更深入的調查資料。

在研究者的觀察期間，影響研究效度的因素大致可以分為以下各點：

1. 當發覺有人在觀察時，此人會不由自主地開始緊張，甚至會改變日常的生活方式，因此，觀察的方式和技巧將會影響觀察的效度。
2. 觀察者本身的態度和期望會影響觀察的結果。譬如，男性和女性的觀察員，在市場上所關注的焦點不相同，女性觀察員可能專門著重化妝品和新潮服飾，而男性觀察員的注意力並不會這麼細緻。因而，這些觀察結果往往會因人而有偏差。
3. 觀察者經常以記憶力分析所見到的現象，但是，這種記憶會因為觀察者的心情而異，尤其當觀察者疲勞、緊張的時候，經常會對於慣性發生的現象視若無睹，這些都是影響觀察效度的原因。
4. 研究者有時候會依照自己的偏好來決定資料的取捨，或者以有利的數據證明自己的理論，這些都會影響觀察的有效性。
5. 對於無結構的觀察，其觀察的效度不容易檢驗。所謂的「結構式觀察」，通常需要對於所要觀察的範圍和事物，預先設計出嚴謹的規劃方案，設計的內容包含：

    (1) 對於這些觀察範圍應詳細分類，並加以標準化。適當的分類可以使觀察的資料比較集中，事先經過篩選、設計檢驗的過程，如此，可以減少一些不必要的資訊。
    (2) 對於觀察的記錄進行量化分析。結構式觀察都有制定專門的觀察卡片，卡片上明確地說明觀察的範圍和分類，觀察者只要在卡片上記錄，不必預作任何評述。因此，以「結構式的觀察」，比較容易使效度提升。

結構式觀察有些類似問卷調查，卡片上的範圍類似問卷上的題項，對於觀察數據之整理，也近似於問卷資料之處理分析，可以根據資料作出總體描述、統計分析，甚至也能作相關分析。

六、其他的效度

除了本章所介紹的效度檢測方法之外，還有一些經常應用在人格測驗的效度，本章並未介紹，有興趣的讀者參閱陳英豪、吳裕益合著之《測驗與評量》。

第四節　信度與效度之關係

信度與效度都是測驗或問卷所必備的檢定工具。此兩者之關係是：

1. 若是「信度」低，則「效度」亦低。
2. 若是「信度」高，則「效度」未必高。
3. 若是「效度」不高，「信度」也可能很高。
4. 若是「效度」很高，「信度」必然也很高。

由以上之分析可知，「信度」是「效度」的必要條件，但不是充份條件；反之，「效度」是「信度」的充份條件，但不是必要條件。其關係表示如下：

$$\text{「效度」} ==> \text{「信度」}$$
$$\text{「無效度」} <== \text{「無信度」}$$

反之不一定成立。因此，

無「信度」則必然無「效度」；有「效度」則必然有「信度」。

以下再以測量理論檢視「信度」與「效度」之關係。前一章只談到了「信度」之問題，若再加上「效度」之觀念，則必須將「信度」與「效度」視為一個整體的兩部份。

在整體的變異之中，可區分為「共同因素」之變異以及「特定因素」之變異和「誤差」之變異，以數學符號可以表示如下：

$$SS_o = SS_{co} + SS_{sp} + SS_e \tag{2-8}$$

(2-8) 式中，

SS_o =「整體」之變異
SS_{co} =「共同因素」之變異

SS_{sp} =「特定因素」之變異

SS_e =「誤差」因素之變異

依前章之定義,「信度」可定義為:

$$r = 1 - \frac{SS_e}{SS_o} \tag{2-9}$$

而「效度」可定義為「共同因素變異」佔「總變異」之比例,其數學式表示如下:

$$Val = \frac{SS_{co}}{SS_o} \tag{2-10}$$

(2-10) 式可再整理為:

$$Val = \frac{SS_o - SS_{sp} - SS_e}{SS_o}$$

$$= r - \frac{SS_{sp}}{SS_o} \tag{2-11}$$

由 (2-11) 式可知,「效度」是「信度, r」減去「特定因素之變異」與「總變異」之比例。然而,在實際的應用之中,SS_{sp} 之衡量已經內含在測量工具之中,通常並不容易測量出正確的數據。其中,「信度」通常可藉由相關係數計算而得,所以,常有一些學者以「信度係數」,用來近似地說明「效度」,但是這種簡便的措施是有問題的,因為 SS_{sp} 之內容來源對於效度之影響很大。因此,最正確的效度檢驗,還是應該以前文所述的「內容效度」、「效標關聯效度」、「構念效度」等,來說明該測驗「效度」之衡量。

若是事前就能夠衡量出「共同因素之變異」(此即「因素分析」之功用),則「效度」即可因而估算出。為便於說明,茲假設某一測驗中,共有 A、B 兩個共同因素,設其變異各為 SS_a 及 SS_b,則

$$SS_{co} = SS_a + SS_b \tag{2-12}$$

信度與效度

$SS_a + SS_b$ 即是「因素分析」的共同性 (Communality),而「效度」之衡量,即是以「共同性」佔「總變異」之比例:

$$Val = \frac{SS_a + SS_b}{SS_o} \tag{2-13}$$

例題 2-23

為便於說明,假設某一測驗共有兩個共同因素 A 與 B,各變異佔總變異之比例已經求出如下:

$$SS_a = 35\%,\ SS_b = 20\%,\ SS_{sp} = 29\%,\ SS_e = 16\%$$

由此數據可知,

$$信度\ r = 1 - \frac{SS_e}{SS_o} = 1 - \frac{0.16}{1.0} = 0.84$$

此一信度之值算是很高,此一測驗可稱為有高度的「信度」。

對於「效度」之衡量,由於因素 A 和因素 B 之貢獻,已佔 35% + 20% = 55%,可認為具有相當的效度。

習 題

1. 試說明連續變項與離散變項之差異，何者不能使用常態檢定或 t 檢定？
2. 試說明內容效度適用的範圍。
3. 試說明以下名詞：
   (1) 信度與效度。
   (2) 效標關聯效度。
4. 一個良好的測驗特徵最重要的是指效度，而效度是指共同因素變異量所佔的百分比。試說明之。
5. 試述用以選擇與分配人員，最適合使用哪一種效度？
6. 試說明因素分析可以得到哪一種效度？
7. 試述測驗專家常使用何種工具判斷內容效度？
8. 試說明哪一種效度是實用性最高的效度？
9. 何以效標關聯效度又常被稱為「預測效度」？其實用之範圍為何？
10. 假設一個統計測驗之效標關聯效度為 0.92，效標分數之標準差為 8，試計算其估計標準誤之值。
11. 試述效度與估計標準誤之關係。
12. 有人說：「效度係數為 0，則這份測驗之估計值和胡亂瞎猜沒有兩樣。」試說明此句話是否合理。
13. 已知張同學的英文測驗其信度係數 $r_{xy} = 0.85$，試估計其效度係數之上限。
14. 試說明雙向細目分析表的最大用途為何？
15. 試說明性向測驗最重視的是哪一種效度？
16. 一個測驗可用來做為判斷調查之樣本，其知識領域的適當程度。試述這是屬於何種效度？
17. 試說明以下各名詞之意義：
    (1) 構念效度。
    (2) 區別效度。
    (3) 收斂效度。
    (4) 內容效度。
    (5) 表面效度。

(6) 雙向細目分析表。

(7) 多項特質－多項方法分析。

(8) 訪問效度。

(9) 收斂效度。

(10) 內部效度。

(11) 外部效度。

(12) 測量效度。

(13) 設計效度。

(14) 分析效度。

(15) 推論效度。

(16) 抽樣效度。

18. 某學校的歷史考題如下，請檢定其效度如何？

1. 為了救愛妾而引清兵入關的明末將領為：(1) 吳一桂 (2) 吳二桂 (3) 吳三桂 (4) 吳四桂。

2. 承上題，其愛妾是：(1) 林粉圓 (2) 王湯圓 (3) 張芋圓 (4) 陳圓圓。

3. 秦二世時，專擅朝政、指鹿為馬的是：(1) 趙高 (2) 趙低 (3) 陳高 (4) 陳紹。

4. 著有道德經，為道家始祖的是：(1) 李耳 (2) 李眼 (3) 李鼻 (4) 李口。

5. 原為唐高宗之后，後登基為帝，為中國第一個女皇帝的是：(1) 文則天 (2) 武則天 (3) 文則地 (4) 武則地。

6. 東漢末年，劉備、關羽與何人互有盟約，約為兄弟：(1) 岳飛 (2) 張飛 (3) 鳳飛飛 (4) 王菲。

7. 承上題，其中史稱三結義為：(1) 宜蘭三結義 (2) 桃園三結義 (3) 新竹三結義 (4) 苗栗三結義。

8. 唐朝詩人，著有長恨歌描寫楊貴妃生平的是：(1) 白居易 (2) 黑居易 (3) 黑佳麗 (4) 白冰冰。

9. 遠古時代，傳說黃帝於何地打敗蚩尤：(1) 牛 (2) 豬 (3) 鹿 (4) 馬。

10. 國共戰爭期間，打敗國民黨，建立中共政權的中共領導人是：(1) 毛澤東 (2) 毛澤西 (3) 毛澤南 (4) 毛澤北。

19. 試說明除了本章所介紹的效度檢核方法，是否還有其他的方法？
20. 試說明何謂複核效度 (Cross-Validation)？
21. 試說明測量誤差的來源有哪些？
22. 試舉例說明「多特質多方法」之應用。
23. 試述何謂效標汙染 (Criterion Contamination)？
24. 試簡述常用的效度檢驗方法有哪些？
25. 試述影響效度係數的因素有哪些？試舉例說明「多特質多方法」之應用。
26. 進行研究時，應該先做「信度」分析或是先做「效度」分析？
27. 進行研究時，應該採用哪一種效度分析？

信度與效度

3

因素分析

　　因素分析 (Factor Analysis) 之發展，初期係由斯皮爾曼 (Spearman, 1904) 所提出的概念，後又經塞思通等人 (Thurstone, 1931, 1947) 加以改進而成的一種統計方法。在行為科學、社會科學以及管理科學上，因素分析是一種應用非常廣泛的方法。對於「構念」之檢定和分析，可以使用相關分析、實驗研究、多項特質－多重方法以及因素分析法等方法。在這些分析方法中，學者們普遍都認為以因素分析法最為適宜。

　　因素分析之所以常被應用在「效度」的評估上，是因為它具有特殊的分析功能。譬如，一個新發展出來的量表，將新量表的各個問項，和已經建立的問卷之問項放在一起，如此再進行因素分析，用來測量相同的或是不相同的構念，若是新量表的問項與已建立量表問項之間，其負荷因素具有顯著之不同時，這可表示因而作為區別效度 (Differential Validity) 的驗證；反之，若是問卷各構面內部題項的負荷量，顯示能凝聚成相近似的因素時，這將是收斂效度 (Convergent Validity) 的證明。除了以上新量表與已建立量表間的檢定，若是在因素分析之前某些問項即已確定，而再經因素分析驗證，仍然不失這些問項的特質，這就是因素效度 (Factorial Validity) 的證明。

信度與效度

第一節　因素分析的基本觀念

並非任何數據都適合因素分析之實施，如果一組不適合因素分析的資料，研究者事先未加以審查，縱然經過電腦列出報表，其分析的可靠程度如何，仍無法有效評估；或者，由於無法證明其有效的程度，這份研究報告根本就毫無用處。因此，在實施因素分析之前，研究者應該審視以下各基本觀念：

1. 因素分析的各變項都應該是「連續變項」。通常，研究者經常使用 Likert 的五點量表，以此結果實施因素分析。但是，由於 Likert 的 1-5 分量表屬於「間斷變項」，因此此種情形應該儘量避免；但若是必須實施因素分析時，應該考量到 Likert 量表是屬於「評分加總式量表」。對於屬於同一構面的題項，是用「加總」的方式計分，單獨或個別項目的評分屬於「間斷變項」，不僅不適合因素分析，也不適合於大多數的統計檢測或推論。

2. 實施因素分析的各變項，要具有「共變」的關係，而且要符合線性關係的假設。因此，在實施因素分析之前，研究者應先確認各變項之間，是否確實具有線性關係。

3. 實施因素分析的抽樣，必須是「隨機」的，不可以人為刻意的設計安排，並且參與的樣本不能太少，Comrey (1973) 認為樣本數至少為 100 以上，最好大於 300；變項題數不宜太多，與樣本數要能相互配合，Gorsuch (1983) 建議，樣本數應是題項數目之 5 倍以上。

4. 各題項之間的相關程度，不宜太高、也不宜太低，否則皆會造成分析上的困擾。若是各題項之間的相關太低，就不容易抽取到共同的因素成份，因此不適於進行因素分析，通常相關係數低於 0.3 者，建議將其刪除；若是相關係數太高，則易產生「共線性」的問題。所謂共線性是指各變項之間具有「線性相關」，或是說：某一變項可以由其他變項的「線性組合」而成。共線性的問題將會造成矩陣的反矩陣不存在，或是反矩陣之元素會變得非常大，因而造成了「變異數」過分膨脹，此一情形將會影響分析的精準性，亦即，所分析出的因素結構沒有很高的價值，此一問題在應用 SPSS 因素分析時，可透過 KMO 或 Bartlett 球形檢定。

因素分析按其使用時機，可概略區分為「探索性因素分析」以及「驗證性因素分析」。

第二節　探索性因素分析

一、理論基礎

除了「因素分析」之外，另一種常用到的多變量技術為「主成份分析」。此兩種方法雖然功用不同，但是有許多計算過程，在初始階段都很相近。因此，本章準備先介紹「主成份分析」，再介紹「因素分析」之內容。

應用主成份分析的主要目的，是將原來的觀測分數轉換成「主成份分數」，其方法是求出「特徵向量」，以此特徵向量作為新的座標軸，如此可以使得各觀測值，在新軸上的「變異」最大。因此可知，主成份分析是討論「變異數」的問題。

然而，「因素分析」則是要討論各變項之間共變異數 (Covariance) 的問題。每一個觀測變項之間，都可以找出一個在各變項之間的共同因素變量 (Common Factor Variate)，和該觀測變項所獨具的獨具變量 (Unique Variate)。「共同因素變量」是以共變異數表現，而「獨具變量」則只對其所屬變項之變異數有所貢獻。此處需要再提出的，若是各變項的觀測分數加以標準化，則各變項之間的共變異數，就是其相關係數。

在「主成份分析」中，需要應用到全部的成份，才能求得相關係數矩陣；而在「因素分析」中，僅需要應用到所精煉出來的因素，即可由這些少量的因素計算相關矩陣。

「因素分析」通常應用在研究的後期，研究者想要對於已經形成的理論，研究此一理論對於所觀察的資料，此兩者之間是否能有適當的解釋，或是想要知道所假設的配適模式是否符合理論。

由於「因素分析」的變項必須都是連續變項，並且都要符合線性的關係之假設條件，因此，一般的「順序」與「類別」變項皆不適合使用因素分析。

二、主成份分析

主成份分析是由皮爾遜 (K. Pearson, 1901) 首創，而後再由賀德臨 (Hotelling, 1933) 加以發展而成的一種統計方法。當某一研究中，由於有太多的研究變項，往往使得研究人員不易掌控分析之內容，此時可經由「主成份分析」將這些過多的變項予以簡化，使精煉成為少數的因素，並且能將這些少數

的因素予以線性組合，使得此一線性組合所得到的成份，其變異數為最大，亦即使被調查問題者，在此成份上能顯出最大的個別差異。(此點與下一節將要介紹的因素分析不同。因素分析的目的是為了找出各變項的共同因素，強調其間的相同點，此處是此兩種方法最大不同之處。) 如果以這些少數的「成份」，便能有效地代表原先過多的變項內容，則不論在時間上、經濟上，以及分析的簡明上，都是非常值得努力推行的，這是「主成份分析」的一大主要目的。

假設有 N 個受試者、p 個與研究有關的觀測變項，因此可得出以下的 $N \times p$ 個觀察分數所構成之矩陣：

$$X = \begin{bmatrix} x_{11} & x_{12} & \cdots & x_{1p} \\ x_{21} & x_{22} & \cdots & x_{2p} \\ \vdots & & & \\ x_{N1} & x_{N2} & \cdots & x_{Np} \end{bmatrix}$$

以上全體變項之母體平均數假設為 μ，p 個變項之間的母體變異數及共變異數所構成的矩陣假設為 Σ，則「主成份分析」所需使用的「樣本變異數及共變異數矩陣」，以 S 表之。

在實際的應用時，如果各單位測量的單位一致，就可以使用 S 矩陣進行「主成份分析」；但是，如果各變項的單位不同，此時應該以相關係數矩陣來執行主成份分析。(各變項標準化之後的變異－共變異矩陣，就是相關係數矩陣。)

在 p 個變項之間，首先希望得出第一個「主成份 Y_1」，Y_1 可用以下各變項間之線性組合表示：

$$Y_1 = k_{11}X_1 + k_{21}X_2 + \cdots + k_{p1}X_p \tag{3-1}$$

Y_1 之變異數為：

$$[k_{11} k_{12} k_{13} \cdots k_{p1}] \, S \begin{bmatrix} k_{11} \\ k_{12} \\ \vdots \\ k_{p1} \end{bmatrix} = \mathbf{k}_1 \, S \, \mathbf{k}_1^t \tag{3-2}$$

在 $\mathbf{k}_1 \mathbf{k}_1^t = 1$ 之條件下，希望能得出的向量 $\mathbf{k}_1$，可使 $\mathbf{k}_1 S \mathbf{k}_1^t$ 為極大，亦即，欲

使下式極大化,即

$$\max. F = \mathbf{k}_1 S \mathbf{k}_1^t - \lambda_1 (\mathbf{k}_1 \mathbf{k}_1^t - 1)$$

將 F 視為 $\mathbf{k}_1$ 之函數,求其一階導函數,並令其為"0",即得出:

$$(S - \lambda_1 I) \mathbf{k}_1^t = 0 \tag{3-3}$$

欲求 (3-3) 式之非零解,則必須合乎以下方程式:

$$|S - \lambda_1 I| = 0 \tag{3-4}$$

解出 (3-4) 式,所得出之解 λ_1 稱之為「特徵值」,其相對應之向量 $\mathbf{k}_1$ 稱之為「特徵向量」,此特徵值 λ_1 即所求得之最大變異數,或者說是「主成份 Y_1」之變異數。$\mathbf{k}_1$ 中之各元素即為「主成份係數」。

第一個主成份求出之後,再求第二個主成份,第二個主成份應與第一個主成份為互相獨立,亦即在 $\mathbf{k}_2 \mathbf{k}_2^t = 1$ 以及 $\mathbf{k}_1 \mathbf{k}_2^t = 0$ 之條件下,求出第二個主成份:

$$Y_2 = k_{12}X_1 + k_{22}X_2 + \cdots + k_{p2}X_p \tag{3-5}$$

其中

$$\mathbf{k}_2 = [k_{12}\ k_{22}\ k_{32}\ \cdots\ k_{p2}]$$

第二個主成份之求法,與第一個主成份的求法相同,亦即以下式求出第二個特徵值及特徵向量:

$$(S - \lambda_2 I) \mathbf{k}_2^t = 0$$

求解 $|S - \lambda_2 I| = 0$,即可得出 λ_2 及 $\mathbf{k}_2$。原變項有 p 個,則以此方法最多可以求出 p 個特徵值,而且

$$\lambda_1 + \lambda_2 + \cdots + \lambda_p = \operatorname{tr} S$$

意即此 p 個特徵值之和,就等於矩陣 S 對角線元素之和,也就是總變異數。「主成份分析」的原先目的,是為了能以較少的「成份」解釋原先過多的「變項」,因此,若是前 k 個特徵值之總和佔全部變異數之比例已經很高時,就表示只需要 k 個「主成份」即可,亦即這 k 個「主成份」就足以代表全體變項。

亦即，$(\lambda_1 + \lambda_2 + \cdots + \lambda_k) / \text{tr } S$ 之值夠大時，即按前述方法，選出前 k 個特徵值及特徵向量。

每一「主成份 k_j」與各觀測變項 X_i 之間的關係，可從以下公式得知：

$$\frac{k_{ij}\sqrt{\lambda_j}}{s_i} \tag{3-6}$$

(3-6) 式中，s_i 是第 i 個觀測變項的標準差，k_{ij} 是主成份 k_j 的第 j 個元素，λ_j 則是第 j 個特徵值。

例題 3-1

某管理研究所研究生，其中一部份的研究報告，使用了 6 個題項，茲以 SPSS-12 版執行「因子分析」中的「主成份分析」，其分析報表結果如表 3-1，並分別說明之：

表 3-1　共同性

	初　始	萃　取
VAR00001	0.000	0.847
VAR00002	1.000	0.725
VAR00003	1.000	0.519
VAR00004	1.000	0.794
VAR00005	1.000	0.544
VAR00006	1.000	0.362

萃取法：主成份分析

共同性 (Communality) 表示該變項的變異量被共同因素解釋的比例，各變項之共同性愈高，「因子分析」之結果就會愈理想。以本例題而言，VAR00006 之共同性較低，該題項之因素分析並不理想，研究者可檢視該題項之內容並加以修改，必要時或許可考慮刪除之。

例題 3-2

管理研究所研究生,所研究的 6 個構面,每構面個題項是以 Likert 1-5 分量表,以各該構面之平均數為評分如下表,令此表為矩陣"O",各構面之平均數及標準差,附列於後。試求此 6 個構面之主成份。

$$O = \begin{bmatrix} & x_1 & x_2 & x_3 & y_1 & y_2 & y_3 \\ 1 & 4.016199 & 5 & 3.679211 & 5 & 5 & 5 \\ 2 & 3.340409 & 4.388111 & 3.440263 & 4 & 4 & 4 \\ 3 & 2.852347 & 2.117185 & 2.306452 & 1.831852 & 5 & 4.67024 \\ 4 & 2.385204 & 1.882815 & 2 & 3 & 3.189655 & 3.173182 \\ 5 & 3.349533 & 2.388111 & 3 & 4.74065 & 4.360041 & 4.630307 \\ 6 & 3.212959 & 4 & 4 & 4 & 4 & 4 \\ 7 & 4.016199 & 4.48138 & 3.870968 & 4.061619 & 5 & 4.630307 \\ 8 & 3.97053 & 5 & 3.995221 & 5 & 5 & 5 \\ 9 & 4.016199 & 3.654254 & 3.119474 & 5 & 5 & 4.267549 \\ 10 & 2.40972 & 3 & 3 & 3 & 3 & 3 \\ 11 & 3.645412 & 5 & 4.875747 & 4.636726 & 3.796653 & 4.826818 \\ 12 & 3.721669 & 3.925179 & 3 & 3.391018 & 3.64503 & 4.251786 \\ 13 & 3.746347 & 5 & 2.243728 & 4.251533 & 4.791582 & 4.732451 \\ 14 & 2.430566 & 3 & 3 & 2.655426 & 3 & 3 \\ 15 & 3.697283 & 5 & 4.751493 & 4.737584 & 5 & 1.653846 \\ 16 & 2.816349 & 3.556201 & 2.68399 & 3.769313 & 3.558316 & 3.157419 \\ 17 & 2.728783 & 4.09327 & 4.435484 & 3.90374 & 4.35497 & 4 \\ 18 & 2.733147 & 3.345746 & 3.248507 & 3.349785 & 2.956897 & 3.70723 \\ 19 & 2.805258 & 2.290058 & 2.306452 & 2.067597 & 4.290061 & 4.67024 \\ 20 & 3.340548 & 4.004783 & 4.502987 & 4.419681 & 4.626268 & 3.748214 \\ 21 & 3.55184 & 5 & 4.502987 & 5 & 5 & 5 \\ 22 & 2.40972 & 3.733857 & 3.870968 & 3 & 3 & 3.732451 \\ 23 & 2.233788 & 2.275709 & 1.124253 & 2.926119 & 4.233266 & 3.000841 \\ 24 & 2.40972 & 3.560984 & 3.559737 & 3 & 3 & 3 \\ 25 & 3.581283 & 4.388111 & 4.875747 & 4.883967 & 4.290061 & 4.630307 \\ 26 & 2.453976 & 3.196789 & 3.435484 & 2.990037 & 2.926978 & 3.135141 \\ 27 & 3.337059 & 4.388111 & 4.875747 & 5 & 5 & 4.630307 \\ 28 & 4.016199 & 5 & 5 & 5 & 5 & 5 \\ 29 & 3.10638 & 4.294841 & 2.995221 & 4.142704 & 3.411765 & 4.638083 \\ 30 & 3.10638 & 4.294841 & 2.995221 & 4.142704 & 3.411765 & 4.638083 \end{bmatrix}$$

$X_1 = 3.1814$、$s_1 = 0.5906$，$X_2 = 3.8420$、$s_2 = 0.9702$，
$X_3 = 3.4898$、$s_3 = 0.9808$，$X_4 = 3.8967$、$s_4 = 0.9380$，
$X_5 = 4.0948$、$s_5 = 0.7917$，$X_6 = 4.0508$、$s_6 = 0.8396$

解：為說明清楚，逐步以 MathCAD 說明計算過程：

1. 將例題 3-2 之資料，以 MathCAD 計算相關矩陣 **R**：

$$R = \begin{bmatrix} 1 & 0.7254 & 0.4841 & 0.7853 & 0.7372 & 0.5788 \\ 0.7255 & 1 & 0.7069 & 0.7663 & 0.4125 & 0.5788 \\ 0.4841 & 0.7068 & 1 & 0.6405 & 0.3057 & 0.1957 \\ 0.7853 & 0.7663 & 0.6405 & 1 & 0.5573 & 0.3959 \\ 0.7372 & 0.4125 & 0.3057 & 0.5573 & 1 & 0.4687 \\ 0.5788 & 0.5788 & 0.1957 & 0.3959 & 0.4687 & 1 \end{bmatrix}$$

2. 以 MathCAD 計算 **R** 矩陣之特徵值及特徵向量：

$$a = \begin{bmatrix} 3.837 \\ 0.949 \\ 0.628 \\ 0.313 \\ 0.12 \\ 0.154 \end{bmatrix}$$

$$V = \begin{bmatrix} 0.466 & -0.184 & -0.19 & -0.291 & -0.527 & -0.592 \\ 0.452 & 0.232 & 0.369 & -0.128 & 0.673 & -0.372 \\ 0.357 & 0.637 & 0.0058 & 0.604 & -0.313 & 0.063 \\ 0.451 & 0.202 & -0.187 & -0.555 & -0.022 & 0.643 \\ 0.369 & -0.439 & -0.593 & 0.428 & 0.359 & 0.087 \\ 0.336 & -0.522 & 0.664 & 0.209 & -0.208 & 0.296 \end{bmatrix}$$

3. 以步驟 2 之特徵向量矩陣 V，計算 V^tV 即可得出各特徵向量之相互乘積。檢視各特徵向量，皆都滿足 $a_1^2 = a_2^2 = a_3^2 = a_4^2 = a_5^2 = a_6^2 = 1$（見以下矩陣之對角線元素），其他非主對角線元素表示兩兩特徵值相互之乘

積 (數值都很小，可視之為 "0")。此乘積表示各特徵向量之間相互垂直 (正交)，且各特徵向量之長度為 "1"。

$$V'V = \begin{bmatrix} 1.001367 & 0.000248 & 0.000269 & 1.7E-05 & -0.00047 & 2.7E-05 \\ 0.000248 & 0.999458 & 0.000208 & -0.0005 & 0.000254 & -6.4E-05 \\ 0.000269 & 0.000208 & 0.999809 & 0.000318 & -0.00023 & 0.000289 \\ 1.7E-05 & -0.0005 & 0.000318 & 1.000771 & 0.000551 & 0.000175 \\ -0.00047 & 0.000254 & -0.00023 & 0.000551 & 1.001256 & -0.00257 \\ 2.7E-05 & -6.4E-05 & 0.000289 & 0.000175 & -0.00257 & 1.001451 \end{bmatrix}$$

4. 由步驟 2 可知，各「主成份」產生如下：

$$y_1 = 0.466x_1 + 0.452x_2 + 0.357x_3 + 0.451x_4 + 0.369x_5 + 0.336x_6$$
$$y_2 = -0.184x_1 + 0.232x_2 + 0.637x_3 + 0.202x_4 - 0.439x_5 - 0.522x_6$$
$$y_3 = -0.19x_1 + 0.369x_2 + 0.0058x_3 - 0.187x_4 - 0.593x_5 + 0.664x_6$$
$$y_4 = -0.291x_1 - 0.128x_2 + 0.604x_3 - 0.555x_4 + 0.428x_5 + 0.209x_6$$
$$y_5 = -0.527x_1 + 0.673x_2 - 0.313x_3 - 0.022x_4 + 0.359x_5 - 0.208x_6$$
$$y_6 = -0.592x_1 - 0.372x_2 + 0.063x_3 + 0.643x_4 + 0.087x_5 + 0.296x_6$$

5. 計算各變項 x_i 與各「主成份」y_j 之相關係數 (即主成份負荷量)

$$r_{y_j x_i} = a_{ji}\sqrt{\lambda_j / S_i}$$

其中

a_{ji} = 第 j 個主成份中，第 i 個變項之係數

λ_j = 第 j 個特徵值

S_i = 第 i 個變項 x_i 之標準差

以本例而言，以相關矩陣之對角線元素皆為 "1"，故 $S_i = 1$，$i = 1, \cdots, n$。

將各主成份負荷量計算，列於表 3-2。

表 3-2 主成份負荷量 $(r_{y_j x_i})$

0.912813	−0.17925	−0.15057	−0.1628	−0.18256	−0.23232
0.885389	0.226007	0.292419	−0.07161	0.233134	−0.14598
0.699301	0.620544	0.004596	0.337916	−0.10843	0.024723
0.883431	0.196782	−0.14819	−0.3105	−0.00762	0.252331
0.722807	−0.42766	−0.46993	0.239451	0.124361	0.034141
0.658166	−0.50851	0.526196	0.116928	−0.07205	0.116159

6. 由表 3-2，也可看出各 y_j 對於各 x_i 之線性組合為：

$$x_1 = 0.466y_1 - 0.184y_2 - 0.19y_3 - 0.291y_4 - 0.527y_5 - 0.592y_6$$
$$x_2 = 0.452y_1 + 0.232y_2 + 0.369y_3 - 0.128y_4 + 0.673y_5 - 0.372y_6$$
$$x_3 = 0.357y_1 + 0.637y_2 + 0.0058y_3 + 0.604y_4 - 0.313y_5 + 0.063y_6$$
$$x_4 = 0.451y_1 + 0.202y_2 - 0.187y_3 - 0.555y_4 - 0.022y_5 + 0.643y_6$$
$$x_5 = 0.369y_1 - 0.439y_2 - 0.593y_3 + 0.428y_4 + 0.359y_5 + 0.087y_6$$
$$x_6 = 0.336y_1 - 0.522y_2 + 0.664y_3 + 0.209y_4 - 0.208y_5 + 0.296y_6$$

經過例題 3-2 之說明，讀者已大致可以了解「主成份分析」之過程，以下將再歸納一些重要的特性：

1. 各主成份之變異數 $V(y_j) = \lambda_j$，例如：

$$V(y_1) = 3.837，V(y_2) = 0.949，V(y_3) = 0.628$$

$$V(y_4) = 0.313，V(y_5) = 0.12，V(y_6) = 0.154$$

2. 各主成份 y_j、y_k 之間相互獨立。欲驗證此一部份，應先將原變項之資料「標準化」，意即，各變項數據減去該變項之平均數，再除以標準差，即可得出以下標準化之後之資料，設此矩陣為 **ST**：

$$ST = \begin{bmatrix} 1.413537 & 1.193521 & 0.193073 & 1.176182 & 0.931559 & 1.130463 \\ 0.269289 & 0.562856 & -0.05055 & 0.11009 & -0.09753 & -0.06053 \\ -0.5571 & -1.77775 & -1.20656 & -2.20136 & 0.931559 & 0.737719 \\ -1.34806 & -2.01931 & -1.51901 & -0.956 & -0.93145 & -1.04527 \\ 0.284738 & -1.49851 & -0.49943 & 0.899691 & 0.272981 & 0.690159 \\ 0.053492 & 0.162837 & 0.520141 & 0.11009 & -0.09753 & -0.06053 \\ 1.413537 & 0.658988 & 0.388583 & 0.175781 & 0.931559 & 0.690159 \\ 1.336211 & 1.193521 & 0.515268 & 1.176182 & 0.931559 & 1.130463 \\ 1.413537 & -0.19352 & -0.37762 & 1.176182 & 0.931559 & 0.258116 \\ -1.30655 & -0.86785 & -0.49943 & -0.956 & -1.12663 & -1.25153 \\ 0.785721 & 1.193521 & 1.413029 & 0.788899 & -0.3068 & 0.924204 \\ 0.91484 & 0.08572 & -0.49943 & -0.53914 & -0.46283 & 0.239342 \\ 0.956624 & 1.193521 & -1.27051 & 0.378247 & 0.717078 & 0.811812 \\ -1.27126 & -0.86785 & -0.49943 & -1.32335 & -1.12663 & -1.25153 \\ 0.873548 & 1.193521 & 1.286344 & 0.896423 & 0.931559 & -2.8548 \\ -0.61805 & -0.29458 & -0.82163 & -0.13584 & -0.55207 & -1.06405 \\ -0.76631 & 0.258968 & 0.964149 & 0.007468 & 0.267762 & -0.06053 \\ -0.75893 & -0.51149 & -0.24606 & -0.5831 & -1.17099 & -0.40922 \\ -0.63683 & -1.59957 & -1.20656 & -1.95003 & 0.200965 & 0.737719 \\ 0.269525 & 0.167767 & 1.032973 & 0.557509 & 0.546954 & -0.36041 \\ 0.627284 & 1.193521 & 1.032973 & 1.176182 & 0.931559 & 1.130463 \\ -1.30655 & -0.11147 & 0.388583 & -0.956 & -1.12663 & -0.37919 \\ -1.60444 & -1.61436 & -2.4119 & -1.03477 & 0.142518 & -1.25053 \\ -1.30655 & -0.28965 & 0.07126 & -0.956 & -1.12663 & -1.25153 \\ 0.677137 & 0.562856 & 1.413029 & 1.05248 & 0.200965 & 0.690159 \\ -1.23162 & -0.66502 & -0.05543 & -0.96662 & -1.20177 & -1.09058 \\ 0.263617 & 0.562856 & 1.413029 & 1.176182 & 0.931559 & 0.690159 \\ 1.413537 & 1.193521 & 1.539714 & 1.176182 & 0.931559 & 1.130463 \\ -0.12697 & 0.466725 & -0.50431 & 0.262226 & -0.70288 & 0.699421 \\ -0.12697 & 0.466725 & -0.50431 & 0.262226 & -0.70288 & 0.699421 \end{bmatrix}$$

3. 每一主成份 y_i 能夠解釋全體主成份之比例，可用特徵值之比表示：

例如，第一主成份可解釋全體主成份之佔比：

$$\frac{\lambda_1}{\lambda_1 + \lambda_2 + \lambda_3 + \lambda_4 + \lambda_5 + \lambda_6}$$

$$= \frac{3.837}{3.837 + 0.949 + 0.628 + 0.313 + 0.12 + 0.154}$$

$$= \frac{3.837}{6}$$

$$= 0.6395$$

同理,第二至第六主成份各解釋全體變異量之比例如下:

$\frac{\lambda_2}{6} = 0.1582$,$\frac{\lambda_3}{6} = 0.1017$,$\frac{\lambda_4}{6} = 0.0522$,$\frac{\lambda_5}{6} = 0.02$,$\frac{\lambda_6}{6} = 0.0257$。

4. 主成份 y_1 能解釋各變項 x_1,x_2,$\cdots$,x_6 之比例,可用「共通性,$r\,y_1 x_i$」表示:

$$h_1^2 = (ry_1x_1)^2 = (0.912813)^2 = 0.8332$$
$$h_2^2 = (ry_1x_2)^2 = (0.885389)^2 = 0.7839$$
$$h_3^2 = (ry_1x_3)^2 = (0.699301)^2 = 0.4890$$
$$h_4^2 = (ry_1x_4)^2 = (0.883431)^2 = 0.7805$$
$$h_5^2 = (ry_1x_5)^2 = (0.722807)^2 = 0.5224$$
$$h_6^2 = (ry_1x_6)^2 = (0.658166)^2 = 0.4332$$

5. 若是研究者認為只有一個「主成份」其解釋力不足,可再加上第二個「主成份」,此時,「共通性」將提高為:

$$h_1^2 = 0.912813^2 + (-0.17925)^2 = 0.8653$$
$$h_2^2 = 0.885389^2 + 0.226007^2 = 0.8349$$
$$h_3^2 = 0.699301^2 + 0.620544^2 = 0.8741$$
$$h_4^2 = 0.883431^2 + 0.196782^2 = 0.8192$$
$$h_5^2 = 0.722807^2 + (-0.42766)^2 = 0.7053$$
$$h_6^2 = 0.658166^2 + (-0.50851)^2 = 0.6918$$

「主成份」採計的個數愈多,「共通性」就愈高,也就是能夠解釋整體變異的比例愈高,以本例而言,採用到第二個「主成份」,最小的解釋力已達 0.6918,其解釋能力已經夠高了,只採取兩個「主成份」即已足夠。

6. 由於 $\Sigma a_{ij}^2 = 1$，因此每一 a_{ij} 之絕對值必小於"1"。
7. 主成份得分之計算：首先應先將各變項數據資料改成「標準化」，亦即，每一數據減去該變項之「平均數」，再除以該變項之「標準差」，亦即由步驟 2 所得出之矩陣 **ST**。

以矩陣 **ST** 乘以特徵向量矩陣 **V**，即可得出六個「主成份得分」$f_1 \sim f_6$，「主成份得分」之作用，即可用以替代原先問卷的測驗得分：

$$ST \times V = \begin{bmatrix} f_1 & f_2 & f_3 & f_4 & f_5 & f_6 \\ 2.599285 & -0.71467 & 0.025632 & -0.37468 & 0.147334 & -0.07827 \\ 0.346959 & 0.155201 & 0.166455 & -0.30583 & 0.219847 & -0.32955 \\ -1.816981 & -2.41015 & -0.33364 & 1.526237 & -0.2198 & -0.18254 \\ -3.287439 & -0.33363 & -0.33518 & -0.44389 & -0.34505 & 0.429983 \\ 0.038349 & -1.04376 & -0.51854 & -0.40438 & -1.04531 & 1.169389 \\ 0.26935 & 0.465599 & 0.063146 & 0.152752 & -0.11423 & -0.01699 \\ 1.828315 & -0.68636 & -0.27574 & 0.275062 & -0.16009 & -0.64062 \\ 2.678285 & -0.49516 & 0.042238 & -0.15755 & 0.087184 & -0.0216 \\ 1.475456 & -0.94462 & -1.06871 & -0.72421 & -0.42604 & 0.143556 \\ -2.54132 & 0.788187 & 0.092916 & -0.13316 & 0.04578 & -0.04059 \\ 1.937399 & 0.874657 & 0.988782 & 0.066179 & -0.3979 & -0.07204 \\ -0.085611 & -0.45098 & 0.451505 & -0.47275 & -0.50997 & -0.93014 \\ 1.299759 & -1.44216 & 0.197691 & -0.86207 & 0.835545 & -0.53029 \\ -2.690568 & 0.707477 & 0.154912 & 0.060474 & 0.03526 & -0.29772 \\ 1.272663 & 2.104911 & -2.45929 & -0.23485 & 0.924801 & -1.04923 \\ -1.383323 & 0.347519 & -0.27538 & -0.71571 & 0.365696 & -0.0375 \\ 0.208374 & 0.704016 & 0.010307 & 0.89606 & 0.406705 & 0.433516 \\ -1.603464 & 0.591015 & 0.643611 & -0.2393 & -0.28531 & 0.002956 \\ -1.991112 & -1.90978 & 0.23199 & 1.003245 & -0.38528 & -0.11802 \\ 0.948226 & 0.653342 & -0.72493 & 0.426549 & -0.0487 & 0.153304 \\ 2.532721 & -0.03501 & 0.179931 & 0.361375 & 0.298765 & 0.440121 \\ -1.589319 & 1.073987 & 0.956385 & 0.488683 & 0.095455 & -0.00783 \\ -3.160687 & -1.24874 & -1.04537 & -0.39546 & 0.859678 & 0.378067 \\ -2.075943 & 1.28532 & 0.310209 & 0.137755 & 0.256004 & -0.21939 \\ 1.871935 & 0.650127 & 0.202461 & 0.250037 & -0.49852 & 0.381325 \\ -2.240937 & 1.05861 & 0.319568 & 0.087282 & -0.06257 & -0.09967 \\ 2.065961 & 0.357571 & -0.27381 & 0.685486 & 0.038652 & 0.783632 \\ 3.080018 & 0.14316 & 0.033492 & 0.438698 & -0.27419 & 0.006619 \\ 0.006692 & -0.12301 & 1.12035 & -0.69599 & 0.077858 & 0.170304 \\ 0.006692 & -0.12301 & 1.12035 & -0.69599 & 0.077858 & 0.170304 \end{bmatrix}$$

8. 統計檢定：以本例題而言，雖然一共有 6 個「主成份」，但是並不一定要全取到 6 個，亦即，研究者可思考只取到前面幾個「主成份」，例如研究者想只取到第二個主成份，也就是他認為從第三個特徵值至第六個特徵值，並無太大之差異 (可認為其值都是相同的)，關於此一假設，可用巴雷 (Bartlett) 和安德森 (Anderson) 所提出，對於以下虛無假設之檢定：

$$H_0 : \lambda_3 = \lambda_4 = \lambda_5 = \lambda_6$$

其中 $\lambda_3 \geq \lambda_4 \geq \lambda_5 \geq \lambda_6$ 是 S 矩陣的第三個至第六個特徵值。以下分別介紹此二位學者之檢定統計量：

(1) 巴雷之檢定統計量為：

$$\chi^2 = m \left[-\ln |S| + \sum_{j=1}^{k} \ln \lambda_j + q \cdot \ln(\ell) \right] \tag{3-7}$$

(3-7) 式之統計量，為滿足自由度為 $1/2\,(p-k-1)(p-k+2)$ 之卡方分配。其中，

$k = p - q$，$m = n - k - 1/6\,(2q + 1 + 2/q)$，$\ell = 1/q\,(\text{tr}(S) - \Sigma \lambda_j)$

$q = $ 所選主成份之個數
$p = $ 為特徵值之個數

若是檢定不顯著，則表示只需兩個主成份就夠了；若是檢定為顯著，則至少應保留第三個主成份，然後繼續再對於 $H_0 : \lambda_4 = \lambda_5 = \lambda_6$ 作下一次的檢定。

(2) 安德森之檢定統計量為：

$$\chi^2 = -(n-1) \sum_{j=4}^{6} \ln \lambda_j + (n-1)\,k \ln \left(1/k \sum_{j=3}^{6} \lambda_j \right) \tag{3-8}$$

(3-8) 式之統計量，為滿足自由度為 $1/2\,(p-q)(p-1+1)-1$ 之卡方分配。其檢定之方式，亦如同巴雷統計量。

三、因素分析的基本原理

假設有 p 個可觀測的隨機變項 $X_1, X_2, \cdots, X_p$，將這些隨機變項皆以「減

去該變項之平均數」表之,則知每一變項之平均數皆為"0"。假設這些變項之間,皆都具有其中 m 個共同因素,意即每一變項皆可由此 m 個「共同因素」所表示,另外還有一個該變項所獨有的「獨具變量」。因此,每一觀測變項可以下式表示之:

$$X_1 = f_{11}Y_1 + f_{12}Y_2 + \cdots + f_{1m}Y_m + \varepsilon_1$$
$$X_2 = f_{21}Y_1 + f_{22}Y_2 + \cdots + f_{2m}Y_m + \varepsilon_2$$
$$\vdots$$
$$X_p = f_{p1}Y_1 + f_{p2}Y_2 + \cdots + f_{pm}Y_m + \varepsilon_p$$
(3-9)

(3-9) 式中,此 p 個可觀測變項,共有 m 個共同因素 $Y_1, \cdots, Y_m$;其中,f_{ij} 表示第 j 個共同因素在第 i 個變項上的「重要程度」,$i = 1, \cdots, p$;$j = 1, \cdots, m$。f_{ij} 又可稱為變量 X_i 在共同因素 Y_j 上的負荷係數 (Factor Loading),又可稱為「因素係數」。在各變項及各因素皆已標準化之情形下,「負荷係數」f_{ij} 就等於變項 X_i 與因素 Y_j 之相關係數;各 ε_i 稱為估計 X_i 時的測量誤差 (Measurement Error)。

假設此 m 個共同因素之間為相互獨立,平均數為"0"、變異數為"1"。各獨具變量 ε_i、ε_j 之間互相獨立,其平均數為"0"、變異數為"d_i",則此 d_i 稱之為獨特性變異量 (Unique Variance)。d_i 包含了特別變異數 (Specific Variance) 以及誤差變異數 (Error Variance) 兩部份。依此假設,則第 i 個觀測變項之變異數為:

$$\sigma_i = f_{i1} + f_{i2} + \cdots + f_{im} + d_i$$
(3-10)

第 i 個變項與第 j 個變項間的共變異數為:

$$\sigma_{ij} = f_{i1}f_{j1} + f_{i2}f_{j2} + \cdots + f_{im}f_{jm}$$
(3-11)

將以上各變項之間的「變異數」與「共變異數」置放於一個矩陣 Σ 內,則

$$\Sigma = \begin{bmatrix} \sigma_1^2 & \sigma_{12} & \sigma_{13} & \cdots & \sigma_{1p} \\ \sigma_{21} & \sigma_2^2 & \sigma_{23} & \cdots & \sigma_{2p} \\ \vdots & \vdots & \vdots & \vdots & \vdots \\ \sigma_{p1} & \sigma_{p2} & \sigma_{p3} & \cdots & \sigma_p^2 \end{bmatrix}$$
(3-12)

由 (3-12) 式，令

$$h_i^2 = \sigma_i^2 - d_i^2 = \Sigma f_{ij} \tag{3-13}$$

上述 h_i 稱為**共同性 (Communality)**，意即「第 i 個變項的變異數 σ_i^2 之中，由共同因素所造成的變異數，所佔的百分比」；而 d_i^2 則是不能由共同因素所解釋的部份，因此，「共同性」就是總變異數 σ_i^2 扣去「獨特性變異量 d_i^2」所剩餘的部份。

(3-13) 式中，將各變項間之的「重要程度, f_{ij}」，放在一個矩陣上，此矩陣 F 可稱之為**共同因素負荷量 (Common Factor Loadings)**。矩陣 F 之型式如下：

$$F = \begin{bmatrix} f_{11} & f_{12} & \cdots & f_{1m} \\ f_{21} & f_{22} & & f_{2m} \\ \vdots & & & \\ f_{p1} & f_{p2} & \cdots & f_{pm} \end{bmatrix} \tag{3-14}$$

若是將 (3-14) 式之矩陣 Σ 元素以相關係數表示，則 (3-14) 式中矩陣 F 之元素，即為第 i 個變項與第 j 個共同因素之相關係數，則此時的 FF^t 矩陣即可確定等於矩陣 R。

對於 n 個受試者共有 p 個觀測變項，通常都是認為 p 個變項太多，不易說明，因而研究者希望能用較少數的「共同因素」來說明整體現象。亦即，從相關係數矩陣 R 中，抽出少數的共同因素，由這些共同因素之負荷量構成矩陣 F，因素分析的目的，就是希望能由 FF^t 估算出原來的相關係數矩陣 R。

因此，因素分析的一個主要內容，就是為了從 p 個變項中，萃取出 m 個共同因素，並且要找出每一變項在各共同因素上的因素「負荷係數」。一般來說，m 要比 p 小很多，這樣才需要作因素分析。

完整的因素分析，還需要計算出「共同性」h_i^2，h_i^2 表示各因素對於變項 X_i 的變異量所能解釋的比例，或者可說是全體因素對於變項 X_i 的貢獻度。其值為：

$$h_i^2 = f_{i1} + f_{i2} + \cdots + f_{im}$$

由於各變項及因素皆已標準化，因而可知，$0 \leq h_i^2 \leq 1$。h_i 之大小，可以看出以原來的 p 個變項，濃縮萃取成 m 個因素時，其貢獻度之大小。當然，m 愈

大、愈接近於 p，h_i^2 就愈大，若是為了求得很大的 h_i^2，勢必要加入很多的因素，這就會失去了萃取、濃縮的意義，因此，如何儘可能以少數的因素，達到最大的解釋變異量，需要研究者本身的衡量與拿捏。

經過因素分析之後，一般來說，並不容易立即看出來，這些因素所代表的意義，因此，還需要以「轉軸」找出各因素與變項間之關係，經過轉軸之後的因素，就會變得容易解釋各因素所包含的意義。

四、因素分析實施之步驟

因素分析的方法可分為「主成份法」、「主軸因素法」及「最概法」等。本章僅介紹其中的「主軸因素法」及「主成份法」，另外的「最概法」由於計算方法較為複雜，本章不擬介紹，有興趣之讀者可參考陳順宇著之《多變量分析》。

(一) 主成份法

(* 請注意，此處之主成份法與前節所敘之「主成份分析法」，雖然有很多相似之處，但是並非相同的方法。)

以「主成份法」執行「因素分析」，其初始階段和「主成份分析法」有相同的步驟。假設有 p 個觀察變項，對於這 p 個變項的變異共變異矩陣 S，求出 p 個特徵值 λ_1，λ_2，$\cdots$，λ_p，再依前法求出 p 個主成份 y_1，y_2，$\cdots$，y_p。

$$
\begin{aligned}
y_1 &= a_{11}x_1 + a_{12}x_2 + \cdots + a_{1p}x_p \\
y_2 &= a_{21}x_1 + a_{22}x_2 + \cdots + a_{2p}x_p \\
&\vdots \\
y_p &= a_{p1}x_1 + a_{p2}x_2 + \cdots + a_{pp}x_p
\end{aligned}
\tag{3-15}
$$

令

$$f_j = y_j / \sqrt{\lambda_j}, \quad j = 1, \cdots, p \tag{3-16}$$

此時各 y_j 之變異數皆為"1"，令

$$L = \begin{bmatrix} a_{11} & a_{21} & \cdots & a_{p1} \\ a_{12} & a_{22} & \cdots & a_{p2} \\ a_{13} & a_{23} & \cdots & a_{p3} \\ \vdots & \vdots & & \vdots \\ a_{1p} & a_{2p} & \cdots & a_{pp} \end{bmatrix} \begin{bmatrix} \sqrt{\lambda_1} & 0 & 0 & \cdots & 0 \\ 0 & \sqrt{\lambda_2} & 0 & \cdots & 0 \\ 0 & 0 & \sqrt{\lambda_3} & \cdots & 0 \\ \vdots & \vdots & \vdots & & \vdots \\ 0 & 0 & 0 & \cdots & \sqrt{\lambda_p} \end{bmatrix}$$

$$= \begin{bmatrix} r_{y_1 x_1} & r_{y_2 x_1} & r_{y_3 x_1} & \cdots & r_{y_p x_1} \\ r_{y_1 x_2} & r_{y_2 x_2} & r_{y_3 x_2} & \cdots & r_{y_p x_2} \\ \vdots & \vdots & \vdots & & \vdots \\ r_{y_1 x_p} & r_{y_2 x_p} & r_{y_3 x_p} & \cdots & r_{y_p x_p} \end{bmatrix}$$

以 L 為「負荷矩陣」，各 f_j 為「因素向量」，即可由這些因素表示各變項 x_i：

$$\begin{aligned} x_1 &= r_{y_1 x_1} y_1 + r_{y_2 x_1} y_2 + \cdots + r_{y_p x_1} y_p \\ x_2 &= r_{y_1 x_2} y_1 + r_{y_2 x_2} y_2 + \cdots + r_{y_p x_2} y_p \\ &\quad\vdots \qquad\qquad \vdots \qquad\qquad \vdots \\ x_p &= r_{y_1 x_p} y_1 + r_{y_2 x_p} y_2 + \cdots + r_{y_p x_p} y_p \end{aligned} \qquad (3\text{-}17)$$

若是依照研究者之需求，只需少數的「主成份」即可說明整體的變異量，則 (3-17) 式中，不需要全取 p 個「主成份」。假設只需要前兩個「主成份」，則 (3-17) 式即可改寫為：

$$\begin{aligned} x_1 &= r_{y_1 x_1} y_1 + r_{y_2 x_1} y_2 + \varepsilon_1 \\ x_2 &= r_{y_1 x_2} y_1 + r_{y_2 x_2} y_2 + \varepsilon_2 \\ &\quad\vdots \\ x_p &= r_{y_1 x_p} y_1 + r_{y_2 x_p} y_2 + \varepsilon_p \end{aligned} \qquad (3\text{-}18)$$

(3-18) 式中各列的 ε_i 表示由於只取了較少數的「主成份」而產生的誤差項。

以例題 3-2 步驟 6，只取到兩個「主成份」為例說明：

$$\begin{aligned} x_1 &= 0.466 y_1 - 0.184 y_2 + \varepsilon_1 \\ x_2 &= 0.452 y_1 + 0.232 y_2 + \varepsilon_2 \\ x_3 &= 0.357 y_1 + 0.637 y_2 + \varepsilon_3 \\ x_4 &= 0.451 y_1 + 0.202 y_2 + \varepsilon_4 \\ x_5 &= 0.369 y_1 - 0.439 y_2 + \varepsilon_5 \\ x_6 &= 0.336 y_1 - 0.522 y_2 + \varepsilon_6 \end{aligned} \qquad (3\text{-}19)$$

此一分析,各變項 x_i 皆已標準化,f_1、f_2 分別能解釋 x_1 之比例各為:

$$(ry_1x_1) = (0.466 \times \sqrt{3.837}) = 0.8332$$

$$(ry_2x_1) = (0.184 \times \sqrt{0.949}) = 0.0321$$

又由於 y_1、y_2 的相互獨立性,對於 f_1、f_2 之解釋力可以相加,故解釋 x_1 之共同性為 $h_1 = 0.8332 + 0.0321 = 0.8653$,同理,亦可求得其他五個「共同性」各為:

$$h_2^2 = (0.452 \times \sqrt{3.837}) + (0.232 \times \sqrt{0.949}) = 0.8349$$

$$h_3^2 = (0.357 \times \sqrt{3.837}) + (0.637 \times \sqrt{0.949}) = 0.8741$$

$$h_4^2 = (0.451 \times \sqrt{3.837}) + (0.202 \times \sqrt{0.949}) = 0.8191$$

$$h_5^2 = (0.369 \times \sqrt{3.837}) + (-0.439 \times \sqrt{0.949}) = 0.7053$$

$$h_6^2 = (0.336 \times \sqrt{3.837}) + (-0.522 \times \sqrt{0.949}) = 0.6918$$

此六個變項之「獨特性變異量」各為:

$$d_1^2 = 1 - h_1^2 = 1 - 0.8653 = 0.1347$$

$$d_2^2 = 1 - h_2^2 = 1 - 0.8349 = 0.1651$$

$$d_3^2 = 1 - h_3^2 = 1 - 0.8741 = 0.1259$$

$$d_4^2 = 1 - h_4^2 = 1 - 0.8191 = 0.1809$$

$$d_5^2 = 1 - h_5^2 = 1 - 0.7053 = 0.2947$$

$$d_6^2 = 1 - h_6^2 = 1 - 0.6918 = 0.3082$$

(二) 主軸因素法

在相關係數矩陣 **R** 的對角線上的各元素,不再是相關係數"1",而是把「共同性 h_i^2」放在對角線上,此時的相關矩陣已變成為 $\boldsymbol{R}^*$,亦即,$\boldsymbol{R}^* = \boldsymbol{R} - \hat{\boldsymbol{\Psi}}$,$\boldsymbol{R}^*$ 稱為「縮減式之相關矩陣」。此處 $\hat{\boldsymbol{\Psi}}$ 是 $\boldsymbol{\Psi}$ 的估計式,即:

信度與效度

$$\hat{\Psi} = \begin{bmatrix} d_1^2 & 0 & \cdots & 0 \\ 0 & d_2^2 & \cdots & 0 \\ 0 & 0 & d_3^2 & 0 \\ \vdots & \vdots & \vdots & \vdots \\ 0 & 0 & \cdots & d_p^2 \end{bmatrix}$$

此時可知，$h_i^2 = 1 - d_i^2$。

然而，此處並沒有說明如何計算 d_i^2，亦即，並沒有明確地說明如何計算出 h_i^2。因此，在討論因素分析之前，應先討論如何決定共同性 h_i^2。

■ 五、共同性 h_i^2 之估計

共同量 h_i^2 之估計方法有好幾種，常見的方法有：

(一) 最高相關係數法

把相關係數矩陣 R 的第 i 個主對角元素 "1"，以該列其他最大的相關係數取代之。例如，第一列之最大相關係數為 0.8521，則 h_i 即設為 0.8521，並放置於第一個主對角線的位置上。目前此種方法已經很少人使用。

例題 3-3

設有某一研究，各變項間之相關係數矩陣如下：

$$R = \begin{bmatrix} 1.00 & 0.87 & 0.54 & 0.65 & 0.67 \\ 0.87 & 1.00 & 0.25 & 0.36 & 0.89 \\ 0.54 & 0.25 & 1.00 & 0.98 & 0.54 \\ 0.65 & 0.36 & 0.98 & 1.00 & 0.56 \\ 0.67 & 0.89 & 0.54 & 0.56 & 1.00 \end{bmatrix}$$

則依「最高相關係數法」，以上相關矩陣之各對角線元素，應以該列其他最大之相關係數為「共同性」，亦即，以上 R 矩陣改寫為：

$$R^* = \begin{bmatrix} 0.87 & 0.87 & 0.54 & 0.65 & 0.67 \\ 0.87 & 0.89 & 0.25 & 0.36 & 0.89 \\ 0.54 & 0.25 & 0.98 & 0.98 & 0.54 \\ 0.65 & 0.36 & 0.98 & 0.98 & 0.56 \\ 0.67 & 0.89 & 0.54 & 0.56 & 0.89 \end{bmatrix}$$

(二) 複相關係數平方法

「複相關平方估計法」之方法為用第 i 個變項與其餘 $(p-1)$ 個變項之複相關係數之平方作為 h_i^2，代入第 i 個主對角線上之元素，例如，以第 1 個變項與其他 $(p-1)$ 個變項的判定係數 R_1，作為 h_1^2，然後代入第一個主對角線之位置，其餘各主對角線上之元素，亦以此法求其 h_i^2，分別代替矩陣 R 的第 i 個主對角線上元素。

例題 3-4

假設有五種測驗各為：字彙能力、背數字能力、算術推理、語文能力、邏輯推理。若是以此五種測驗來測驗 10 名學生，首先將此 10 名學生的五項成績記錄如表 3-3，並求出其出相關係數矩陣。

表 3-3 五種測驗成績記錄

	字彙能力 (x_1)	背數字能力 (x_2)	算術推理 (x_3)	語文能力 (x_4)	邏輯推理 (x_5)
1	8	7	3	5	3
2	9	8	2	4	4
3	5	6	3	2	2
4	4	5	5	4	6
5	4	4	4	5	5
6	5	5	6	4	7
7	3	4	5	4	7
8	3	5	6	5	7
9	4	6	7	5	8
10	5	4	6	4	7

信度與效度

根據表 3-3，計算各題項之間的相關係數矩陣如表 3-4：

表 3-4 五種測驗成績之相關矩陣

$$R = \begin{bmatrix} & 1 & 2 & 3 & 4 & 5 \\ 1 & 1.0000 & 0.8231 & -0.7129 & -0.0605 & -0.6077 \\ 2 & 0.8231 & 1.0000 & -0.5935 & -0.0717 & -0.5484 \\ 3 & -0.7129 & -0.5935 & 1.0000 & 0.3399 & 0.9048 \\ 4 & -0.0605 & -0.0717 & 0.3399 & 1.0000 & 0.4689 \\ 5 & -0.0677 & -0.5484 & 0.9048 & 0.4689 & 1.0000 \end{bmatrix}$$

以表 3-4 各題項之數據，計算各判定係數。以 x_1 為應變項，以 $x_2 \sim x_5$ 為自變項，所得迴歸方程式的**判定係數** (Determinante Coefficients) R_1^2 為 0.771446，R_2^2 為 0.687781 (以 x_2 為應變項，$x_1, x_3 \sim x_5$ 為自變項，所得迴歸分析之判定係數)，其餘 $R_3^2 \sim R_5^2$ 各為 0.864672、0.305782 以及 0.852859，以此 5 個判定係數作為 h_i^2，代入 **R** 矩陣之 5 個主對角線上位置，此時的矩陣命名為 $\boldsymbol{R}^*$：

$$\boldsymbol{R}^* = \begin{bmatrix} 0.771446 & & & & \\ 0.823108 & 0.687781 & & & \\ -0.712950 & -0.59354 & 0.864672 & & \\ -0.060460 & -0.07166 & 0.339893 & 0.305782 & \\ -0.607740 & -0.54844 & 0.904848 & 0.468961 & 0.852859 \end{bmatrix}$$

以 $\boldsymbol{R}^*$ 矩陣，從 MathCAD 軟體計算得到 5 個特徵值及相對應之特徵向量各為：

$$\lambda = \begin{bmatrix} 2.986 \\ 0.663 \\ 0.037 \\ -0.089 \\ -0.114 \end{bmatrix}$$

$$V = \begin{bmatrix} 0.48 & 0.469 & -0.00535 & -0.255 & -0.696 \\ 0.437 & 0.475 & -0.472 & 0.083 & -0.595 \\ -0.531 & 0.216 & -0.648 & 0.360 & 0.347 \\ -0.180 & 0.578 & 0.595 & 0.525 & -0.069 \\ -0.514 & 0.416 & 0.056 & -0.723 & -0.191 \end{bmatrix}$$

各主成份 y_i 與各觀察變項之間的關係為:

$$y_1 = 0.48x_1 + 0.437x_2 - 0.531x_3 - 0.18x_4 - 0.514x_5$$
$$y_2 = 0.469x_1 + 0.475x_2 + 0.216x_3 + 0.578x_4 + 0.416x_5$$
$$y_3 = -0.00535x_1 - 0.472x_2 - 0.648x_3 + 0.595x_4 + 0.056x_5$$
$$y_4 = -0.255x_1 + 0.083x_2 + 0.36x_3 + 0.525x_4 - 0.723x_5$$
$$y_5 = -0.696x_1 - 0.595x_2 + 0.347x_3 - 0.069x_4 - 0.191x_5$$

令 $f_i = y_i / \sqrt{\lambda_i}$,則 $f_1 = y_1 / \sqrt{2.986}$,$f_2 = y_2 / \sqrt{0.663}$,$f_3 = y_3 / \sqrt{0.037}$ (因為第三及第四個特徵值小於"0",故只取三個特徵值),令:

$$\boldsymbol{H} = \begin{bmatrix} \sqrt{\lambda_1} & 0 & 0 & 0 & 0 \\ 0 & \sqrt{\lambda_2} & 0 & 0 & 0 \\ 0 & 0 & \sqrt{\lambda_3} & 0 & 0 \\ 0 & 0 & 0 & 0 & 0 \\ 0 & 0 & 0 & 0 & 0 \end{bmatrix}, \boldsymbol{F} = \begin{bmatrix} f_1 \\ f_2 \\ f_3 \\ f_4 \\ f_5 \end{bmatrix}$$

$$\boldsymbol{X} = \begin{bmatrix} x_1 \\ x_2 \\ x_3 \\ x_4 \\ x_5 \end{bmatrix} = \boldsymbol{HVF}$$

$$= \begin{bmatrix} 0.8294 & 0.3819 & -0.001029 & 0 & 0 \\ 0.7551 & 0.3867 & -0.090813 & 0 & 0 \\ -0.9175 & 0.1709 & -0.124675 & 0 & 0 \\ -0.3110 & 0.4706 & 0.114478 & 0 & 0 \\ -0.8882 & 0.3387 & 0.010774 & 0 & 0 \end{bmatrix} \begin{bmatrix} f_1 \\ f_2 \\ f_3 \\ f_4 \\ f_5 \end{bmatrix}$$

即,

$$x_1 = 0.8294f_1 + 0.3819f_2 - 0.001029f_3 + \varepsilon_1$$
$$x_2 = 0.7551f_1 + 0.3867f_2 - 0.090813f_3 + \varepsilon_2$$
$$x_3 = -0.9175f_1 + 0.1759f_2 - 0.124675f_3 + \varepsilon_3$$
$$x_4 = -0.3110f_1 + 0.4706f_2 + 0.114478f_3 + \varepsilon_4$$
$$x_5 = -0.8882f_1 + 0.3387f_2 + 0.010774f_3 + \varepsilon_5$$

六、共同因素的萃取

當決定了「共同性 h_i^2」之後,在因素分析過程中,需要萃取「共同因素」,若是萃取 m 個因素,則此時會得到一個 $p \times m$ 階的因素負荷量矩陣 F。

萃取因素之方法,是求解以下方程式,以便得出所需之特徵值及特徵向量:

$$(R^* - \lambda I)\,t = 0$$

上式中的 λ 即矩陣 R^* 的特徵值,向量 t 即特徵向量,以 R^* 矩陣,從 MathCAD 軟體,計算得到前述之五個特徵值及相對應之特徵向量。

以例題 3-4 而言,此五個特徵值依大小排序計為:

$\lambda_1 = 2.986$,$\lambda_2 = 0.663$,$\lambda_3 = 0.037$,$\lambda_4 = -0.089$,$\lambda_5 = -0.114$

本例中,只有 $\lambda_1 = 2.986 > 1$,其餘皆小於 1,因此,先取第一個特徵向量,$\lambda_1 / 5 = 0.5972$,可以解釋總變異量的 59.72%;若是取兩個特徵值,則:

$$(\lambda_1 + \lambda_2) / 5 = 0.7298$$

亦即,若取兩個因素,即可解釋總變異量的 72.98%。因此,本例題決定取到第二個特徵值即可,亦即:

$$x_1 = 0.8294f_1 + 0.3819f_2 + \varepsilon_1$$
$$x_2 = 0.7551f_1 + 0.3867f_2 + \varepsilon_2$$
$$x_3 = -0.9176f_1 + 0.1759f_2 + \varepsilon_3$$
$$x_4 = -0.3110f_1 + 0.4706f_2 + \varepsilon_4$$
$$x_5 = -0.8882f_1 + 0.3387f_2 + \varepsilon_5$$

由此算出各 x_i 之共同性為:

$$h_1^2 = (0.8294)^2 + (0.3819)^2 = 0.8338$$
$$h_2^2 = (0.7551)^2 + (0.3867)^2 = 0.7197$$
$$h_3^2 = (-0.9176)^2 + (0.1759)^2 = 0.8729$$
$$h_4^2 = (-0.3110)^2 + (0.4706)^2 = 0.3182$$
$$h_5^2 = (-0.8882)^2 + (0.3387)^2 = 0.9036$$

由此可看出，$h_1^2 + h_2^2 + h_3^2 + h_4^2 + h_5^2 = \lambda_1 + \lambda_2 = 3.649$，此兩個因素之變異量，佔全體總變異之 (3.649 / 5) = 0.7298。

茲將所分析出的兩個因素，其相關之「因素負荷量」及「共同性 h_i^2」、「貢獻率」列舉如表 3-5。

表 3-5 例題 3-4 之因素負荷矩陣 (尚未轉軸)

變量 \ 因素負荷量	共同因素 f_1	f_2	共同性 h_i^2
X_1：字彙能力	0.8294	0.3819	0.833752
X_2：背數字能力	0.7551	0.3862	0.719713
X_3：算術推理	−0.9176	0.1759	0.872931
X_4：語文能力	−0.3110	0.4706	0.318185
X_5：邏輯推理	−0.8882	0.3387	0.903617
特徵值	2.986	0.663	3.649
貢獻率	59.72%	13.26%	72.98%

七、共同因素數目之決定

因素分析的目的就是希望以較少數的因素取代原先的變項，因此因素的數目 m 應小於 p，然而，此 m 究竟應該是多少？並沒有一個明確的標準，但是，大致而言，可用以下方法作為衡量的依據：

1. 保留特徵 λ 大於 1 之因素。
2. 保留特徵值大於 0 的因素：此種方法是把特徵值為負數的因素皆放棄，此種方法最為保守，為的是避免把重要的因素遺漏。這就是所謂的**古特曼最強下限** (Gutman's strongest low-bound) 選取因素之標準。
3. 以陡降法決定。將特徵值由大而小排列，若是某一特徵值與前一個特徵值突然相差特別大，就代表下一個特徵值太小應予刪除。

* 以例題 3-4 而言，特徵值大於 "1" 的只有一個，若只保留一個因素，其貢獻率只有 59.72%，雖然不很少，卻也不多，因此本例題決定採取兩個因素之後，貢獻率即上升至 72.98%。

信度與效度

例題 3-5

設有 5 個特徵值，依大小順序排列如下：

$$\lambda_i : 3.79 , 0.993 , 0.534 , 0.354 , 0.118$$

1. 若依 λ 值大於 1 之準則，則共同因素個數，應只選擇第一個。
2. 若是依照陡降法之準則，則以「數值」為縱座標、以「順序」為橫座標，將各 λ_i 值標繪於平面座標上，從圖 3-1 可看出，前 2 個 λ 之值依序下降很急陡，至第 3 個 λ 值突然下降平緩，則以陡降法之準則，本例應取前 2 個共同因素。

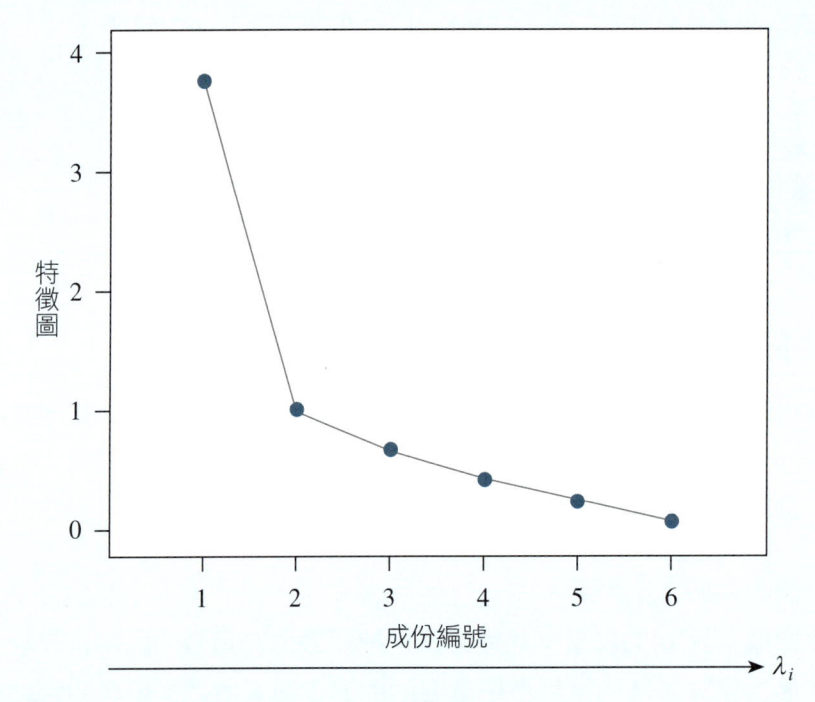

圖 3-1　各 λ_i 之陡降圖

　　以上各步驟，於 SPSS 執行時，在因子分析視窗的「萃取」對話框，可根據研究者所欲採取的「主成份分析」或是「主軸因子分析」，在萃取欄以特徵值處 "1"，即表示以特徵值大於 "1" 者，作為抽取因子的個數；若是，勾選「因子個數」，則可強制性由研究者決定抽取因子的個數。在「顯示」處勾選陡坡圖，即會列出如圖 3-1 之圖形，以供研究者參考。

因子分析報表的「解說總變異量」，可以得知所抽取的因子，其變異量能夠解釋全體變異量之比例，如表 3-6 所示。

表 3-6　解說總變異量

成份	總和	變異數的%	累積%
	初始特徵值		
1	3.203	64.052	64.052
2	1.126	22.513	86.564
3	0.430	8.604	95.168
4	0.169	3.378	98.546
5	0.073	1.454	100.000

(萃取法：主軸因子萃取法)

從表 3-6 可看出，特徵值大於 "1" 的有兩個，但以本例資料而言，若只萃取出一個因子，則可以解釋 64.052% 的變異量。

八、特徵值與特徵向量之內涵

(一) 特徵值、特徵向量之意義

前一節介紹因素分析時，需要先求得相關係數矩陣 R^* 的特徵值與特徵向量。然而，為何需要求得特徵值與特徵向量？其意義為何？

為便於說明，茲先引用 Paul E. Green 和 J. Douglas Carroll (1976) 之例，設有兩個變項，其數據資料整理如下：

$$X_1: 1\ 2\ 2\ 3\ 5\ 5\ 6\ 7\ 10\ 11\ 11\ 12$$
$$X_2: 1\ 1\ 2\ 2\ 4\ 6\ 5\ 4\ 8\ 7\ 9\ 10$$

求出此兩個變項的平均數，各為 $X_1 = 6.25$、$X_2 = 4.92$，再將變項 X_1 及 X_2 中心化，亦即，各自減去該變項之平均數，亦即，$Xd_{ji} = X_{ji} - X_i$，$i = 1$、2，得出 Xd_1 及 Xd_2 如下：

Xd_1：$-5.25\ -4.25\ -4.25\ -3.25\ -1.25\ -1.25\ -0.25\ \ 0.75\ \ 3.75\ \ 4.75\ \ 4.75\ \ 5.75$
Xd_2：$-3.92\ -3.92\ -2.92\ -2.92\ -0.92\ \ \ 1.08\ \ \ \ 0.08\ -0.92\ \ 3.08\ \ 2.08\ \ 4.08\ \ 5.08$

以 Xd_1 及 Xd_2 個別作為橫軸及縱軸，將以上兩個座標點繪於圖 3-2：

信度與效度

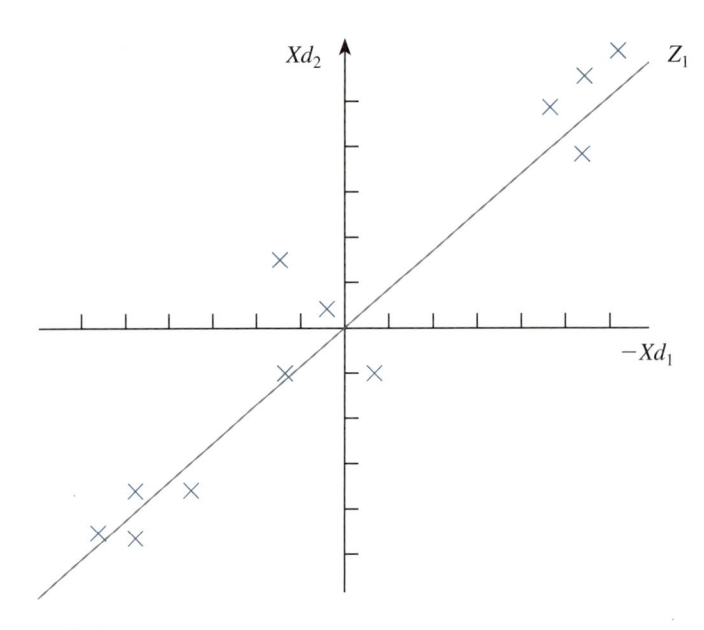

圖 3-2 以 Xd_1 及 Xd_2 為座標軸之座標圖形

由圖 3-2 可看出,若能將座標軸適當地旋轉一個角度,原先需要兩個座標才能說明各座標點的位置,此時僅需要一個座標軸 Z_1 即可說明大部份的內容,這個新座標 Z_1 就是以因素分析的方法,所萃取的第一個因素。當然,只以一個因素用來說明原先的兩個變項,難免有些部份不夠周延,但是在簡化緯度的原則下,希望能找到最具代表性的因素,此處的代表性是以能表現最大的變異量為原則。以後的問題是,如何旋轉原先的座標軸?旋轉多少度?

(二) 特徵值 λ 在數學上之作用

前文已經介紹,以各變項之「變異、共變異矩陣, S」,所求得之特徵值 λ 以及相對應的「特徵向量」。此時可知,所求得之 λ 就是代表著能使得 S 極大之變異數。

(三) 特徵值及特徵向量之計算方法

以下試舉一例,說明特徵值及特徵向量之計算方法:

設

$$S = \begin{bmatrix} 2 & 1 \\ 7 & 8 \end{bmatrix}$$

則以 (3-4) 式:

$$\det(S - \lambda I) = \left| \begin{bmatrix} 2 & 1 \\ 7 & 8 \end{bmatrix} - \lambda \begin{bmatrix} 1 & 0 \\ 0 & 1 \end{bmatrix} \right| = \left| \begin{matrix} 2-\lambda & 1 \\ 7 & 8-\lambda \end{matrix} \right| = 0$$

整理上式之行列式,得出:
$$\lambda^2 - 10\lambda + 9 = (\lambda - 1)(\lambda - 9) = 0$$
故得 $\lambda_1 = 9$、$\lambda_2 = 1$,此即所求得之兩個特徵值。

1. 當 $\lambda_1 = 9$ 時:
$$\begin{bmatrix} 2 & 1 \\ 7 & 8 \end{bmatrix} \begin{bmatrix} x_{11} \\ x_{12} \end{bmatrix} = 9 \begin{bmatrix} x_{11} \\ x_{12} \end{bmatrix}$$

即,
$$2x_{11} + x_{12} = 9x_{11}$$
$$7x_{11} + 8x_{12} = 9x_{12}$$

故得 $x_{11} = 1$、$x_{12} = 7$ 或其任意非零倍數之向量。

2. 當 $\lambda_2 = 1$ 時:
$$\begin{bmatrix} 2 & 1 \\ 7 & 8 \end{bmatrix} \begin{bmatrix} x_{21} \\ x_{22} \end{bmatrix} = 1 \begin{bmatrix} x_{21} \\ x_{22} \end{bmatrix}$$

即,
$$2x_{21} + x_{22} = x_{21}$$
$$7x_{21} + 8x_{22} = x_{22}$$

故得 $x_{21} = 1$、$x_{22} = -1$ 或其任意非零倍數之向量。

(* 此例所求得之特徵向量可能有無限多組解,為免困擾,可以歸一化方式,亦即,令各特徵向量之長度為 "1",亦即,再加上一個限制式 $x_{21}^2 + x_{22}^2 = 1$,則此歸一化之特徵向量為:$\begin{bmatrix} 0.707 \\ -0.707 \end{bmatrix}$。

例題 3-6

假設已知矩陣 A,試求矩陣 A 之特徵項值及特徵向量:

$$A = \begin{bmatrix} 2 & 5 & 6 \\ 4 & 1 & 4 \\ 4 & 6 & 7 \end{bmatrix}$$

$\det(A - \lambda I) = 0$，則：

$$\begin{bmatrix} 2-\lambda & 5 & 6 \\ 4 & 1-\lambda & 4 \\ 4 & 6 & 7-\lambda \end{bmatrix} = 0$$

即 $\lambda^3 - 28\lambda^2 - 45\lambda - 26 = 0$

解此 λ 之三次方程式，得出三個解 (即三個特徵值)，各為 $\lambda_1 = 14.033$、$\lambda_2 = -0.201$、$\lambda_3 = -2.832$。再令特徵向量為 X，則 $AX = \lambda X$，先求第一個特徵值之特徵向量：

$$\begin{bmatrix} 2 & 5 & 6 \\ 4 & 1 & 4 \\ 4 & 6 & 7 \end{bmatrix} \begin{bmatrix} x_1 \\ x_2 \\ x_3 \end{bmatrix} = 14.033 \begin{bmatrix} x_1 \\ x_2 \\ x_3 \end{bmatrix}$$

$2x_1 + 5x_2 + 6x_3 = 14.033x_1$
$4x_1 + x_2 + 4x_3 = 14.033x_2$
$4x_1 + 6x_2 + 7x_3 = 14.033x_3$
$x_1^2 + x_2^2 + x_3^2 = 1$

解出以上方程式，即得出第一個特徵向量為 $\begin{bmatrix} 0.536 \\ 0.394 \\ 0.747 \end{bmatrix}$，同理，亦可解得第二個及第三個特徵向量各為 $\begin{bmatrix} -0.485 \\ -0.576 \\ 0.658 \end{bmatrix}$ 及 $\begin{bmatrix} -0.521 \\ 0.813 \\ -0.258 \end{bmatrix}$。

九、因素軸之旋轉

以上所計算出來的共同因素，只是暫時參考之用，這些共同因素必須加以轉軸之後，才容易看出來其中的真正涵義，此即**轉軸問題** (Rotation Problem)。使用 SPSS 實施因素分析時，在因子分析的「轉軸法」對話框，可有兩種轉軸的方法可供選擇：(1) 直交轉軸。應用直交轉軸之先決條件是：理論上假設各

因子之間為相互獨立，此時研究者可勾選「最大變異法」；(2) 斜交轉軸。若是沒有充份的理論證明各因子之間為相互獨立，則研究者就不能硬性規定使用直交轉軸。至於此兩種方法究竟何者為佳，可從這兩種方法對於模式的「配適度」何者較佳，作為選擇轉軸的方法。轉軸之效果是否良好，端視是否能滿足以下之「簡單結構」。

(一) 簡單結構

轉軸之原則，是為了將原來的座標軸，旋轉某一個角度，使得各變項在新座標軸上的投影，其變異數為最大。塞思通 (Thurstone, 1947) 曾提出簡單結構 (Simple Structure) 之觀念，作為座標軸旋轉之參考依據。

簡單結構之標準為：

1. 因素矩陣的每一橫列，至少有一個因素之值為 "0"。
2. 若是需要萃取 m 個共同因素，則因素矩陣的每一縱行至少要有 m 個數值為 "0"。
3. 因素矩陣的任意兩個縱行之中，至少有 m 個變項在某一縱行上為 "0"，而在另外一行之值並不為 "0"。
4. 當研究者要萃取 4 個或 4 個以上的共同因素時，大部份的變項在其中任意兩個因素上的值應該為 "0"，而只有少數的變項在兩個因素上的負荷量都不為 "0"。

為達到以上之標準，可使用「分析性轉軸法」，一般來說，轉軸的方法有「正交轉軸法」和「斜交轉軸法」。

(二) 正交轉軸法

所謂的正交轉軸 (Orthogonal Rotation) 是指經過適當的轉軸之後，各座標軸之間皆成垂直的狀態。正交轉軸的方法有很多種，其中最為大家所熟悉的是凱塞所提出的最大變異法 (Varimax Rotation) (Kaiser, 1958; Harris & Kaiser, 1964)。

最大變異法是正交轉軸方法的一種，其中又以正規化最大變異法 (Normalized Varimax Rotation) 應用得最多。此一轉軸方法之目的，在於求出一個轉換矩陣 T，使得 $T'T = I$，用此 T 矩陣乘以未轉軸之因素矩陣 F，即可得出轉軸後的矩陣 G，使得矩陣 G 之各因素之負荷量 g，除以共同性 h_i^2，使其變

異數變得最大，在實際的應用上，就是要使轉軸恰到好處，亦即要能使得以下 V 函數之值為極大：

$$V = p \sum_{j=1}^{m} \sum_{i=1}^{p} (g_{ij}/h_i)^4 - \sum_{j=1}^{m} (\sum_{i=1}^{p} g_{ij}^2/h_i^2) \tag{3-20}$$

(3-20) 式中，

g_{ij} = 第 i 個變項在第 j 個共同因素的負荷量

h_i = 第 i 個變項，在所有 m 個共同因素的共同性之平方根

(3-20) 式中，除以 h_i 的目的，在於可以消除各變項之共同性大小不一的差距，由於 h_i 愈大者，其影響力大於較小值的 h_i，因此，除以 h_i 之後不僅可以消除 h_i 的過度影響力，也使得每一個變項之因素負荷量之平方和，可以正規化為 "1"。

1. **兩個因素之轉軸**：使得每一共同因素負荷量變異最大，就是按照以下之正交轉軸矩陣 $\boldsymbol{T}$，計算出最適當的旋轉角度 θ：

$$\boldsymbol{T} = \begin{bmatrix} \cos\theta & -\sin\theta \\ \sin\theta & \cos\theta \end{bmatrix} \tag{3-21}$$

(3-21) 式中，θ 必須合乎以下條件，才會得到最大變異之轉軸：

$$\tan 4\theta = \frac{D - 2AB/p}{C - (A^2 - B^2)/p} \tag{3-22}$$

(3-22) 式中，

$$\begin{aligned}
x_i &= f_{1i}/h_i \\
y_i &= f_{2i}/h_i \\
u_i &= x_i^2 - y_i^2 \\
v_i &= 2x_i y_i \\
A &= \Sigma u_i \\
B &= \Sigma v_i \\
C &= \Sigma (u_i^2 - v_i^2) \text{、} \\
D &= 2\Sigma u_i v_i
\end{aligned} \tag{3-23}$$

f_{1i}、f_{2i} 各表示第一個及第二個因素之第 i 個元素。

為了使函數 V 的二階導數為負數 (為求 V 之極大)，則 $\tan 4\theta$ 中所求得之 4θ，必須在正確的象限才可。

考慮 $\tan 4\theta$ 之公式：

(1) 若 $\tan 4\theta$ 之分子、分母皆為 "+" 值，即表示 4θ 位於第一象限，則 $0° \le \theta \le 22.5°$。

(2) 若 $\tan 4\theta$ 之分子為 "+"、分母為 "−"，即表示 4θ 位於第二象限，則 $22.5° \le \theta \le 45°$。

(3) 若 $\tan 4\theta$ 之分子、分母皆為 "−"，即表示 4θ 位於第三象限，則 $-45° \le \theta \le -22.5°$。

(4) 若 $\tan 4\theta$ 之分子為 "−"、分母為 "+"，即表示 4θ 位於第四象限，則 $-22.5° \le \theta \le 0°$。

求得 θ 之後，再代入轉軸矩陣 T 中，乘以未轉軸之因素矩陣 F，即可得出轉軸後的矩陣 G，此時函數 V 之值便是極大值。

以上所介紹的是萃取兩個共同因素之情形，若是超過三個以上之共同因素時，則可按以下情形處理：

(5) 當有 m 個共同因素時，則以 m 取 2 之組合，每次取兩個共同因素來轉軸，作完全部的兩兩共同因素之轉軸，每一個循環完成之後，即將轉軸後的因素負荷量代入函數 V，觀察函數 V 之值是否較前一循環增加，如此反覆進行，最後函數 V 之值會收斂聚集至最佳解，此時的因素負荷矩陣 G，就是變異量最大，轉軸後之因素負荷量矩陣。

2. 三個或三個以上因素之轉軸：假設有三個因素需作轉軸時，仍以凱塞所提之「最大變異法」執行。假設此三個因素各為 f_1、f_2 及 f_3，其轉軸之進行，可依以下步驟實施：

步驟 1：先以 f_1 及 f_2 按兩因素轉軸之方法實施轉軸，轉軸後成為 f_{11} 及 f_{12}。

步驟 2：以 f_{11} 及 f_3 實施轉軸，轉軸後成為 f_{21} 及 f_{13}。

步驟 3：以 f_{12} 及 f_{13} 實施轉軸，轉軸後成為 f_{22} 及 f_{23}。

以上三個步驟成為一個循環，將結果代入 (3-20) 式，求出 V 值，然後再用

信度與效度

第一個循環之 f_{21}、f_{22} 及 f_{23} 按上述步驟轉軸，將結果數據代入 (3-20) 式，再求出 V 值，比較前後兩次之 V 值。若是前後之 V 值之差距小於所允許的範圍，就算是轉軸成功，否則仍應再依以上三個步驟轉軸，直至收斂滿意為止。

例題 3-7

茲以例題 3-3，所得出的兩個共同因素為例，說明轉軸之情形：

首先依照例題 3-3，所計算之共同因素，再依照表 3-7 計算各相關數學變項：

表 3-7 最大變異法計算表格

f_1	f_2	h_i	x_i	y_i	$u_i(x_i^2 - y_i^2)$	$v_i(2xy)$	$u_i^2 - v_i^2$	$2u_i y_i$
0.8294	0.3819	0.9131	0.908334	0.418246	0.650142	0.759813	−0.15463	0.987973
0.7551	0.3867	0.8484	0.890028	0.455799	0.584397	0.811348	−0.31677	0.948300
−0.9176	0.1759	0.9343	−0.98213	0.188269	0.929125	−0.36981	0.726516	−0.68720
−0.3110	0.4706	0.5641	−0.55132	0.834249	−0.39202	−0.66583	−0.6925	0.721216
−0.8882	0.3387	0.9506	−0.93436	0.356301	0.746073	−0.66583	0.113301	−0.99351
				合計	2.51772	−0.38435	−0.32408	0.976784

1. 表 3-7 之第三行 h_i 是共同性 h_i^2 之平方根。
2. $x_i = (f_1 / h_i)$，$y_i = (f_2 / h_i)$，$u_i = x_i^2 - y_i^2$，$v_i = 2x_i y_i$。
3. 令 $A = \Sigma u_i = 1.8547$，$B = \Sigma v_i = 0.3167$，$C = \Sigma(u_i^2 - v_i^2) = -2.6440$
   $D = 2\Sigma u_i v_i = 2.6405$。
4. 將以上資料代入 $\tan 4\theta$ 之公式：

$$\tan 4\theta = \frac{0.976784 - 2 \times 2.51772 \times (-0.38435) / 5}{-0.32408 - (6.3389 - 0.1477) / 5}$$

$$= \frac{1.363858}{-1.56232}$$

$$= -0.87297$$

此 $\tan 4\theta$ 函數，其分子為 "+"、分母為 "−"，故知 4θ 位於第二象限，經查由電腦中的「程式集」、「附屬應用程式」中的「小算盤」，

即可得知 $4\theta = 138.9°$，故 $\theta = 34.725°$。亦即，將原來的因素座標軸以反時針旋轉 34.725，即為轉軸之後的座標軸位置。

5. 求轉軸矩陣 T：將 $\theta = 34.725$ 代入，

$$T = \begin{bmatrix} \cos\theta & -\sin\theta \\ \sin\theta & \cos\theta \end{bmatrix}$$

$$= \begin{bmatrix} \cos 34.725° & -\sin 34.725° \\ \sin 34.725° & \cos 34.725° \end{bmatrix}$$

$$= \begin{bmatrix} 0.8219 & -0.5696 \\ 0.5696 & 0.8219 \end{bmatrix}$$

6. 計算轉軸之後的因素矩陣：首先，以表 3-7 之 f_1、f_2 為矩陣，乘以轉軸矩陣 T，則

$$\begin{bmatrix} 0.8294 & 0.3819 \\ 0.7551 & 0.3867 \\ -0.9176 & 0.1759 \\ -0.3110 & 0.4706 \\ -0.8882 & 0.3387 \end{bmatrix} \begin{bmatrix} 0.8219 & -0.5696 \\ 0.5696 & 0.8219 \end{bmatrix}$$

$$= \begin{bmatrix} 0.899214 & -0.15854 \\ 0.840881 & -0.11228 \\ -0.65398 & 0.667237 \\ 0.012443 & 0.563932 \\ -0.537090 & 0.784296 \end{bmatrix}$$

此時，可看出乘以轉軸矩陣 T 之後，各列以正規化為 "1"，亦即，各元素之平方和皆為 "1"。

此即轉軸後的因素矩陣 G，此時已符合塞思通的「簡單結構」之要求。由表 3-8 可看出，每一變項在共同因素之負荷量，若是在因素 f_1 之負荷量比較大，則在因素 f_2 之負荷量必然就小。此一結果，可知有關「字彙能力」、「背數字能力」這兩個變項是屬於因素 f_1；而「算術推理」、「語文能力」及「邏輯推理」是屬於因素 f_2。再進一步，可以為這兩個因素命名，似乎可命名因素

表 3-8 轉軸後之因素分析

變　項	共同因素		共同性
	f_1	f_2	h_i^2
1. 字彙能力	0.899214	−0.15854	0.808586
2. 背數字能力	0.840881	−0.11228	0.719713
3. 算術推理	−0.65398	0.667237	0.872931
4. 語文能力	0.012443	0.563932	0.318185
5. 邏輯推理	−0.537090	0.784296	0.903617
平方和	2.231979	1.416087	3.648066

f_1 為「背誦能力」，因素 f_2 為「推理能力」。

轉軸之後的因素負荷量至少要多大才算有效？在一般的社會科學研究，至少要在 0.3 以上，才能算是變項 X_i 與該因素 Y_j 之間具有相當的關係。一般的研究，則認為至少應在 0.6 以上才是適當的。倘若，某一變項 X_i 與所有的變項的因素負荷量，皆小於 0.5，則該變項應考慮刪除或是另做轉換。以本例題而言，除了「語文能力」對於第二個因素之負荷量 0.563932 稍低於 0.6 之外，其餘各變項至少與一個因素的負荷量，大於 0.6 以上。

經過轉軸之後，各變項在新的座標軸之投影，有的更接近於某一軸 (因素)，有的就更遠離另一個軸 (因素)，這就是因素分析的主要精神，在不改變其內容結構的情況下，可以找出各變項之間最大的共同特性。

以下還有三點需要注意：

1. 經過轉軸之後，因素矩陣 G 各列的平方和仍然不變，亦即，共同性 h_i 仍然和未轉軸的情形一樣。
2. 矩陣 G 之各縱行，其平方和已經有所改變，由因素 A 和因素 B 的各行平方和之比例，也可以說明這兩個因素之間，相對的重要程度很接近。
3. 旋轉的方式可以有很多種，而且可以順時針旋轉，也可以逆時針旋轉，因此可知，所得出旋轉後的因素負荷量，並不是唯一解。一般的轉軸方法以**最大變異法 (Varimax Rotation)** 最為學者們經常使用。

經由以上之計算，將因素分析之結果繪如圖 3-3。

圖 3-3 中是假設有兩個不可觀測的潛在變項 (即共同因素)，此兩個共同因素，對於五個可觀測之變項分別具有不同的影響力，亦即，共同因素可以影響

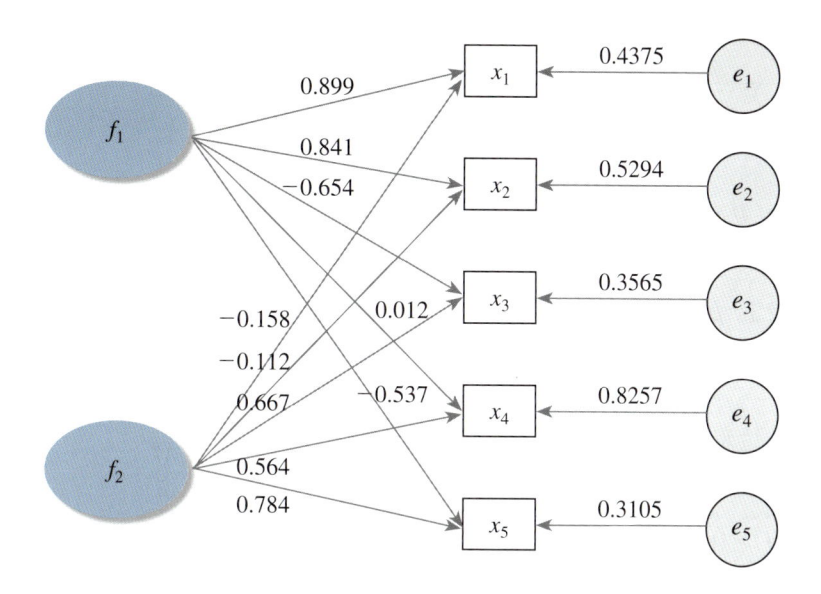

圖 3-3　五變項、兩共同因素之間的徑路圖

五個觀測變項，這五個變項除了有共同因素之影響外，還可能有一些誤差因素，或者是其他的特殊因素的影響，這也就是所謂的「唯一性」的部份。唯一性用 $e_i = \sqrt{1-h_1}$ 表示。例如，$e_1 = \sqrt{1-h_1} = 1 - \sqrt{1-0.8085} = 0.4375$。還有要特別注意的，數據所呈現的只是一種現象，不能因此就遽下結論，認為箭頭之間的兩端具有因果關係，應用時應有相關的理論加以證實才可據以宣稱。若以上各 X_i、Y_j 皆先調整成**標準化變數** (Stadardized Variables)，則因素負荷量即為相關係數。

在探索性因素分析中，事先並不知道會有哪些潛在變項，而是經由因素分析之後，才能決定各潛在變項 Y_j 之個數及是否成立。觀測變項與潛在變項之間，還有以下重要性質：

1. 各潛在因素之間相互獨立，也就是說，各潛在因素之間的相關係數應該很小。
2. 因素分析之結果並不是唯一的，也就是說，以不同的因素分析進行之步驟，將會產生不同之因素結果。
3. 進行因素分析時，並不需要將資料標準化。
4. 如果以直交轉軸，則因素分析完成的各因素之間皆相互獨立，以這些獨立的變項作為迴歸分析的自變項，即可免於「共線性」的困擾。

信度與效度

例題 3-8

假設 $\tan 4\theta = \alpha / \beta$，

1. $\alpha = 2.22$，$\beta = 3.55$
2. $\alpha = 2.22$，$\beta = -3.55$
3. $\alpha = -2.22$，$\beta = -3.55$
4. $\alpha = -2.22$，$\beta = 3.55$

試以此四種情形，分別決定 θ 之值及所屬象限。

解：

1. $\alpha > 0$，$\beta > 0$，如圖 3-4 所示，$4\theta = 32°$，則 $\theta = 8°$。

圖 3-4 4θ 位於第一象限

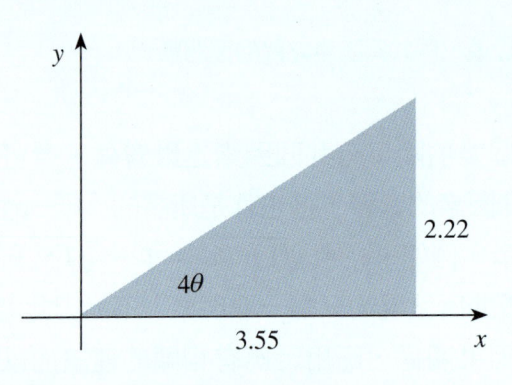

2. $\alpha > 0$、$\beta < 0$，如圖 3-5 所示，$4\theta = 180° - 32° = 148°$，則 $\theta = 37°$。

圖 3-5 4θ 位於第二象限

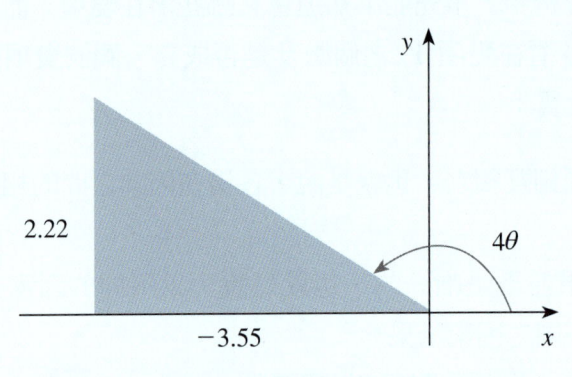

3. $\alpha < 0$，$\beta < 0$，如圖 3-6 所示，$4\theta = -180° + 32° = -148°$，則 $\theta = -37°$。

圖 3-6　4θ 位於第三象限

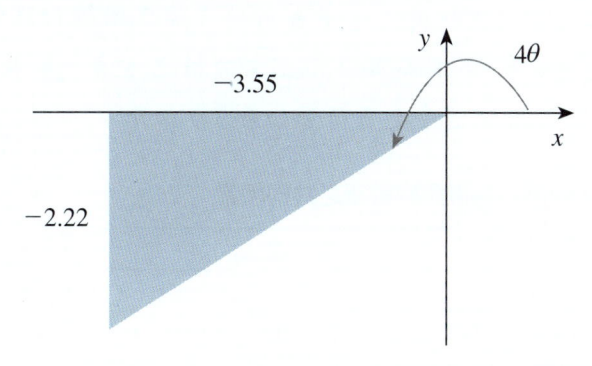

4. $\alpha < 0$，$\beta > 0$，如圖 3-7 所示，$4\theta = -32°$，則 $\theta = -8°$。

圖 3-7　4θ 位於第四象限

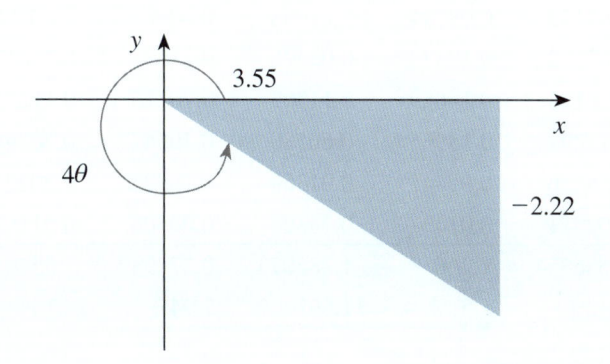

例題 3-9

為了簡化問卷之複雜度，筆者曾對於「孟氏困擾行為量表」共有 11 個變項、各變項皆有 25 個題項，以因素分析之方法，萃取成 5 個因素，經過轉軸之後，此 5 個因素之負荷量如表 3-9 所示。

表 3-9　孟氏困擾行為量表轉軸後之共同因素

變項	因素 1	2	3	4	5	共同性 h_i^2
1	−0.06566	0.02140	−0.91269	−0.00217	0.08039	0.844239
2	0.00247	0.79852	−0.19327	0.24522	−0.08376	0.742142
3	−0.16187	0.75004	0.07461	−0.19563	0.26300	0.687927
4	−0.90305	0.01630	−0.08353	−0.09509	−0.01605	0.832042
5	−0.94837	0.00552	−0.02225	0.03673	−0.02171	0.901752
6	−0.65169	0.08744	0.01068	0.00925	0.00786	0.432607
7	−0.67332	−0.10474	0.02528	0.31673	0.15857	0.590432
8	−0.16195	0.14689	−0.11202	0.70116	0.11374	0.564915
9	−0.12294	0.13965	0.60580	0.39667	0.32794	0.666502
10	−0.14456	0.07447	0.01369	0.16925	0.70272	0.549092
11	0.02511	0.01407	−0.14898	−0.00308	0.91167	0.854175
平方和	2.686354	1.26638	1.286073	0.872989	1.554021	7.20569
貢獻率	24.42%	11.51%	11.69%	7.94%	14.13%	69.69%

觀察以上各因素負荷量，該因素矩陣已經滿足了「最簡結構」。第一個因素可用「人生觀態度」代表，是由題項 4、5、6、7 所組成；第二個因素可用「休閒社交地位」代表，是由題項 2、3 所組成；第三個因素可稱之為「健康情況」，是由題項 1、9 所組成；第四個因素可稱之為「家庭關係」，是由題項 8 所組成；第五個因素可稱之為「學業問題」，是由題項 10、11 所組成。此 5 個共同因素對於全體之累積貢獻率為 69.69%。

前文已經敘述過，因素分析的目的，不僅可以找出隱藏在各變項中，某些具有代表性的共同因素，因而可以使得變項的數量大為減少；另外，因素分析的另一個目的，是以檢驗各變項間關係的假說，亦即，由每一個因素所包含的題項，就可以看出該因素的主要內容和涵義。

(三) 斜交轉軸法

除了正交轉軸，使各座標軸都能相互垂直之外，還有一種各座標軸並非垂直正交的斜交轉軸法 (Oblique Rotation)，當研究者使用斜交轉軸法時，其基本假設條件，要先確定各因素之間並非彼此獨立，亦即各座標軸之間不是垂直的。

斜交轉軸的基本理論是設法使得新的因素軸，能夠通過各變項所構成類群的中心點，以使其達到「簡單結構」的標準。

在「轉軸法」之對話框，若點選了「直接斜交法」，即會出現與「最大變異法」執行結果不同之報表。

在「因素分數」視窗下：

1. 勾選「儲存變項」後，則系統會將各因素之分數，儲存於資料檔的最後部份，並且會自動加上「fac1_1」，「fac1_2」……。其中「fac1_1」代表第一次求解之第一個因素的分數，「fac1_2」表示第一次求解之第二個因素的分數。
2. 子視窗下的「方法」，是由研究者決定求得「因素分數」的方法，通常都是以「迴歸法」求得因素分數。
3. 在「其他選項」視窗的「遺漏值」，是選擇如何處理遺失或不完整資料的方法；子視窗的「係數展示形式」是決定如何陳列因子負荷量的形式，勾選其中的「Sorted by size」，則電腦系統會將因子負荷量由大到小排列，方便研究者的分析，此項必須勾選。

十、模式適合性之評估

為了檢定共同因素之個數為 m 個是否合理，應該對於此一假設進行假設之檢定；亦即，假設「只用 m 個共同因素，就足以適當地複製原來的相關係數矩陣」，其數學上的虛無假設為：

$$H_0 : P = FF^t + \psi$$

棄卻域 $= \{\chi^2 | \chi^2 > \chi^2(\upsilon)\}$

$$\chi^2 = [(N-1) - 1/6\,(2p+5) - 2m/3] \ln\left(\frac{\hat{F}\hat{F}^t + \hat{\Psi}}{|R|}\right)$$

式中，$\hat{F}$ 和 $\hat{\psi}$ 是所求得之共同因素矩陣，其和為一對稱性對角線矩陣；$|R|$ 則為樣本相關矩陣之行列式。令 $\hat{P} = \hat{F}\hat{F}^t + \hat{\psi}$，$\hat{P}$ 為母群體相關係數矩陣 R 的不偏估計。

當樣本數夠大時，χ^2 之自由度

$$\upsilon = 1/2\,[(p-m)^2 - p - m]$$

為保證 $\upsilon > 0$，必須：

$$m < 1/2\,(2p+1-\sqrt{8p+1})$$

若是達到顯著水準，就推翻虛無假設，亦即，共同因素不只 m 個，應再繼續增加下一個重要的因素。

例題 3-10

以例題 3-4 說明所需之因素數量。

表 3-10　例題 3-4 之因素負荷矩陣 (尚未轉軸)

因素負荷量 變量	共同因素 f_1	f_2	共同性 h_i^2
X_1：字彙能力	0.8294	0.3819	0.833752
X_2：背數字能力	0.7551	0.3862	0.719713
X_3：算術推理	−0.9176	0.1759	0.872931
X_4：語文能力	−0.3110	0.4706	0.318185
X_5：邏輯推理	−0.8882	0.3387	0.903617
特徵值	2.986	0.663	3.649
貢獻率	59.72%	13.26%	72.98%

$$F = \begin{bmatrix} 0.8294 & 0.3819 \\ 0.7551 & 0.3862 \\ 0.9176 & 0.1759 \\ -0.311 & 0.4706 \\ -0.8882 & 0.3387 \end{bmatrix}$$

$$\boldsymbol{\psi} = \begin{bmatrix} 1-h_1^2 & 0 & 0 & 0 & 0 \\ 0 & 1-h_2^2 & 0 & 0 & 0 \\ 0 & 0 & 1-h_3^2 & 0 & 0 \\ 0 & 0 & 0 & 1-h_4^2 & 0 \\ 0 & 0 & 0 & 0 & 1-h_5^2 \end{bmatrix}$$

$$= \begin{bmatrix} 0.1662 & 0 & 0 & 0 & 0 \\ 0 & 0.2803 & 0 & 0 & 0 \\ 0 & 0 & 0.1271 & 0 & 0 \\ 0 & 0 & 0 & 0.6818 & 0 \\ 0 & 0 & 0 & 0 & 0.0964 \end{bmatrix}$$

$$\hat{\boldsymbol{F}}\hat{\boldsymbol{F}}^t + \hat{\boldsymbol{\psi}} = \begin{bmatrix} 1 & 0.7738 & -0.6939 & -0.0782 & -0.6073 \\ 0.7738 & 0.9996 & -0.6249 & -0.0531 & -0.5399 \\ -0.6939 & -0.6249 & 1 & 0.3682 & 0.8746 \\ -0.0782 & -0.0531 & 0.3682 & 1 & 0.4356 \\ -0.6073 & -0.5399 & 0.8746 & 0.4356 & 1 \end{bmatrix}$$

$$\left| \boldsymbol{FF}^t + \hat{\boldsymbol{\psi}} \right| = 0.039$$

$$\left| \boldsymbol{R} \right| = 0.012$$

$$\ln\left(\frac{\left| \hat{\boldsymbol{F}}\hat{\boldsymbol{F}}^t + \hat{\boldsymbol{\Psi}} \right|}{\left| \boldsymbol{R} \right|} \right) = 1.179$$

$N = 10$，$P = 5$，$m = 2$ 代入 χ^2 公式，則

$$\chi^2 = [(10 - 1) - 1/6 \times (2 \times 5 + 5) - 2 \times 2/3] \times 1.179$$
$$= 6.0915$$

$$\upsilon = 1/2\,[(p - m)^2 - p - m]$$
$$= 0.5\,[25 - 5 - 2]$$
$$= 9$$

$$6.0915 < \chi^2_{0.05}(9) = 16.9190$$

故在 $\alpha = 0.05$ 的顯著水準之下，沒有充份的證據推翻虛無假設，亦即，只要兩個因素即足以代表此 5 個題項。

再以一個因素考量，是否即足以代表 5 個題項？此時，以 $\lambda_1 = 2.986$ 所對應之特徵向量為 F 矩陣，則

f_i	h_i^2
0.8294	0.6879
0.7551	0.5702
−0.9176	0.8420
−0.3110	0.0967
−0.8882	0.7889

$$\hat{F}_1 \hat{F}_1^t + \hat{\Psi}_1 = \begin{bmatrix} 1.0000 & 0.6263 & -0.7611 & -0.2579 & -0.7367 \\ 0.6263 & 0.9999 & -0.6929 & -0.2348 & -0.6707 \\ -0.7611 & -0.6929 & 0.9999 & 0.2854 & 0.8150 \\ -0.2579 & -0.2348 & 0.2854 & 1.0000 & 0.2762 \\ -0.7367 & -0.6707 & 0.8150 & 0.2762 & 0.9999 \end{bmatrix}$$

$$|\hat{F}_1 \hat{F}_1^t + \hat{\Psi}_1| = 0.055，\ln(0.055/0.012) = 1.522$$

$$\upsilon_1 = 1/2[(5-1)^2 - 5 - 1] = 5$$

$$\chi^2 = [9 - 1/6 \times 15 - 2/3] \times 1.522$$
$$= 8.8778 < \chi^2_{0.05}(5)$$
$$= 9.4877$$

因此，在 $\alpha = 0.05$ 之顯著水準之下，沒有充份之證據推翻虛無假設，亦即，以本例題而言，只需一個因素，即足以代表全體 5 個題項。

＊實際應用時之操作方法

以上介紹了因素分析的一些基本原理，讀者們需要知道其中變化的道理，但是在實際應用時，已經不需要如此複雜地執行計算步驟，現代的電腦軟體應用已經十分普遍，以下將介紹一個例題以 SPSS 12.0 版之操作，逐項說明各步驟之意義。

並非任何資料皆適合執行因素分析，因此，在進行因素分析之前，首先應該列出各變項間的相關係數矩陣，檢驗各相關係數之「大、小」是否適宜。

檢驗相關係數之方法有以下數種：

1. **以 Bartlett 之球形檢定**：此一檢定之統計上的虛無假設是「各題項之相關係數為"0"」，因此，若檢定之結果其「顯著性」小於 0.05，即表示有顯著之推翻虛無假設，亦即，此一檢定顯示，從相關係數來看，這些題項之數據資料足以作為因素分析之用。
2. **以淨相關矩陣判斷**：以各變項間之淨相關係數 (Partial Correlation) 來判斷。從因素分析實施過程中，可以得到一個「反映像矩陣」，該矩陣中若有太多的相關係數偏高，即表示不宜進行因素分析。判斷的標準，是以**取樣適切量數** (KMO, Kaiser-Meyer-Olkin Measure of Sampling Adequacy) 為準據，該係數愈大愈好，Kaiser (1974) 建議的分析標準如表 3-11：

表 3-11　KMO 統計量之判斷標準

KMO 統計量	因素分析之適合性
0.90 以上	極佳 (Marvelous)
0.80 以上	良好 (Meritorious)
0.70 以上	中等 (Middling)
0.60 以上	平庸 (Mediocre)
0.50 以上	可悲 (Miserable)
0.50 以下	不能接受 (Unacceptable)

例題 3-11

某一因子分析之報表如下：

1. 適切性檢定

KMO 與 Bartlett 檢定	
Kaiser-Meyer-Olkin 取樣適切性量數	0.681
Bartlett 球形檢定近似卡方分配	25.748
自由度	10
顯著性	0.004

由 KMO 之值為 0.681，可鑑定本例題之資料實施因子分析之適合度為「平庸」等級；由 Bartlett 球形檢定值為 25.748，顯著性為 0.004 < 0.05，表示此一組數據適合進行因素分析。

信度與效度

<table>
<tr><th rowspan="2"></th><th colspan="5">反映像矩陣</th></tr>
<tr><th>VAR00001</th><th>VAR00002</th><th>VAR00003</th><th>VAR00004</th><th>VAR00005</th></tr>
<tr><td>反映像共變數</td><td></td><td></td><td></td><td></td><td></td></tr>
<tr><td>VAR00001</td><td>0.229</td><td>−0.188</td><td>0.027</td><td>−0.060</td><td>−0.025</td></tr>
<tr><td>VAR00002</td><td>−0.188</td><td>−0.312</td><td>−0.029</td><td>−0.017</td><td>0.037</td></tr>
<tr><td>VAR00003</td><td>0.072</td><td>−0.029</td><td>0.135</td><td>0.027</td><td>−0.115</td></tr>
<tr><td>VAR00004</td><td>−0.060</td><td>−0.017</td><td>0.027</td><td>0.694</td><td>−0.124</td></tr>
<tr><td>VAR00005</td><td>−0.025</td><td>0.037</td><td>−0.115</td><td>−0.124</td><td>0.147</td></tr>
<tr><td>反映像相關</td><td></td><td></td><td></td><td></td><td></td></tr>
<tr><td>VAR00001</td><td>0.688</td><td>−0.705</td><td>0.412</td><td>−0.151</td><td>−0.134</td></tr>
<tr><td>VAR00002</td><td>−0.705</td><td>0.709</td><td>−0.142</td><td>−0.036</td><td>0.174</td></tr>
<tr><td>VAR00003</td><td>0.412</td><td>−0.142</td><td>0.675</td><td>0.089</td><td>−0.815</td></tr>
<tr><td>VAR00004</td><td>−0.151</td><td>−0.036</td><td>0.089</td><td>0.655</td><td>−0.387</td></tr>
<tr><td>VAR00005</td><td>−0.134</td><td>0.174</td><td>−0.815</td><td>−0.387</td><td>0.665</td></tr>
</table>

「反映像矩陣」用來檢驗各變項之取樣是否適當性，或是檢驗各題項是否適合因子分析。「反映像相關矩陣」中，各相關係數愈低，表示各數據資料愈適合因素分析；對角線上數字表現出各變項的取樣之適當性，該值愈接近"1"，就表示愈適合因素分析。

2. 檢驗共同性指數 (Communality)：「共同性指數」是指各題項與其他變項之「複相關係數之平方」，其表示該題項的變異量能被共同因素所解釋之比例，變項的共同性指數愈高，就表示因素分析之結果愈好。共同性指數之計算，是以該變項上各因素負荷量之平方和。

例題 3-12

因子分析之電腦報表得出：

共同性	初　始
VAR00001	0.771
VAR00002	0.688
VAR00003	0.865
VAR00004	0.306
VAR00005	0.853

(萃取法：主軸因子萃取法)

由此因子模式可看出，變項 3 (VAR00003) 解釋能力為 86.5% 最佳，變項 4 之解釋能力只有 30.6% 最差。

以上兩種分析方法，就其原理來看，「主成份法」是在找出互相獨立的成份，以便簡化複雜的原始變項資料；而「主軸因素分析」的目的是在尋求各因子背後的意義，經由這些因素建立成潛在的結構。

在「因子抽取」的視窗，「分析」之下，可以由研究者選擇「相關係數矩陣」或是「共變數矩陣」。此兩種選擇中，若是各變項所衡量的尺度不同，則宜選用「相關係數矩陣」；若是各變項間有不同的變異性時，則宜採用「共變數矩陣」。

十一、統計驗證

(一) 常態分配之檢定

因素分析所使用的各種方法會受到資料分配之影響很大，如果：

1. 變項分配之「態勢」絕對值大於 3，即視為極端偏態。
2. 「峰度」絕對值大於 10，則被視為有問題；若大於 20，則被視為極端峰度。
3. 若是「態勢」與「峰度」產生了以上問題，就不得任意使用常態分配之方法 (Kline, 1998)。

信度與效度

例題 3-13

以例題 3-4 五種測驗成績之記錄為例，以 EXCEL 的「敘述統計」，得出以下報表：

五種測驗成績記錄

x_1	x_2	x_3	x_4	x_5
8	7	3	5	3
9	8	2	4	4
5	6	3	2	2
4	5	5	4	6
4	4	4	5	5
5	5	6	4	7
3	4	5	4	7
3	5	6	5	7
4	6	7	5	8
5	4	6	4	7

	欄 1	欄 2	欄 3	欄 4	欄 5
平均數	5	5.4	4.7	4.2	5.6
標準誤	0.632456	0.426875	0.517472	0.290593	0.635959
中間值	4.5	5	5	4	6.5
眾數	5	5	6	4	7
標準差	2	1.349897	1.636392	0.918937	2.01108
變異數	4	1.822222	2.677778	0.844444	4.044444
峰度	0.735119	−0.12524	−1.09288	3.334488	−0.75127
偏態	1.25	0.772417	−0.34992	−1.54641	−0.74587
範圍	6	4	5	3	6
最小值	3	4	2	2	2
最大值	9	8	7	5	8
總和	50	54	47	42	56
個數	10	10	10	10	10

從此報表中，可看出五種成績之「偏態」絕對值皆未大於 3；「峰度」絕對值亦未大於 10。

因此，本例採用常態分配的估計方法，對於檢定的健全性影響不至於太大。

(二) 探索性因素分析

1. 信度分析

(1) 探索性因素分析之信度驗證，通常所使用的方法是以內部一致性的 Cronbach's α 作為判定依據，其檢驗步驟及要求標準，一如本書第一章所述。

(2) **檢驗共同性指數**：「共同性指數」是指各題項與其他變項之「複相關係數之平方」，其表示該題項的變異量能被共同因素所解釋之比例，變項的共同性指數愈高，就表示因素分析之結果愈好。共同性指數之計算，是以該變項上各因素負荷量之平方和。各變項的共同性也可看成此變項的「信度」，如果此變項的共同性很低，就表示該變項不適合參與此項因素分析，因此，可以考慮將其刪除。(刪除之前，應先就研究之內容思考，若是此一變項確實對於研究有非常重要的貢獻，則不宜貿然將其刪除。) 通常，共同性之值不會大於"1"，若有超過"1"之情形，其原因可能是樣本數太少，或是因素數太多所致。

2. 效度驗證
探索性因素分析是為了決定一個構念是由多少個構面所形成的。以主成份因素分析，首先取出特徵值大於"1"的因素，並檢視每一個題項的因素負荷量均應在某一構面上大於"0.5"，即表示此一問卷題項具有「收斂效度」；而每一題項之因素負荷量，又能不同時在兩個構面上皆大於"0.5"，則可稱為此一問卷具有「區別效度」。

Doll 和 Torkzadeh (1988)、Palvia (1996) 以相關係數法評估「收斂效度」與「區別效度」：若是各構面內兩兩題項之間的相關係數顯著大於"0"，則認為具有「收斂效度」；另外，以各構面內兩兩題項之最小相關係數，與其他構面間之相關係數值比較，若構面內最小相關係數，大於構面間相關係數半數以上，即可認為具有區別效度 (Campbell and Fiske, 1959)。

信度與效度

例題 3-14

某研究將 6 個觀測變項，經「主軸因素分析」轉軸後，得出以下 3 個因素之「因素負荷量矩陣」：

因　素		
1	2	3
0.770	0.261	0.022
0.786	0.254	0.312
0.732	0.205	0.112
0.812	0.134	0.103
0.213	0.725	0.210
0.114	0.835	0.137
0.124	0.212	0.843
0.210	0.147	0.834

以上例題的 8 個題項，前四個題項只在因素 1 上具有較高的因素負荷；第五個至第六個題項，在因素 2 具有較高的因素負荷；第七個、第八個題項在因素 3 具有較高的因素負荷。可認為此三個因素已有明確之區別，此一問卷具有「區別效度」。

例題 3-15

假設某一研究，其中的 6 個觀測變項，經過主軸因子分析，經轉軸後得出 3 個因子，其矩陣如下：

轉軸後的因子矩陣[a]			
	因　子		
	1	2	3
VAR00001	0.470	0.856	0.185
VAR00002	0.837	0.339	0.247
VAR00003	0.810	0.165	−0.125
VAR00004	0.696	0.516	0.043
VAR00005	0.238	0.776	−1.98
VAR00006	0.150	0.576	0.100

萃取方法：主軸因子。
旋轉方法：含 Kaiser 常態化的 Varimax 法。
a. 轉軸收斂於 4 個疊代。

其中變項 2、3、4 在第一個因子之因素負荷量均大於 0.5，變項 1、4、5、6 在第二個因子之因素負荷量均大於 0.5。此時可知，變項 4 同時在兩個因子上都有較高的因素負荷量，因此，此一問卷不具有較高的區別效度。另外，第三個因子的每一題項之因素負荷量，皆不大於 0.5，因此此一問卷不具有收斂效度。

第三節　驗證性因素分析

在探索性的因素分析中，研究者事先並不知道有多少因素，而是經過因素分析的過程之後所得出的因素。因此，每個觀測變項與潛在因素之間，都有相當的關係，其關係情形如下列方程式之說明：

$$\begin{aligned}
X_1 &= f_{11}Y_1 + f_{12}Y_2 + \cdots + f_{1k}Y_k + \varepsilon_1 \\
X_2 &= f_{21}Y_1 + f_{22}Y_2 + \cdots + f_{2k}Y_k + \varepsilon_2 \\
&\vdots \\
X_m &= f_{m1}Y_1 + f_{m2}Y_2 + \cdots + f_{mk}Y_k + \varepsilon_k
\end{aligned}$$

(3-24)

一、結構方程式

然而，若是事先已經有了非常完備的理論，研究者已經知道哪些觀測變項會產生什麼樣的潛在因素時，此時研究者的研究目的就不再是為了「探索因素」，而應該是以實際的資料「驗證」前述之「理論」是否仍然有效？此類的研究則屬於驗證性因素分析 (Confirmatory Factor Analysis, CFA)。驗證性因素分析通常都是使用結構方程式 (Structure Equation Modeling, SEM) 分析，驗證性因素分析的各「潛在變項」(因素)，在分析之前，就已由研究者決定了，當然，研究者必須要有強而有力的理論根據，至於因素之個數，也不同於 CFA 是由特徵值之大小來決定，而是由理論上事先已經確定的個數。

「結構方程式」屬於多變量統計學的一種，早期是由統計學家 Joreskog (1973)、Keesling (1972) 以及 Wiley (1973) 等統計學家所提出，八〇年代初期，已經受到社會學者的普遍重視。以上學者將多變量統計學裡的「路徑分析」以及「因素分析」等技術加以結合，提出了結構方程式的基本概念。

結構方程式並不是一個獨立全新的研究取向，它可視為一個不同的統計技術與研究方法的綜合體 (Hoyle, 1995)。結構方程式中，主要包含了**測量模式** (Measurement Model) 和**結構模式** (Structure Equation Model)，在此兩種模式中計有四種變項，其中有兩種「潛在變項」和兩種「觀察變項」。在結構方程式之分析，由於事先已有強烈的理論根據，「因」與「果」之假設已經明確，則被假設為「因」的潛在變項，稱之為**潛在自變項** (Latent Independent Variables) 或可稱為**外因變項** (Exogenous Variables)；構成潛在自變項的觀察變項稱為 X 變項；被假設為「果」的潛在變項稱之為**潛在依變項** (Latent Dependent Variables) 或稱為**內因變項** (Endogenous Variables)，係由依變項的觀察變項 Y 所構成。

除了上述的變項之外，結構模式中尚有三種誤差變項，其一是自變項 X 的測量誤差 δ；其二是依變項 Y 的測量誤差 ε；其三是潛在依變項 η 之無法解釋之誤差 ξ。將以上各種變項及誤差，以矩陣型態表示如下：

1. Λ_x：觀察變項 X 與潛在自變項 ξ 所構成的係數矩陣，其中的元素為因素負荷量，以 λ^x 表之。
2. Λ_y：觀察變項 Y 與潛在依變項 η 所構成的係數矩陣，其中的元素為因素負荷量，以 λ^y 表之。
3. Γ：潛在自變項 ξ 與潛在依變項 η 間之直接影響效果矩陣，其中的元素以 γ 表之。
4. B：潛在依變項 η 本身之間的直接影響效果矩陣，其中的元素以 β 表之。矩陣 B 之主對角線上元素必為 "0"，矩陣 $(I-B)$ 必為**非奇異矩陣** (Non-singular Matrix)。
5. Θ_δ：觀察變項 X 之測量誤差 δ 的共變異矩陣。
6. Θ_ε：觀察變項 Y 之測量誤差 ε 的共變異矩陣。
7. Φ：潛在自變項 ξ 本身之間的直接影響效果矩陣 (共變異矩陣)，其中的元素以 ϕ 表之。
8. Ψ：結構模式中各誤差項之共變異矩陣，其中的元素以 ϕ 表之。

例題 3-16

梁月春 (2009) 博士論文，研究「休閒動機」、「休閒學習障礙」、「自我效能」與「活動持久涉入」之關係研究，所提出的「線性結構關係因果」模式，如圖 3-8 所示。

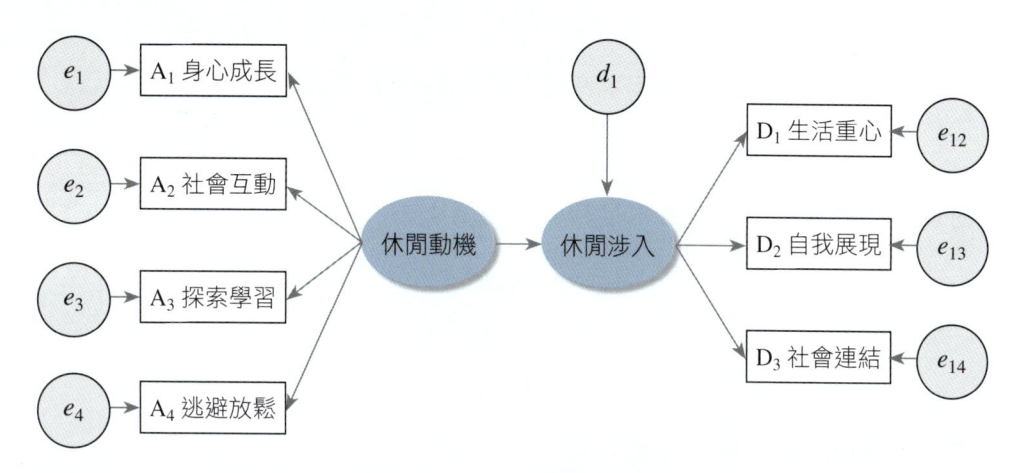

圖 3-8　「休閒動機」、「休閒涉入」線性結構關係因果圖

圖 3-8 為梁月春所提出的**理論模式 (Theoretical Model)**，圖中之橢圓形表示潛在變項，方形表示觀察變項，單箭頭表示因果關係 (箭頭之來源處為「因」，箭頭所指處為「果」)。

圖 3-9 是由圖 3-8 改寫成加註參數名稱之線性結構關係圖。

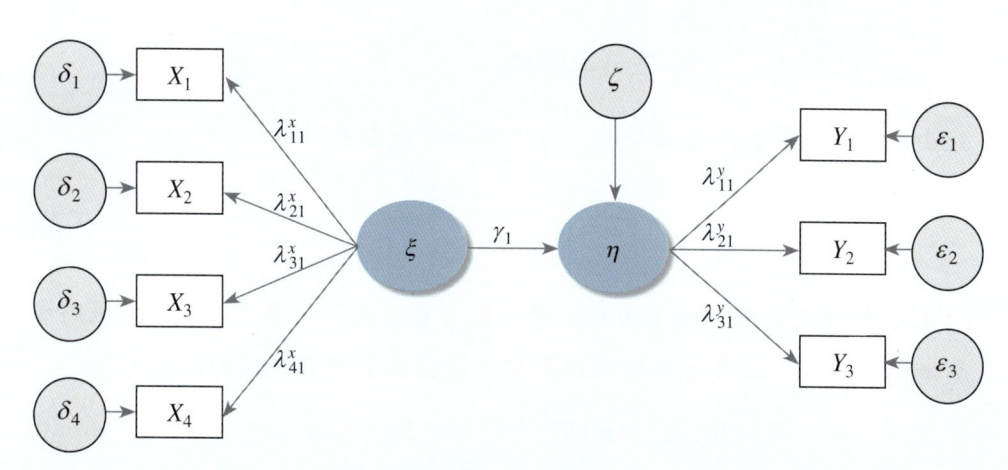

圖 3-9　潛在自變項與觀察變項之關係圖

信度與效度

根據圖 3-9，潛在自變項與觀察變項及誤差項之關係方程式為：

$$x_1 = \lambda^x_{11} \xi + \delta_1$$
$$x_2 = \lambda^x_{21} \xi + \delta_2$$
$$x_3 = \lambda^x_{31} \xi + \delta_3$$
$$x_4 = \lambda^x_{41} \xi + \delta_4$$

潛在依變項與潛在自變項及本身誤差項之關係方程式為：

$$\eta = \nu_1 \xi + \zeta$$

同理，觀察變項 Y 與潛在依變項之關係為：

$$y_1 = \lambda^y_{11} \eta + \varepsilon_1$$
$$y_2 = \lambda^y_{21} \eta + \varepsilon_2$$
$$y_3 = \lambda^y_{31} \eta + \varepsilon_3$$

以上各種關係以矩陣型態表之為：

$$x = \Lambda_x \xi + \delta$$
$$y = \Lambda_y \eta + \varepsilon$$

令

$$\Sigma_y = \Lambda_y A \left(\Gamma \Phi \Gamma^t + \Psi \right) A^t \Lambda^t_y + \Theta_\varepsilon$$
$$\Sigma_x = \Lambda_x \Phi \Lambda^t_x + \Theta_\delta$$
$$\Sigma_{xy} = \Lambda_x \Phi \Gamma^t A^t \Lambda^t_y$$
$$\Sigma_{yx} = \Lambda_y A \Gamma \Phi \Lambda^t_x$$

經由以上所計算出的各種矩陣，再合併組合成 Σ 矩陣：

$$\Sigma = \begin{bmatrix} \Sigma_y & \Sigma_{yx} \\ \Sigma_{xy} & \Sigma_x \end{bmatrix} \tag{3-25}$$

以上 Σ 矩陣之估計，必須由電腦歷經數次疊代而得，每次疊代的結果將會漸漸趨於收斂，此 Σ 矩陣將用以檢定理論與觀察是否一致的假設。令

$$F = \log |\Sigma| + \operatorname{tr}(S\Sigma^{-1}) - \log |S| - (p+q) \tag{3-26}$$

若是實際與理論完全一致，即表示 $S = \Sigma$，則 $S\Sigma^{-1} = I$、$\operatorname{tr}(I) = p + q$，故 $F = 0$。式中，S 是根據實際觀察變項 X 與 Y 之共變異矩陣。隨著疊代

次數增加，F 之值就會愈來愈小，直到前後值之差異小於收斂標準時，疊代工作停止。根據所求得之 F 值，再進行卡方適合度檢定：

$$\chi^2 = (N-1) \times F$$

$$df = 1/2\,(p+q)\,(p+q+1) - t$$

df 為 χ^2 之自由度，p 與 q 各為觀察自變項與觀察依變項之個數，t 為所欲評估參數之個數，N 為樣本數。

經由統計考驗，若是 χ 值不顯著，即不能推翻虛無假設 (原虛無假設為 $H_0: S = \Sigma$)；若是檢定結果為顯著，則推翻虛無假設，即 $S \neq \Sigma$。由於此一檢定會受到 N 值之影響，有些學者認為此一檢定之意義不大。

二、驗證性因素分析之理論

在線性結構模式中，若是只考慮觀察自變項 X 及其相對應的潛在變項 ξ，亦即只有「測量模式」，而無「結構模式」，則此種最簡單的線性結構模式即屬於「驗證性因素分析」。為了適合度之檢定，以下將介紹如何計算 Σ、F 以及 χ。

由於驗證性因素分析只有 X 部份，因此共變異矩陣 Σ 係由以下列矩陣所組成：

$$\Sigma = \Lambda_x \Phi \Lambda_x + \Theta \tag{3-27}$$

$$= \begin{bmatrix} 1 & 0 \\ 0.82 & 0 \\ 1.33 & 0 \\ 0 & 1 \\ 0 & 1.15 \end{bmatrix} \begin{bmatrix} 22.5 & 6.85 \\ 6.85 & 8.33 \end{bmatrix} \begin{bmatrix} 1 & 0.82 & 1.33 & 0 & 0 \\ 0 & 0 & 0 & 1 & 1.15 \end{bmatrix}$$

$$+ \begin{bmatrix} 21.3 & 0 & 0 & 0 & 0 \\ 0 & 12.54 & 0 & 0 & 0 \\ 0 & 0 & 20.36 & 0 & 0 \\ 0 & 0 & 0 & 7.51 & 0 \\ 0 & 0 & 0 & 0 & 2.33 \end{bmatrix}$$

$$= \begin{bmatrix} 43.8 & 18.45 & 29.925 & 6.85 & 7.8775 \\ 18.45 & 27.669 & 24.5385 & 5.617 & 6.45955 \\ 29.925 & 24.5385 & 60.16025 & 9.1105 & 10.47708 \\ 6.85 & 5.617 & 9.1105 & 15.84 & 9.5795 \\ 7.8775 & 6.45955 & 10.47708 & 9.5795 & 13.34643 \end{bmatrix}$$

其說明圖形如圖 3-10 所示。

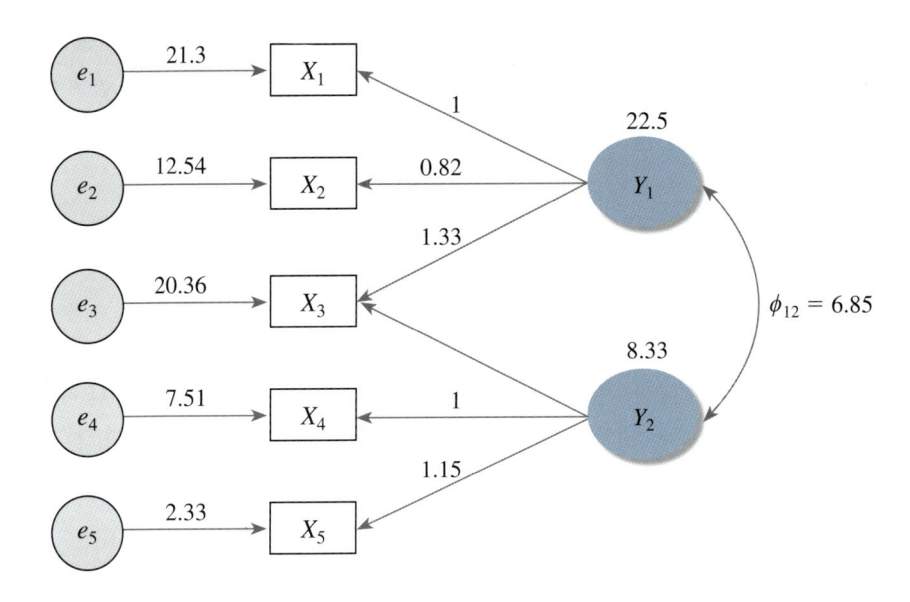

圖 3-10 驗證性因素分析，觀測變項與潛在因素間之關係

圖 3-10 所表示的驗證性因素分析，從圖中可看出，各觀測變項並不一定與每一個潛在變項都有關係，而是根據理論所列出的關係圖，各觀測變項與潛在因素之間的方程式為：

$$X_1 = g_{11}Y_1 \quad +e_1$$
$$X_2 = g_{21}Y_1 \quad +e_2$$
$$\vdots$$
$$X_m = g_{mk}Y_k \quad +e_k$$
$$\text{Cov}(Y_1, Y_2) = \Phi_{12}$$

潛在因素之間，具有共變異數為 Φ_{12}。

三、信度與效度

觀察變項和潛在變項間之關係式稱為測量模式，在驗證性因素分析中，可用測量模式考驗「構念效度」之適切性及真實性，亦即，用以確認量表所包含的因素，是否與最初所探究的構念相同，研究者以量表之因素結構模式，探究是否與實際所蒐集的資料契合，各指標變項是否可有效作為因素構念的測量變項，此種因素分析之程序即稱為「驗證性因素分析」。

當一個包含一組自變項和一組依變項的計量模型，以每一個依變項列出一個方程式，用以表示此一變項與其他自變項與依變項間之關係，此時再加上從理論所提出的因果關係，此種計量模式就稱之為「結構方程模式」，以此模式建立變數之間的因果模型 (林震岩，2007)。對於理論模式與實際觀察資料之間的差距程度如何？Bagozzi 和 Yi (1988) 認為應從基本的適合標準 (Preliminary Fit Criteria)、整體模式適合度 (Overall Model Fit) 以及模式內在結構適合度 (Fit of Internal Structure of Model) 等三方面來評估。

進行 SEM 模式之適合度檢定之前，首先要檢試所分析之結果是否有違反估計值 (Offending Estimates)，亦即，檢視所得出之參數是否有不合理之情形 (例如，$R_2 > 1$ 或是誤差變異數 < 0)。Bagozzi 和 Yi (1988) 認為較重要的「模式基本標準」有以下幾項：

1. 誤差變異數不能有負值。
2. 誤差變異數必須達到 0.05 之顯著水準 (顯著不為 "0")。
3. 估計參數間的相關係數，其絕對值不能太接近於 "1"。
4. 因素負荷量不能太低 (不能小於 0.5)，也不宜太高 (不能高於 0.95)。

達到了以上之標準，再加上合乎「區別效度」與「收斂效度」之後，應再評估「模式內結構適合度」。有關此一適合度之指標的選擇，多數學者建議最好配合多項指標結果，而不宜只看一項指標；另外，若是較簡單的模型，與較複雜的模型，此兩者的適合度都相同，則應以簡單模型為佳。

(一) 信度與效度

結構模式之卡方值將會受到樣本數之影響,因此,也不宜只用卡方值作為檢定依據。為檢定此模式之契合度,如採用「最概法」(ML 法),其中的 χ^2 計算公式為:

$$\chi^2 = (n-1)\, F(S;\Sigma)$$

$$自由度 = [k \times (k+1)/2] - t$$

k = 模式中觀測變項之個數
t = 所欲估計參數之個數

下式中之 S 為估計樣本之共變異矩陣,p 為測量變項數目,Σ 為模式隱含的共變數矩陣:

$$F(S;\Sigma) = \mathrm{tr}(S\Sigma) + \log|\Sigma| - \log|S| - p$$

tr (·) = 矩陣對角線上元素之和

當 Σ 矩陣的對數值與矩陣 S 的對數值相減為 "0" 時,則 $\mathrm{tr}(S\Sigma) = \mathrm{tr}(I) = p$。

SEM 中的卡方值計算非常複雜,而且也與「收斂效度」之計算有關,因此,以下特舉例說明之。

例題 3-17

梁月春 (2009) 之研究,對於「強化熟練」、「情感融入」、「替代經驗」以及「社會支持」等四個觀察變項,以 SEM 得出潛在變項「自我效能」;另外,以「生活重心」、「自我展示」及「社會連結」等三個自變項得出潛在變項「休閒涉入」,此模式之測量模式如圖 3-11 所示。

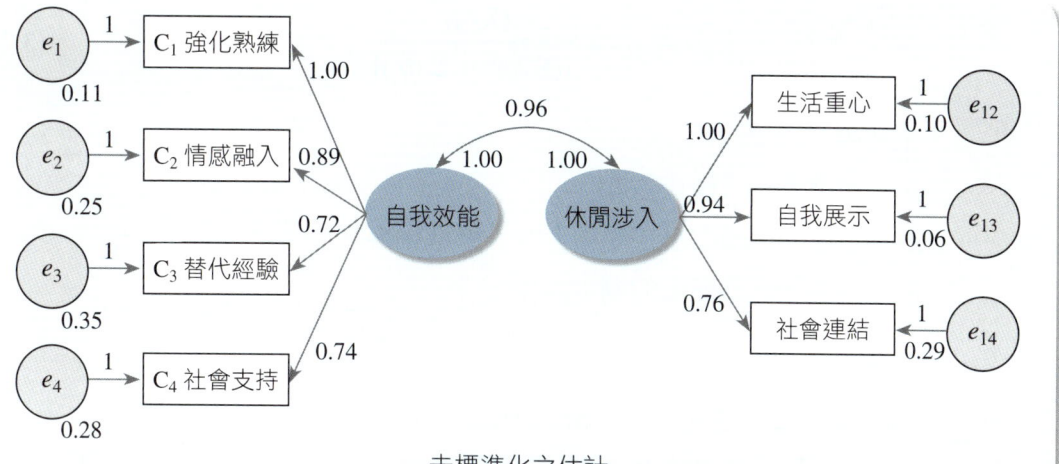

```
  e₁  1→ C₁ 強化熟練
 0.11           ╲ 1.00
                 ╲           0.96
  e₂  1→ C₂ 情感融入        ⟷                        1.00  生活重心 ←1 e₁₂
 0.25        0.89╲    1.00    1.00                                0.10
                  ╲  ↙      ↘
                  （自我效能） （休閒涉入）   0.94  自我展示 ←1 e₁₃
  e₃  1→ C₃ 替代經驗                                               0.06
 0.35        0.72╱
                 ╱                           0.76  社會連結 ←1 e₁₄
  e₄  1→ C₄ 社會支持                                               0.29
 0.28        0.74╱
```

未標準化之估計
缺失模式
卡方值 = 539.834 ($p = 0.000$)；自由度 = 15
RMSEA = 0.214；GFI = 0.858；AGFI = 0.736

圖 3-11 兩潛在變項間測量模式之自由度

　　圖 3-11 中，有 7 個觀測變項 ($k = 7$)，所需估計之參數計有：7 個誤差項之變異數及 7 個觀測變項與潛在變項間之係數。(在非標準化之情形下，各構面內觀察變項與潛在變項之係數，其中一個係數，固定為"1"，因此只需估計 5 個係數，再加上兩潛在變項之間的係數，共需估計 6 個參數。) 故，$t = 7 + 6 = 13$。因此，自由度為：

$$df = (k)(k+1)/2 - t$$
$$= 7 \times 8 / 2 - 13$$
$$= 15$$

1. 信度之檢定：因素分析之中，包含了個別觀察變項，以及分析出的「潛在變項」(因素)，其信度之檢驗標準如下：

(1) 個別觀察變項之信度必須大於 0.20 (Bentler & Wu, 1993; Joreskog & Sorbom, 1989)。

(2) 潛在變項之信度則採用**構念信度** (Construct Reliability)，其值需大於 0.60。構念信度之計算公式如下：

信度與效度

$$\rho_c = \frac{(\Sigma \lambda_i)^2}{[(\Sigma \lambda_i)^2 + \Sigma (\theta_j)]} \tag{3-28}$$

上式中，

ρ_c＝所欲求之「構念信度」

λ_i＝各觀察變項在潛在變項上的「標準化參數」

θ_j＝則為各觀察變項的測量誤差。

2. 效度之檢定

(1) 區別效度：區別分析的檢定方法，通常可分為以下三種：

a. 以模式的潛在變項間的相關係數，首先假設其間的相關係數為"1"，計算此一測量模式之卡方值；然後，再將相關係數自由估計，也計算出其模式之卡方值。將固定相關係數之卡方值與自由相關係數之卡方值，求其間之差額，若是大於自由度為"1"卡方臨界值，即可認為此兩潛在變項是具有區別的。

b. 以兩潛在變項相關係數之信賴區間，此信賴區間是以相關係數，加減 1.96 個標準差所構成，若是此一信賴區間不包括"1"，即表示此兩個潛在變項具有區別效度。

c. 區別效度之概念，是希望在不同構面間題項之間的相關係數要低。若是每一構面之「平均變異抽取量」都大於該構面與其他構面相關係數之平方，即可認為構面之間具有區別效度，換句話說，若是所有的構面「平均變異抽取量」的最小值，大於各構面間「相關係數」最大值之平方時，就可認為構面間具有「區別效度」。

(2) 收斂效度：Fornell 和 Larcker (1981) 提出，收斂效度必須同時滿足下列準則：

a. 各題項之因素負荷量必須超過 0.7。

b. 構念信度 (Construct Reliability) 必須在 0.6 以上。

c. 每個構面的平均變異抽取量 (Average Variance Extracted, AVE) 必須大於 0.5。

(3) 收斂效度之檢定

a. 各觀察變項之因素負荷量需達到顯著水準，而且要大於 0.45 (Bentler & Wu, 1983; Joreskog & Sorbom, 1989)。

b. 各潛在變項之**平均變異抽取量** (Average Variance Extracted, AVE)，其值應大於 0.50。「平均變異抽取量」之公式如下：

$$\rho_v = \frac{(\Sigma \lambda_i^2)}{[\Sigma \lambda_i^2 + \Sigma \theta]} \tag{3-29}$$

ρ_v = 平均變異抽取量

λ_i、θ 之定義同前。

例題 3-18

梁月春 (2009) 之研究，其結構方程式產生了四個潛在變項：「自我效能」、「休閒涉入」、「休閒動機」以及「休閒阻礙」，此四個構念之間的相關係數矩陣如下：

	自我效能	休閒涉入	休閒動機	休閒阻礙
自我效能	1.000			
休閒涉入	0.752	1.000		
休閒動機	0.616	0.661	1.000	
休閒阻礙	−0.180	−0.107	−0.092	1.000

由例題 3-16 所計算「自我效能」之「平均變異抽取量」ρ_v = 0.50098 均大於「自我效能」與另外三個構念「相關係數」之平方，故可確認「自我效能」與其他三個構念之間，具有區別效度。

例題 3-19

為欲檢定「區別效度」，則以「標準化結構」進行。首先，將兩個潛在變項之相關設定為"1"，得出 χ^2 = 1581.571，如圖 3-12 所示：

信度與效度

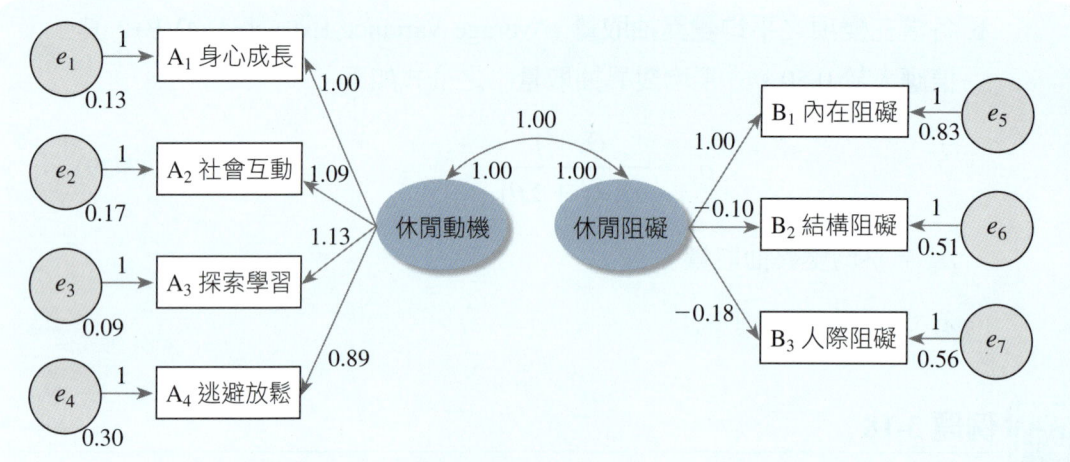

圖 3-12 兩潛在變項之相關係數為 "1" 之測量模式

未標準化之估計
缺失模式
卡方值 = 1581.571（p = 0.000）；自由度 = 16
RMSEA = 0.358；GFI = 0.679；AGFI = 0.438

再對於兩個潛在變項之相關係未作任何固定之情形下，計算此結構之 χ_2^2 = 570.020，如圖 3-13 所示：

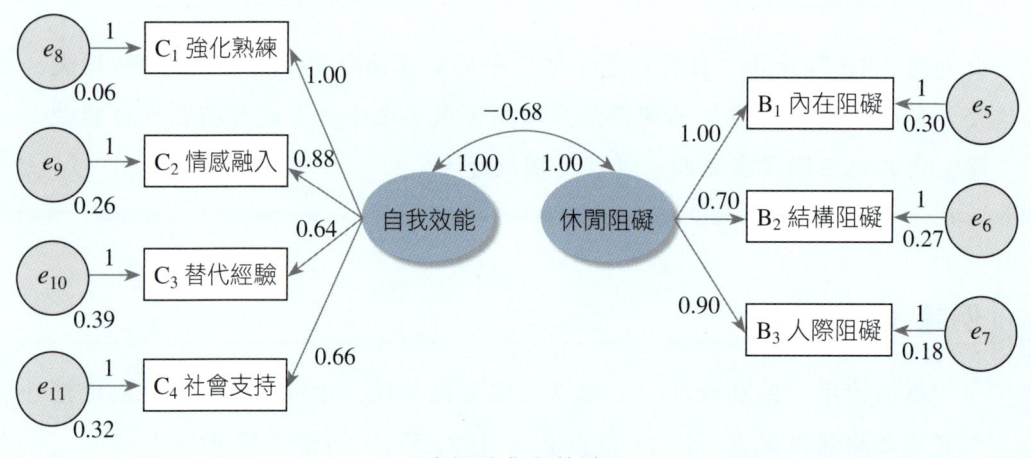

未標準化之估計
缺失模式
卡方值 = 570.020（p = 0.000）；自由度 = 15
RMSEA = 0.220；GFI = 0.856；AGFI = 0.731

圖 3-13 兩潛在變項之相關係數不設限制之測量模式

由於卡方分配具有自由度相加(減)性，此兩卡方值之差

$$\chi_1^2 - \chi_2^2 = 1581.571 - 570.020 = 1011.1551$$

應滿足自由度為"1"之卡方分配，且

$$1001.1551 \gg \chi_{0.975}(1) = 5.02$$

故可認定此二種不同情況下的潛在變項，具有顯著的「區別效度」。

除了上述檢定「信、效度」之方法外，也有學者對於驗證性因素分析的「信、效度」之考核，經常可用的方法有「多特質多方法分析」(Campbell、Fiske, 1959)，此方法可同時測出「重測信度」、「收斂效度」與「區別效度」。

例題 3-20

某學者以 A、B、C 三種測驗方法，測試參加有氧舞蹈者的「吸引力」、「向心力」以及「自我肯定」三種特質之評分。為了使用「多特質多方法」分析，因此，該學者規劃 A、B、C 三種測驗方法，以 100 分為滿分，對於所欲檢測的 10 位參加有氧舞蹈者，先後施測兩次。茲將兩次施測之成績列表於下：

樣本	A 吸引力 前	A 吸引力 後	A 向心力 前	A 向心力 後	A 自我肯定 前	A 自我肯定 後	B 吸引力 前	B 吸引力 後	B 向心力 前	B 向心力 後	B 自我肯定 前	B 自我肯定 後	C 吸引力 前	C 吸引力 後	C 向心力 前	C 向心力 後	C 自我肯定 前	C 自我肯定 後
1	65	71	74	70	43	44	67	68	71	72	42	47	65	70	87	81	36	54
2	67	69	82	75	54	66	54	65	71	76	54	65	87	75	87	75	65	67
3	85	86	65	62	54	65	65	72	85	89	74	78	65	74	86	82	54	68
4	58	65	67	62	57	69	82	78	72	79	65	66	87	82	86	86	65	68
5	45	51	64	62	63	69	67	72	81	78	54	59	75	78	91	81	56	64
6	63	65	82	68	54	56	64	68	76	77	53	68	82	78	86	73	65	62
7	75	76	68	65	64	68	55	62	75	79	78	79	75	74	76	72	64	78
8	68	71	65	69	67	79	72	78	76	78	75	76	97	92	88	82	75	78
9	68	78	84	73	53	54	77	76	81	82	52	67	75	75	77	75	56	64
10	66	68	92	85	64	76	64	75	78	76	64	75	87	85	77	75	76	77

信度與效度

1. 首先計算各種方法中，各特質前後兩次測驗之相關係數如下：
   令 r(前, 後) 表示前後不同特質下的相關係數，則：

   $r(A_1, A_1) = 0.9576$　　$r(B_1, B_1) = 0.9282$　　$r(C_1, C_1) = 0.9097$
   $r(A_2, A_2) = 0.8591$　　$r(B_2, B_2) = 0.7713$　　$r(C_2, C_2) = 0.8841$
   $r(A_3, A_3) = 0.8507$　　$r(B_3, B_3) = 0.6777$　　$r(C_3, C_3) = 0.8235$

   以上各係數代表各特質測驗之「重測信度」，其值愈大表示信度愈高。在全部的係數中，此區係數應該最大。

2. 以不同方法測量相同特質，即測量「收斂效度」。此區係數應為第二大：

   $r(A_1, A_2) = -0.2117$　　$r(A_1, A_3) = -0.1946$　　$r(B_1, B_2) = -0.3665$
   $r(B_1, B_3) = -0.5323$　　$r(C_1, C_2) = 0.6694$　　$r(C_1, C_3) = 0.8706$
   $r(A_2, A_3) = 0.3457$　　$r(B_2, B_3) = 0.1515$　　$r(C_2, C_3) = 0.8627$

3. 以相同方法測量不同特質，即測量「區別效度」。此區係數應為第三大：

   $r(A_1, B_1) = 0.0739$　　$r(A_1, C_1) = -0.0346$　　$r(B_1, C_1) = -0.0156$
   $r(A_2, B_2) = 0.1797$　　$r(A_2, C_2) = -0.1737$　　$r(B_2, C_2) = 0.4116$
   $r(A_3, B_3) = -0.1053$　　$r(A_3, C_3) = 0.5711$　　$r(B_3, C_3) = -0.4272$

4. 以不同方法測量不同特質，此區係數應為最小：

   $r(A_1, B_2) = 0.5442$　　$r(A_1, C_2) = 0.5738$　　$r(A_1, B_3) = -0.1437$
   $r(A_1, C_3) = 0.2988$
   $r(B_1, A_2) = 0.1085$　　$r(C_1, B_2) = 0.1539$　　$r(B_1, C_2) = 0.0765$
   $r(B_1, A_3) = 0.2579$　　$r(B_1, C_3) = 0.1147$
   $r(C_1, A_2) = 0.2384$　　$r(C_1, A_3) = 0.7259$　　$r(C_1, B_3) = -0.0842$
   $r(A_2, B_3) = 0.5096$　　$r(A_2, C_3) = -0.1734$
   $r(B_2, A_3) = 0.0154$　　$r(B_2, C_3) = 0.1306$
   $r(C_2, A_3) = 0.4514$　　$r(C_2, B_3) = 0.0446$

	A			B			C		
	吸引力 前後	向心力 前後	自我肯定 前後	吸引力 前後	向心力 前後	自我肯定 前後	吸引力 前後	向心力 前後	自我肯定 前後
	{0.9576}								
	(0.0739)	{0.9282}							
	(−0.0346)	(−0.0156)	{0.9097}						
	[−0.2117]	0.1085	0.2384	{0.8591}					
	0.5442	[−0.3665]	0.1539	(0.1797)	{0.7713}				
	0.5738	0.0765	[0.6694]	(−0.1737)	(0.4116)	{0.8841}			
	[−0.1946]	0.2579	0.7259	[0.3457]	0.0154	0.4514	{0.8507}		
	−0.1437	[−0.5323]	−0.0842	0.5096	[0.1515]	0.0446	(−0.1053)	{0.6777}	
	0.2988	0.1147	[0.8706]	−0.1734	0.1306	[0.8627]	(0.5711)	(−0.4272)	{0.8235}

為便於觀察說明，茲以"{ }"、"[ ]"、"( )"代表以上 1、2、3 種情形之區塊，為便於區別，亦即，在 { } 內之係數應大於 [ ] 內之係數，[ ] 係數大於 ( ) 內係數，最小之係數為無括號標示者。若是能滿足以上各條件，即表示此三種測驗方法具有顯著之「區別效度」。

習題

1. 試說明「因素分析」與「主成份分析」之異同。
2. 假設兩個觀察變項之間的「共變異矩陣」如下，試計算矩陣 S 之特徵值及特徵向量：

$$S = \begin{bmatrix} 2 & 5 \\ 5 & 1 \end{bmatrix}$$

3. 假設某班同學，三科成績 (三個觀察變項) 已知如下：

國　文	英　文	數　學
65	36	28
78	52	45
56	45	35
68	65	58
69	51	48
84	72	76
82	71	68
83	56	79
85	85	69
79	58	79

試以此三科成績「共變異矩陣」以及「相關係數矩陣」，計算其特徵值及特徵向量。

4. 試將習題 3 之三種成績資料標準化，先求標準化三種成績之「共變異數矩陣」，再求其「相關係數矩陣」，並比較此兩種結果。

5. 試以習題 3 之三組成績，以標準化後之「相關係數矩陣」，所求得之特徵值及特徵向量，求出第一個「主成份」。

6. 試說明習題 3 之第一個「主成份」，能解釋三種成績之多少變異百分比？

7. 如習題 3 之三個觀察變項數據，其標準化數據之共變異矩陣、特徵值及特徵向量皆已知，試求各主成份「負荷量」。

8. 已知某一主成份分析，共有 5 個特徵值，若是已知第一個主成份在 x_1、x_2、x_3、x_4 之係數分別為 0.5214、−0.2511、−0.2032、−0.2413，試問 x_5

之係數應為多少？

9. 如習題3，試計算主成份1之「共同性」。

10. 假設有以下四種觀測分數，試以「主成份法」求其因素。

x_1	x_2	x_3	x_4
11	9	7	4
9	8	11	13
9	11	5	4
8	13	15	14
6	5	6	11
3	6	9	9
5	7	4	8
12	11	4	5
15	12	11	13
11	6	4	6

11. 假設有以下6個觀察變數，試以 SPSS 以「主軸法」因素分析。

<table>
<tr><th colspan="7">六個觀察變項</th></tr>
<tr><th></th><th>VAR00001</th><th>VAR00002</th><th>VAR00003</th><th>VAR00004</th><th>VAR00005</th><th>VAR00006</th></tr>
<tr><td>1</td><td>4.02</td><td>5.00</td><td>3.68</td><td>5.00</td><td>5.00</td><td>5.00</td></tr>
<tr><td>2</td><td>3.34</td><td>4.39</td><td>3.44</td><td>4.00</td><td>4.00</td><td>4.00</td></tr>
<tr><td>3</td><td>2.85</td><td>2.12</td><td>2.31</td><td>1.83</td><td>5.00</td><td>4.67</td></tr>
<tr><td>4</td><td>2.39</td><td>1.88</td><td>2.00</td><td>3.00</td><td>3.19</td><td>3.17</td></tr>
<tr><td>5</td><td>3.35</td><td>2.39</td><td>3.00</td><td>4.74</td><td>4.36</td><td>4.63</td></tr>
<tr><td>6</td><td>3.21</td><td>4.00</td><td>4.00</td><td>4.00</td><td>4.00</td><td>4.00</td></tr>
<tr><td>7</td><td>4.02</td><td>4.48</td><td>3.87</td><td>4.06</td><td>5.00</td><td>4.63</td></tr>
<tr><td>8</td><td>3.97</td><td>5.00</td><td>3.99</td><td>5.00</td><td>5.00</td><td>5.00</td></tr>
<tr><td>9</td><td>4.02</td><td>3.65</td><td>3.12</td><td>5.00</td><td>5.00</td><td>4.27</td></tr>
<tr><td>10</td><td>2.41</td><td>3.00</td><td>3.00</td><td>3.00</td><td>3.00</td><td>3.00</td></tr>
<tr><td>11</td><td>3.65</td><td>5.00</td><td>4.88</td><td>4.64</td><td>3.79</td><td>4.83</td></tr>
<tr><td>12</td><td>3.72</td><td>3.93</td><td>3.00</td><td>3.39</td><td>3.65</td><td>4.25</td></tr>
<tr><td>13</td><td>3.75</td><td>5.00</td><td>2.24</td><td>4.25</td><td>4.79</td><td>4.73</td></tr>
<tr><td>14</td><td>2.43</td><td>3.00</td><td>3.00</td><td>2.66</td><td>3.00</td><td>3.00</td></tr>
<tr><td>15</td><td>3.69</td><td>5.00</td><td>4.75</td><td>4.74</td><td>5.00</td><td>1.65</td></tr>
<tr><td>16</td><td>2.82</td><td>3.56</td><td>2.68</td><td>3.77</td><td>3.56</td><td>3.16</td></tr>
<tr><td>17</td><td>2.73</td><td>4.09</td><td>4.44</td><td>3.90</td><td>4.35</td><td>4.00</td></tr>
<tr><td>18</td><td>2.73</td><td>3.35</td><td>2.25</td><td>3.35</td><td>2.96</td><td>3.71</td></tr>
</table>

19	2.81	2.29	2.31	2.07	4.29	4.67
20	3.34	4.00	4.50	4.42	4.63	3.75
21	3.55	5.00	4.50	5.00	5.00	5.00
22	2.41	3.73	3.87	3.00	3.00	3.73
23	2.23	2.28	1.12	2.93	4.23	3.00
24	2.41	3.56	3.56	3.00	3.00	3.00
25	3.56	4.39	4.88	4.88	4.29	4.63
26	2.45	3.19	3.44	2.99	2.93	3.14
27	3.34	4.39	4.88	5.00	5.00	4.63
28	4.02	5.00	5.00	5.00	5.00	5.00
29	3.11	4.29	2.99	4.14	3.41	4.64
30	3.11	4.29	2.99	4.14	3.41	4.64
31	.	.	.	.	.	.

已知共有 VAR00001～VAR00006 等 6 個觀察變項。

12. 假設有某一線性結構模式，其測量模式如下：

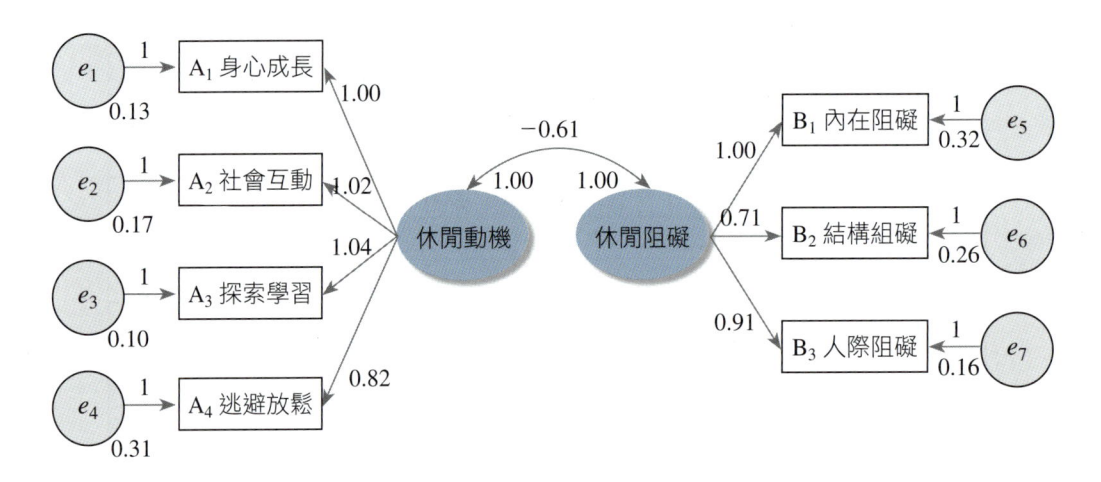

試計算其卡方之自由度為何？

質性研究之信度與效度

　　基本上，質性研究與量化研究所採取的方法與切入的角度不同，因此，對於信度與效度之評量方法也會有些差異。然而，根據陳向明 (2002) 之說法，他認為質性研究之信度與效度，其概念是來自量化研究，但是對於質性研究的學者而言，他們認為「信度」更適用於質性研究，因為「信度」所強調的是能夠反覆出現相同的結果，即使在質性的分析，這也是說明了研究的「準確性」。

　　研究的信度與效度，大致上可分為：

1. 整體研究的信度與效度。
2. 研究方法的信度與效度。
3. 研究者的信度與效度。
4. 研究工具的信度與效度。
5. 資料分析的信度與效度。
6. 推理的信度與效度。

　　質性研究的「工具」，最常見的是觀察與訪談，信度可解釋為「受訪者能真實地回答研究者問題的程度」，而效度可解釋為「以受訪者的主觀經驗，能有效地轉換成可比較、可分析資料之程度」。

　　「嚴謹」與「客觀」是質性研究所強調追求的。Smith (1990) 曾提出一個

信度與效度

具有哲學意味的思考：「研究者在研究過程中，到底要做什麼？又能做什麼？才能確保研究結果的精確性，才不致於對於事實的扭曲描述？」學者潘淑滿 (2003) 認為研究者在整個研究過程中，應對於研究的對象或行為產生精確無偏的測量，因而產生了對於研究測量工具的「信度」考量，與測量結果的「效度」考量。

質性與量化研究方法爭論，各有主觀上的認知與看法，對於信度與效度的態度，截至目前為止，並非完全傾向於一致。胡幼慧與姚美華 (1996) 的觀察認為，對於質性研究的態度呈現兩極化現象：有一些質性的學者，他們會創立出完全與量化研究不同的方法，甚至還會有一些對於量化知識論的批判。譬如，陳伯璋 (1987) 與李政賢 (2006) 認為，質性的研究中，由於觀察研究大多強調對於觀察變項移情的理解，無法檢驗其信度，因此信度不高。王文科 (1995) 也認為，由於觀察是主觀的，無法查核其信度，又由於觀察者經常主動參與所研究的環境，可能造成角色的衝突和情感的投入，因而會降低資料的效度；有些學者認為，若是社會科學要盡其所能，並確保研究程序的客觀性，只考慮信度與效度是不夠的，因為，此時研究者只證明了分析與調查部份的信度、效度，而對於如何發現分析的資料，並沒有客觀的說明；也就是說，若是在研究之初的研究假說，就已偏頗的話，整個研究的信度與效度，就形成了不可信任的指標。因此，此類學者放棄對於信度與效度的追求，卻轉而思考如何極大化「發現的脈絡」與「證明的脈絡」的客觀性。另有部份質性研究者會參考量化研究所使用的語言，再根據質性研究的特性與目標，發展出不同於量化研究的評估標準。因此，有些質性研究學者自以為有一套新的、異於量化研究的信度與效度之觀念，並不一定是恰當的看法，不過隨著研究的特殊性質，研究者也常以不同的方式、不同的指標和不同的方法來維護信度與效度。

學者郭良文、林素甘 (2001) 認為，量化研究是在測量客觀的事實，研究者保持「態度與價值的中立」，經由多個個案進行研究，以統計分析方法、強調數字的呈現；而質性研究則強調日常生活的社會現象，才是建構倫理知識的來源，研究者應親身參與，理解社會行動主觀的意義與構念，即以個人主觀與經驗為主體，透過人與人日常生活的互動、共同經驗與價值的分享，以此建構出多元的真相。

因此，對於質性研究的信度與效度之討論，由於眾家學者的意見分歧，並不容易得到一致的定論。但是多數學者仍然認為，必須強調研究的信度與效

度,因而,信度與效度在質性的研究領域內,已日益受到重視。

一般而言,質性研究比較偏重效度,其長處在於歸納取向,著重於特別的情況或人物,強調文字敘述而非數字;而量化研究則較偏重信度。但是,由於量化研究與質性研究,兩者所構成的資料性質不同,因此,質性研究對於信度的定義不同於量化研究之定義。以量化之觀點而言,信度是指「運用不同的工具或不同之觀察結果的一致性」;然而,質性研究的信度,則是指「不同的參與者,透過互動、資料蒐集,其對結果詮釋的一致性」。

任何科學都會注意到信度與效度,缺乏信度與效度的驗證,其驗證結果將會受到質疑,因此必會要求研究結論的可信度與有效性。然而,林重新 (2001) 認為,由於質性研究是高度的個人化,強調個案研究,使得信度不易達到。因此,討論信度與效度時,必先對於信度與效度給予新的定義,根據質性與量化不同的理論,並採取不同的研究途徑。

第一節 信 度

質性研究重視研究的整體性,因此,研究者的記錄資料與實際發生問題的的吻合程度,是質性研究所認知的信度。Denzin 和 Lincoln (1994) 建議質性研究的信度,可由以下方面著手:

1. **觀察的穩定性**:研究者能在不同的時間和地點,得出相同的觀察或詮釋。
2. **平行模式**:當研究者在觀察期間,觀察到其他的現象,仍能對於之前所觀察的現象,作出相同的觀察或詮釋。
3. **評分者信度**:當另一觀察者以相同的理論與架構觀察相同現象時,也能得出相同的觀察或詮釋。

根據質性信度的分類,又可分為「內在信度」與「外在信度」。

一、內在信度

所謂內在信度是指各資料觀察者之間對於該資料的觀察或詮釋的「一致性」。質性研究以人為工具,因此,特別重視觀察者的交互信度 (林重新,2001)。王文科 (2000) 指出有六種策略可以提升質性研究的內在信度:

1. **逐字解說與低推論描述**:以直接引用文件,以及要有具體的、精確的田野

札記，不論正面或負面的報導，都要給予同樣的關注。
2. **多位研究者共同參與**：質性研究出現超過三位以上共同研究的情形並不常見，但是希望至少有兩位研究者一起研究，而且希望事先能：
(1) 廣泛地討論和訓練。
(2) 確認在不同場合的觀察，其一致性的情形。
(3) 每位田野工作者都要自行為所觀察的現場負責。
3. **參與研究者的幫忙事項**：研究者可邀請參與者協助確認記錄資料，並可請參與者加以檢核。
4. **同儕與參與者檢查**：同儕之間相互檢查確保資料記錄正確，其檢查的方式有：
(1) 將其他類似的研究加以彙整檢核。
(2) 在多種場合同時進行研究，並將資料統整。
(3) 將研究結果公開發表，以供同儕相互探討。
5. **以機械輔助記錄**：可利用錄音機、錄影機、相機等記錄現場，能夠增加內在信度。
6. **不一致資料之處理**：對於個案所呈現的意義與組型產生矛盾，或是各組型內產生了特殊的變異，研究者對於此種情形應深入探討，並加以分析、檢核。

二、外在信度

外在信度是指獨立研究者在相同或類似的情境中，能發現相同現象的程度(王文科，2000)。質性研究不同於量化之研究，此時無法經由再測檢核信度，林重新(2001)建議以下列五個方法來提升外在信度：

1. **研究者角色的掌握**：研究者以本身的學養與社會關係，適當地掌握在研究過程的角色與地位，以提升信度。
2. **選取適當的資訊提供者**：研究者對於資訊提供者的背景，以及交付的歷程加以慎選，若能與先前的資訊提供者相似，則比較容易複製相同場景。
3. **社會脈絡的掌握**：對於研究的背景中，要詳述脈絡的物質性、社會性、人際性和功能性，以便研究者能作細部的區分。
4. **資料蒐集與分析策略**：研究者應將資料蒐集的過程和使用的方法詳盡記

錄，以便對照詮釋與策略的差異。
5. **分析的構念與前提**：研究者應公開發表該研究之架構，並將研究之發現統整提供該領域學者共同參考。

第二節　效　度

質性的研究中，最重要的是研究者的認知或心態，若是認知上有了偏差，所得出的推論就會歪曲事實。效度意指研究的發現是否正確，研究的信度、效度之間的關係密不可分，信度的存在是建立效度的前提，效度的建立亦必須依據正確的研究設計和資料蒐集 (賈芸棣譯, 1999)，Lincoln 和 Guba (1985) 曾對信度、效度提出以下見解，他們認為信度是可重複性的；效度則是指可靠性、穩定性、一致性、可預測性及正確性。為了降低此一可能缺失，王文科 (2000) 提出以下建議：

1. **研究者的自行省思**：研究者要積極地自我思考，自己是否可能持有偏見，透過省思，研究者可以了解自我，並調整和控制自我的偏見。
2. **採取負項個案之樣本**：研究者要非常小心地針對本身之研究，探討和他們所期待不同的案例，如此將會發現重要的訊息，對於後續的分析將更可信賴。

由於質性研究會受到個人意見的左右，因此，效度只能視為程度上差異的相對狀態，學者們只能努力地將效度儘量提高而已。因為事實不受研究者的主張所支配，所以某一研究者的評論只對個別案件具有效力，並不能依此加以複製作為評論依據。因此，Hammersley (1992) 主張質性研究中的效度，應該用結果的可信度來取代確實度。Maxwell (1992) 提出了五種質性研究的效度方法：

(1) 真實地描述效度。真實地記錄，沒有編造、沒有選擇性描述或是歪曲事實。
(2) 站在參與者和受試者的立場，去掌握情境以此詮釋效度。
(3) 由參與者或受試者所導出的理論性構念，依此理論的結果，評估此一研究之效度。
(4) 對於所得出的理論，能對於其他相似的研究情境有所助益。

質性研究之效度又可區分為「內在效度」與「外在效度」：

信度與效度

一、內在效度

質性研究的內在效度，對於其所關注的結果，有些學者並不重視其間的因果關係；但是，也有一些研究者對研究中可能的因果關係感到興趣。

徐振邦、梁文蓁、吳曉青等學者 (2006) 認為，質性內在效度想要證明的，是指研究的各過程中對某一特定事件所作出的解釋，是否能獲得實際情況的支持，亦即，希望研究之發現能準確地描述所研究之內容。未能獲得較高的內在效度，王文科 (2000) 提出以下策略：

1. 經由長期地蒐集資料，並且不斷地比較、確認，可以增加資料的效度。
2. 在訪談與記錄的過程中，儘量使用參與者所熟悉的語言，不要太抽象化，否則容易發生誤解或是產生排斥。
3. 在自然情境所觀察的資料，比人為的情境更能反映生活經驗的真相。
4. 質性研究者必須要有長期、專業的訓練，研究過程中，要能時時自我反省、監控。
5. 避免替代性的解釋。
6. 研究者應詳述研究之主題和背景，避免由於內容複雜，產生選樣之偏差。
7. 研究過程中，若有一些受試者因故流失，這是普遍之現象，不必刻意尋找替代的樣本，若為增加研究效度，應長期觀察建立基準作為參考。

除了以上策略可以改進質性研究內在效度之外，還可應用三角測量法檢核。研究過程中，所蒐集的資料是否可信，以多重的資料來檢核一致性作為信度的考驗。研究者應考慮以下方法：

1. 研究者與參與者本身的一致性。研究者可藉由不同的時間和不同的方法，來檢核研究者與參與者，所互動或談話內容是否一致，以不斷地探詢與修正，一旦發現有不一致的內容時，應即時澄清並確認。
2. 參與者的一致性。本研究之參與者在描述同一件事情如有差異時，應該立即予以說明澄清，力求事實的真相與完整性。
3. 與參與者的相關人士或友人參考印證，確定訪談之內容的正確性。

二、外在效度

若是一個研究的結論能妥善地推論出去，又能夠普遍地推廣至相同情境其他的個案上，即稱為具有「外在效度」。

例題 4-1

學者劉從葦(2006)以「內容分析法」，對於非介入式測量，根據一套預先已建立的編碼架構，將選定的內容分類，並量化來測量政黨在政策空間的位置；介入式測量則是以問卷調查方式，請不同類別的受訪者，為各政黨定位後，再以平均值來表示各政黨在政策空間之位置。如果以上兩類測量之結果相近，即表示測量具有「高效度」之可能性較高，這是以「信度」檢驗，作為檢定「效度」的方法。

Robertson (1976) 把英國主要政黨在大選提出的政見，以句子為單位，依據 21 個政策類別架構將政見分類，並計算每個政黨在不同空間上的位置。Budge 和 Farlie (1983) 也採用類似方式來測量政黨所處之位置，其研究中設計了新的編碼架構，將政策分為 14 類。

以下列示各國研究政黨的學者，共同討論建立了七大政策領域、56 項政策類別，作為標準架構(如表 4-1 所示)。

表 4-1 政見研究小組標準編碼架構

編 碼	政策領域一：對外關係
101	兩岸關係：正面
102	兩岸關係：負面
103	反帝國主義
104	擴增軍備
105	裁減軍備
106	和平
107	國際主義：正面
108	歐洲共同體：正面
109	國際主義：負面
110	歐洲共同體：負面

編 碼	政策領域二：自由與民主
201	自由與人權
202	民主
203	憲政主義：正面
204	憲政主義：負面

編 碼	政策領域三：政治體系
301	支持分權
302	反對分權

信度與效度

編碼	
303	行政效率
304	政治腐敗
305	政治權威
編　碼	**政策領域四：經濟**
401	自由經濟
402	經濟誘因
403	市場秩序
404	計畫經濟
405	統合主義
406	贊成保護主義
407	反對保護主義
408	經濟目標
409	凱因斯需求經濟
410	生產力
411	科技與基礎建設
412	經濟控制
413	國有化
414	經濟正統
415	馬克思主義
416	反成長經濟
編　碼	**政策領域五：福利國家與生活品質**
501	環境保護
502	文化
503	社會正義
504	擴張福利國家
505	縮減福利國家
506	教育擴張
507	教育縮減
編　碼	**政策領域六：社會組成**
601	國族主義：正面
602	國族主義：負面
603	維持傳統道德
604	反對傳統道德
605	法律與秩序
606	社會和諧
607	多元文化：正面
608	多元文化：負面

第四章　質性研究之信度與效度

編　碼	政策領域七：社會團體
701	工人團體：正面
702	工人團體：負面
703	農業與農民
704	中產階級與專業團體
705	弱勢與少數民族
706	非經濟人口學團體

資料來源：劉從葦 (2006) 譯自 Volkens (1992)

劉從葦 (2006) 以政見研究小組的編碼流程與編碼架構為主，並配合台灣之特殊性，對於以上編碼架構作適當之修改。劉從葦之研究先將政黨政見與公報編碼，其中包括 56 項政策類別，再加上新增的 14 項共計 70 項。為了提高內容的「信度」與「效度」，首先對於編碼人員予以適當的訓練，訓練之內容包括：

1. 編碼人員必須熟悉政見研究小組的研究暨編碼流程。
2. 以政見研究小組編碼手冊中的各政黨政見，請編碼人員事先練習，並與標準答案核對，能達到 80% 的正確率，才算通過「效度」之考驗。
3. 以本研究之編碼為測試，能答對 80% 以上，才算是通過「效度與信度」之考驗。

該研究請了四位編碼人員，每人都需對於政見做兩次編碼，在除錯之後，個人在兩次編碼的一致程度都需達到相當的水準以上，以此作為個人編碼的「信度」，並取四人之平均成績為參考「信度」。

　　因為四位編碼人員都需要對於所有的政見做兩次編碼，對於前後的編碼是否一致，依此可以作為編碼人員的「信度」，也可以檢視不同的編碼人員，相互之間編碼的相關係數，相關係數愈高，也代表內部一致性愈高。

　　以除錯完畢的問卷，劉從葦對於「台灣政黨的政策位置」之內容分析，分為「統獨立場」、「左右議題」及「環境保護育經濟發展」等三個政策空間，調查各政黨所處的相對位置。為了檢視此一問卷的信度，再以不同的測量方式，檢視各政黨所處的相對位置，若是此兩類的調查結果一致，即表示此兩類調查方法具有很高的「信度」，若以「信度」來推測「效度」，也可得到以「內容分析法」具有「效度」的可能性很高。

193

第三節　質性研究中三角資料檢測法

一、三角資料檢測法原理

　　Lincoln 和 Guba (1985) 倡導質性研究應注重**值得信任度** (Trustworthiness)、**信實度** (Credibility)、**可信靠度** (Dependability)、**遷移應用性** (Transferability) 與**可證實** (Confirmability) 等理念，並以作為評鑑質性研究的參考**判準** (Criteria)；其中值得信任度、信實度、可信靠度等三項理念，更普遍被認為是主要的評鑑標準。Lincoln 和 Guba 列出了五項策略的綱要輪廓作為探討質性研究信實度之用：

1. 研究者藉由**長期的投入** (Prolonged Engagement) 置身田野當中與**持續性的觀察** (Persistent Observation)，以及運用所謂**三角校正** (Triangulation) 方式，包含方法三角校正、研究者三角校正、資料三角校正等做法，以提高資料蒐集方向之結果正確性。
2. **同儕簡報** (Peer Debriefing) 是定期與未參與投入該項研究的同儕聚會，目的是藉由與該等同儕進行討論，發掘研究者個人的盲點，並就研究的工作假設和結果，提供需要的修正。
3. 在分析歸納的做法之下，尋求矛盾的證據與負面案例進行分析。
4. 檢核詮釋指涉內涵或對象與其評鑑之間是否相互通切的程度。
5. 基於溝通資料有效性確認目的，實行**成員檢核** (Member Check)，旨在與同一研究場域的對象或團體之成員，檢核資料與詮釋結果的有效性。

討論訪談效度就是要探討研究對象主體所呈現的敘述是否堪稱是一個對現實的敘事。Kirk 和 Miller (1986, p. 21) 定義效度是關於研究者是否「看到她或他相信自己所看到的事項」(…a question of whether the researcher sees what he or she thinks he or she sees)。有三種錯誤可能會發生：第一類型的錯誤是以為發現了某種關係或原則，而其實該等關係或原則卻不是正確的；第二類型的錯誤是否決了某種關係或原則，而其實該等關係或原則卻是正確的；第三類型的錯誤則是問了錯誤的問題 (Kirk & Miller, 1986, pp. 29-30)。

　　再依據 Legewie (1994) 針對各種不同型態訪談的效度評鑑所提供之建議，被訪者在訪談中對自己所說的話，應提出**有效性宣稱** (Claims for Validity)，且

必須以所謂「三類有效性宣稱」區分，包含：

1. 其內容是正確的。
2. 就所言者所處之社會脈絡而言，乃是合宜的。
3. 就所言者自我呈現的意圖而言，乃是真誠的。

據此有效宣稱以確認傳記或生命故事陳述是否具有實效性的一個片面判定，就是分析訪談情境到底賦予多少**非策略溝通的條件** (Conditions of Non-strategic Communication) (Legewie, 1994, pp.141-149)。

Wolcott 在討論**俗民誌** (Ethnography) 的研究過程時，亦提出九項確保效度的必備條件：(1990, pp.127-128)

1. 研究人員應該避免在田野當中講話，而是盡可能用心傾聽。
2. 研究人員應該盡力產生最接近正確的筆記。
3. 研究人員應該儘早開始寫作筆記。
4. 寫作筆記或報告的方式要讓研究對象可以看得懂，這也就意味著，要提供充分的資料給讀者，以使他們可以自行推論，並且得以看出研究者推論的來龍去脈，報告應該盡可能完整。
5. 所提出之寫作筆記或報告的方式要真誠。
6. 研究者應徵詢田野當地人與研究同僚，請他／她們針對自己的發現與報告的呈現方式發表回饋意見。
7. 研究成果發表的呈現應該取得平衡。
8. 各種不同的面向都應該要面面俱到。
9. 報告撰寫應該要確實無誤。

在上述的建議當中，均是以實行質性研究的整體過程與涉及的各種因素為基礎，來討論有關有效性確認的問題。唯這些建議仍然停留在綱要輪廓或理論的層級，尚無提擬出判準的具體內涵，因此並非已明確指出如何用來評鑑哪些個別的研究或研究過程的組成部份為目的。整體而言，各種企圖將效度與有效性確認的概念作為評鑑質性研究判準的做法，不論是逕自運用或是重新提出新型態的判準，都面臨著若干問題。

首先，針對資料生產的脈絡或過程所進行的形式分析，例如訪談情境的形式分析，並不能完全告知研究者任何相關或不相關該等訪談情境的實質內涵，

也就無從得知該等內涵在研究進程中是否獲得適當的處置。

其次，溝通有效性確認 (或謂成員檢核) 時，研究者可能面臨因這些做法是基於以研究對象主體同意與否來作為評鑑的判準；然在諸如遇到研究是有系統地超乎該等主體的各項詮釋觀點時，或是針對不同研究對象主體之獨特觀點而導出的詮釋之情況下，如果希望能夠藉由徵詢個別研究對象主體同意與否的意見，來確認該等詮釋的效度或有效性，似乎有所不當。再者，上述討論的各種型態的效度概念普遍都帶有某種程度的模糊色彩，未必可以解決質性研究實質問題，而僅提供比較偏向於提供批判的觀點，容易遭質疑或挑戰質性研究問題所在。

就一般有關質性研究效度或有效性確認的發展來談，做法上大致上有兩個方面的轉變：一方面，研究者對效度的確認轉向對有效性確認的興趣提高，另一方面，則是由評鑑個別或局部的研究歷程，轉而增進整體研究歷程的透明度。

就運用傳統判準來評鑑質性研究的做法是否合理，Glaser 和 Strauss 提出建議，應該考量各特定類型質性研究取向之資料蒐集、分析與呈現，以及質性分析閱讀者角度等的獨特差異性，從而提出適合個別情形的判斷標準 (1965, p.5)。 基於上述的懷疑觀點，長久以來有不少人試圖發展**方法適切的判準** (Method-appropriate Criteria)，希望藉以取代效度與信度等傳統判準。

在這類「方法適切的判準」的發展與討論當中，尤以**三角校正** (Triangulation) 與**分析歸納** (Analytic Induction) 受到最多的關注與討論 (Flick 著；李正賢等譯，2007)。以下，我們將針對三角校正為主要「判準」討論。

二、三角資料檢測法

三角資料檢測法 (Triangulation) 以合併多種不同方法，來導出「策略整理」的思考，Denzin (1989) 首次將此資料判準方式引至社會科學研究方法中。三角檢測法 (或稱三角資料校正法，簡稱三角校正法) 的實行目的，乃是結合諸多不同取徑的資料校正方式，例如結合各種不同的方法、不同的研究團隊、不同時間與地點之場域，或是處理研究現象之不同觀點等，以減低研究者的偏見，提供資料之驗證。這種思考的假設是，任何一種資料、方法和研究者均有其各自的偏差，唯有納入各種資料、方法和研究者時，才能將所蒐集資料**致中和** (Neutralized) (Jick, 1979)，使所謂偏頗程度減至最輕。但

是由於「多元方法」之科學哲學上的取向,為等求值得信賴的解釋 (Seeking Trustworthiness),而非求證主題之否證 (假設) 原則 (Falsification) (Popper, 1965),故多元方法 (Multimethod) 即使納入量化研究方法亦仍屬「質性研究」範疇 (Brody, 1992)。

採行三角資料檢測法之初,乃是被用來作為核對單一個別方法,所取之多種結果的一種策略,不過,後來研究方法及使用時機與焦點開始發生變化。例如,研究歷程同時佐以文獻探討及深度訪談 (In-depth Interviewing) 時(Lincoln & Guba, 1985),逐漸轉而著重藉由三角校正,以便促使知識更加豐富、完整與更為顯著,同時也希望藉由三角校正,以超越單一且有侷限之個別方法的知識論限制。

近代常舉 Denzin (1989) 所區分出,四種意涵之三角資料檢測法,為使用上的準則,亦即:「資料的三角校正」、「調查人員的三角校正」、「理論的三角校正」以及「方法論的三角校正」等四種方法。Denzin 強調:「對於理論建構而言,方法、調查人員、理論、資料等三角校正,依然是最紮實的策略。」(Denzin, 1989, p. 236) Denzin 所定義出之四種三角資料檢測法,其意義及內容解釋分別陳述如下:

1. **資料的三角校正 (Data Triangulation)**:為針對不同來源的資料之間所做比對後三角校正。資料三角校正實行應包括有不同時間、地點與人物等來源的資料,並且最好能針對不同的日期、地點與人物來進行研究。

2. **調查人員的三角校正 (Investigator Triangulation)**:運用不同的觀察人員或訪談人員,以便測驗研究者的個人偏差,或是將該等個人偏差減到最低的程度。這並不只是純粹的分工,或是把例行性的事項分派給助理人員,而是有系統地比較不同研究者對於研究論題與結果的影響。

3. **理論的三角校正 (Theory Triangulation)**:這種做法的出發點是「在看待和處理資料時,要記得秉持多重的觀點,並且設想多種的假設,……應該將各種不同的觀點予以併置對照,以便評估彼此的效用與功能。」

4. **方法論的三角校正 (Methodological Triangulation)**:其中又提供兩種執行方式:內部單一方法 (Within-method) 的三角校正,例如使用問卷作為方法時,應以若干不同的子量表來測量同一項目的問題;及不同方法之間 (Between-method) 的三角校正,如混合使用問卷與半結構化的訪談兩種不同的方式。

信度與效度

又如 Flick (1992) 建議，應將若干不同質性方法相關聯的理論觀點再進行有系統的三角校正，例如使用深度訪談方式，來進行主觀理論的重建；或是與受訪者實行對話分析，雙方藉由對談方式，取得受訪者對某特定事項或議題的意見並觀察其態度上的變化，例如探討在對學生諮商對話過程中主觀理論是如何運作的，或是討論受訪者對信任感又是如何建立等。就被研究對象主體觀點的定位而言，輔與系統的三角校正更能與使受訪者對現實所產生社會或真實的觀點有所連結。就性質接近程度，有系統的三角資料檢測法比較不像是傳統效度思維導向的檢核研究過程與結果有效性的另一種策略，透過這種另類檢核方式，各種質性方法論的實施過程與結果，不論是在涵蓋範圍、深度與一致性等方面，都能夠獲得有效地提升。

當然，並不是四個三角校正實行型態都可以毫無顧慮的實施。Denzin 本人也認為理論的三角校正法，在實際執行時會有困難，因而並未認真的建議採用。

打從發展開始，攝影就不是個簡單的「東西」。在攝影發展脈絡中可以發現，攝影在各個階段演變程度上是由人文與科技的結合而顯現出時代文化特徵。從最早由純粹記錄工具發展出一種獨特的傳播特性，超越地域與文化，人們愈來愈習慣用影像傳遞訊息，傳統語言的文化傳播逐漸式微。

嘗試利用影像記錄攝影用於探討外籍新娘於台灣的議題上，「攝影」拿來當做「工具」，請所謂「新住民」利用攝影的觀念和她(們)的攝影作品所顯露出來對生命本質的尊重，以及對自我生命價值的執著追求，攝影當然就成為研究台灣文化特異典型的一支資料蒐集與證明了。

此時，除了研究者的觀點及被訪者(外籍新娘)的觀點外，還需要另一個中立之第三者的觀點(如研究助理或研究同儕)，這樣形成一個「三角」關係，經過這種分析資料會使研究的結果比較客觀可信。

上述例題之三角校正實行方式如下：

1. **資料的校正**：研究者將訪談分析結果，配合與受訪者在攝影中所「產生」之相對影像資料，作一個面對面結果分析並在現場加以比對。在訪談過程中，請受訪之「新住民」確認其影像是否與真實之想法一致，並藉由訪談結果與「外籍新娘」之訪談結果對照，檢驗是否具一致性，亦即同時檢驗訪談意義的可信度。

2. **調查人員的校正**：研究者將整理的資料，與研究助理、研究同儕或被研究(觀察)者進行交互核對，儘量使蒐集影像資料和所配合之深度訪談分析結果趨向客觀。
3. **方法論的校正**：研究者使用觀察筆記與訪談兩種方法來探討受試者對台灣文化、「外籍新娘」次現象的想法，使蒐集資料更加可靠。

信度與效度

參考文獻

中文部分

王文中 (1997)。EXCEL 於資料分析與統計學上的應用。台北,博碩文化。

艾彥譯 (Parsons, T. 著)(2005)。〈論社會的各個分支及其相互關係〉,收在艾彥譯 (Parsons, T. 著)(2005)。〈論社會的各個分支及其相互關係〉,收在蘇國勛、劉小楓主編,《二十世紀西方社會理論文選——社會理論的諸理論》,p. 3-41,第 1 版。上海,上海三聯書店。

何偉南 (2008)。〈我國高等回流教育成人學生校園經驗與學習成效關係之研究——以案例大學進修部為例〉。國立台灣師範大學社會教育學系,社會教育與文化行政在職專班碩士論文,未出版,台北。

李正賢、廖志恆、林靜如譯 (Flick, U. 著) (2007)。《質性研究導論》。台北,五南圖書。

林邦傑 (1979)。〈效度的種類及其考驗方法〉。測驗與輔導,第八卷,第三期。

林清山 (1980)。《多變項分析統計法》。台北,東華書局。

林清山 (1992)。《心理與教育統計學》,初版。台北,東華書局。

林震岩編著 (2007)。《多變量分析‧SPSS 的操作與應用》。台北,智勝。

邱皓政 (2000)。《量化研究與統計分析》。台北,五南圖書。

吳裕益 (1981)。〈我國兒童青少年認知的發展及其影響因素之研究〉。國立高雄師範學院碩士論文。

胡幼慧編 (1996)。《質性研究:理論、方法及本土女性研究實例》。台北,巨流圖書。

俞洪亮、蔡義清、莊懿妃 (2007)。《商管研究資料分析 SPSS 的應用》。台北,華泰文化。

馬斌榮編著 (2004)。《SPSS for Window Ver.11.5 在醫學統計中的應用》。北京,科學出版社。

信度與效度

陳英豪、吳裕益 (1998)。《測驗與評量》。高雄，復文圖書出版社。

陳李綢 (2000)。《教育測驗與評量》。台北，五南圖書。

梁月春 (2009)。〈休閒動機、休閒學習障礙、自我效能與活動持久涉入之關係研究——以參加有氧舞蹈課程之女性學員為例〉。國立高雄師範大學成人教育研究所博士論文，未出版，高雄。

張芳全 (2008)。《問卷就是要這樣編》。台北，心理出版社。

黃芳銘 (2004)。《社會科學統計方法學：結構方程式》。台北，五南圖書。

黃芳銘 (2005)。《社會科學統計方法學——結構方程模式》。台北，五南圖書。

黃芳銘、楊世安 (2006)。〈家庭因素對國小學童環境行為影響的模式研究〉。師大學報。51 (1)，159-183。

黃光國、楊國樞等人編 (1978)。《因素分析。社會及行為科學研究法》，第 26 章。台北，東華書局。

黃俊英 (2004)。《多變量分析》，七版。台北，東華書局。

楊孝榮 (1998)。〈復興公園少年犯罪社區處遇之實務〉。社區發展季刊，82，97-110。

劉從葦 (2006)。〈台灣政黨的政策位置：非介入式與介入式測量的比較研究〉，《台灣政治學刊》。10 (2)：3-61。

蘇國勛、劉小楓主編，《二十世紀西方社會理論文選——社會理論的諸理論》，p. 3-41，第 1 版。上海，上海三聯書店。

英文部分

Brody, H. (1992). Philosophic approaches. In: Crabtree, B. F. & Miller, W. L., Doing qualitative research (pp. 174-185). California: Sage Publications, Inc.

Denzin, N. K., (1989), "Interpretive Interactionism", Sage, Newbury Park, CA.

Denzin, N. K., (1989). *The research act: A theoretical introduction to sociological methods*. Englewood Cliffs, NJ: Prentice-Hall.

Denzin, N. K. & Lincoln, Y. S. (Eds.). (1994). *Handbook of qualitative research. Thousand Oaks*, CA: Sage.

Denzin, N. K. & Lincoln, Y. S. (Eds.). (1994). *Handbook of qualitative research. Thousand Oaks*, CA: Sage.

Erickson, F. (1986). Qualitative Methods in Research on Teaching. In Wittrock, M. C. (ED.), *Handbook of Research on Teaching* (3rd ed., pp. 119-161). New York: Macmillan Publishing Company.

Erickson, F. (2001). Culture in Society and in Educational Practice. In Banks & Banks (ED.), *Multicultural Education: Issues and perspectives*, (4th edition, pp. 31-54). New York: John Wiley and Sons, Inc.

Flick, U. (1992). Triangulation revisited: Strategy of validation or alternative? Journal for Theory of Social Behaviour, 22, 175-198.

Flick, U. (1998). An introduction to qualitative research. London: SAGE Publications.

Glaser, B. G. and Strauss, A. L., (1965). Awareness of Dying , Aldine: Chicago.

Hammersley, M. (1990). Reading ethnographic research: A critical guide. London: Longman.

Hammersley, M. (1992). What's wrong with ethnography? London: Routledge.

Jick, T. D., (1979). Mixing qualitative and quantitative methods: triangulation in action. *Administrative Science Quarterly*, 24, 602-611.

Kirk, J. L., Miller, M., (1986) Reliability and Validity in Qualitative Research. Beveerly Hills, CA: Sage.

Kvale, S. (1989). To validate is to question. In S. Kvale (Ed.), Issues of validity in qualitative research (pp. 73-92). Lund: Studentlitteratur.

Kvale, S. (1995). The Social Construction of Validity. *Qualitative Inquiry*, 1 (1), p. 19-40.

Kvale, S. (1996), Interviews: An Introduction to Qualitative Research Interviewing. London: Sage.

Legewie, H. (1994), Qualitative Analysis for Social Scientists. Cambridge: Cambridge University Press.

Lincoln, Y. S., & Guba, E. G. (1985). *Naturalistic inquiry. Newbury Park*, CA: Sage Publications.

Munch. R., (1981), "Talcott Parsons, and the Theory of Action. I: The Structure of the Kantian Core", pp. 06-61 in Talcott Parsons Critical Assessments, edited by Peter Hamilton

Owens, R., (1982). Methodological Rigor in Naturalistic Inquiry: Some Issues and

Answers. Educational Administration Quarterly, Vol. 18, No. 2 (Spring 1982), 1-21.

Parsons, T., (1966). Societies: evolutionary and comparative perspectives, Edited by A. Inkeles. New Jersy: Prentice-hall.

Parsons, T. (1977). Social Systems & the Evolution of Action Theory. N.Y. : Free Press.

Parsons, T., (1982). Talcott Parsons on Institutions & Social Evolution . Chicago : the Univ.of Chicago Press.

Popper, K. R., (1959). The logic of scientific discovery (K. R. Popper, with J. Freed & L. Freed, Trans.). New York: Basic Books. (Original work published 1934).

Popper, K. R., (1965). Conjectures and refutations: The growth of scientific knowledge (2nd. ed.). New York: Basic Books.

Wolcott, H. F., (1990). Writing up qualitative research. Newbury Park, Calif. : Sage Publications.

Wolcott, H. F., (1995). The art of fieldwork. Walnut Creek: Altimira Press.

習題解答

第一章　習題解答

1. (1) 所謂**觀念** (Concept) 與**構念** (Construct) 看似相同，實際上此兩者的差異很大。例如，身高就是一種觀念，這是對於人的身長高度的描述觀念。某學者研究休閒運動，所提出的一個「休閒自由度」，此一觀念不能以一種明確的量器測量出自由度之大小，這是一種構念。

    構念也是一種觀念，只不過構念經常用在於科學的目的，原本這個構念可能無法量化，然而，經過理論架構、詳細地定義之後，經由「操作性定義」，詳細說明如何衡量這個構念。

    「操作性定義」是指，藉由詳細地說明如何衡量構念，以及如何評估該衡量結果所需的運作，以此精神來定義一個構念。對於一位研究者而言，「操作性定義」就是對於研究者所規劃的指導手冊，它說明了以何種方式運作，將會以某種方式呈現。換句話說，如果事先沒有明確的操作性定義，此一研究無法進行運作，也無法得出合理的分析。

    (2) **名目** (Nominal) 尺度衡量，只能用來標示個別的不同。譬如，經常有人用"1"代表男人、以"0"代表女人；以"1"、"2"、"3"表示不同的三個組。這些數字沒有大小的意義，不能用來排序，也不能進行累加。

    順序 (Ordinal) 尺度衡量，只有大小排序的作用，而沒有距離的意義。譬如，$A > B > C$ 只代表此三者之大小順序，並不能說明 A 大於 B 的量是多少，當然順序尺度的相加也沒有太多的用處。

    區間 (Interval) 尺度衡量，可以表示數字大小的排序意義，數字距離的

相等,可表示所衡量的屬性上距離相等。譬如,攝氏溫度計規定冰點為 0 度、沸點為 100 度,由 0 度至 100 度之間,區分成 100 個等間隔的刻度,相同單位的刻度就代表相同數目的水銀膨脹。但是,此種尺度並沒有絕對的零度,因此,並不能說 20 度的熱度是 10 度的兩倍。

比例 (Ratio) 尺度衡量,此種尺度除了具有名目、順序、區間尺度之特性外,還具有絕對零點和自然零點。所謂的絕對零點,是指完全沒有「刻度」或分數,在這種尺度的系統下,"20" 必然是 "10" 的兩倍。

(3) 內部一致性是衡量測驗的各題項與測驗整體一致的程度。常用的方法有:「折半信度」、「Cronbach's α 係數」、「庫-理信度」等。

(4) 複本信度之估計,是以兩個等值但不相同題目之測驗,來測量同一群受測者,然後求出受測者在兩個測驗分數的相關係數,此一相關係數,即可衡量出此兩個測驗,所能測得相同行為之程度。

(5) 再測信度是指,在兩個不同時間使用同一份衡量工具,對同一群人實施測量,第一次與第二次測量分數之相關係數,稱之為再測信度。

2. 不成立。滿意度之量測只是一種相對的概念,此種分數並非比率尺度,因此 4.0 分並不能說是 2.0 分的兩倍。

3. 不合理。因為每個班的評分基準並不相同,有的班可能最高評分為 3 分,則每位老師的評分都不及格;另外,除了評分之外,也應該考量到分數之標準差或變異數之影響。

4. 不合理。理由同習題 3。

5. 再測法。若是再測的時間很近,則受測者可能僅憑記憶就能答出與前次相同的分數。

6. 若是各試題之間的相關係數為正值,則題項愈多,信度應該會提升。

7. 不正確。問卷設計不佳者,其測驗之信度就不好,因此,並不是每一份問卷的信度都一樣。若是各題項間之相關係數有負值之情形,則此份問卷之信度就不高。

8. 折半信度可測試內部一致性,其公式為:

$$r_{xx} = \frac{2r_{hh}}{1+r_{hh}}$$

上式中

r_{xx} = 折半信度係數

r_{hh} = 兩半測驗分數之相關係數

庫-理信度，其公式為：

$$r_{kr20} = \left(\frac{K}{K-1}\right)\left(1 - \frac{\Sigma_{pq}}{V}\right)$$

上式中

K = 整份測驗之題數

Σ_{pq} = 整份測驗中，每題答對與答錯百分比之乘積

V = 測驗總成績之變異數

Cronbach's α，其公式為：

$$\alpha = \frac{k}{k-1}\left(1 - \frac{\Sigma V(X_i)}{V(H)}\right)$$

上式中

k = 該測驗所包含的項目數

$V(X_i)$ = 每一項目分數之變異數

$V(H)$ = 測驗總分之變異數

9. 複本信度，或折半信度，或是庫-理信度，或是 Cronbach's α 信度。

10. 再測信度。人民心態的變動，會隨著時間而變，若是歷經一段時間仍然變動不大，就表示前後的一致性高。

11. 試題的鑑別度可分為**題目效度** (Item Validity) 與**內部一致性** (Internal Consistency) 兩方面之分析。前者在分析受測者在題目上的反應，與在效標上表現之關係，後者在分析個別試題與整體測驗總分間之一致性。

12. 可用再測信度檢測，比較前後兩次測驗分數之相關係數，依此作為信度之考驗。

13. 效度。因為有效度就必然有信度。

14. 衡量總變異可包括以下各種成份：「共同因素變異」、「特定因素變異」以及「誤差變異」，以數學式表之為：

信度與效度

$$SS_t = SS_{co} + SS_{sp} + SS_e \quad \cdots\cdots\cdots\cdots\cdots\cdots\cdots\cdots\cdots\cdots\cdots\cdots (1)$$

上式中，

SS_t ＝ 總變異

SS_{co} ＝ 共同因素變異

SS_{sp} ＝ 特定因素變異

SS_e ＝ 誤差變異

為了能以比例形式表示，將上式皆除以 SS_t，則

$$1 = \frac{SS_{co}}{SS_t} + \frac{SS_{sp}}{SS_t} + \frac{SS_e}{SS_t} \quad \cdots\cdots\cdots\cdots\cdots\cdots\cdots\cdots\cdots (2)$$

以因素分析衡量共同因素之變異，假設有 A、B 兩因素，將 A 的變異與 B 的變異相加，即可得出共同因素之變異：

$$SS_{co} = SS_a + SS_b$$

上式皆除以總變異 SS_t，則

$$\frac{SS_{co}}{SS_t} = \frac{SS_a}{SS_t} + \frac{SS_b}{SS_t} \quad \cdots\cdots\cdots\cdots\cdots\cdots\cdots\cdots\cdots\cdots (3)$$

將 (3) 式代入 (2) 式，則

$$1 = \frac{SS_a}{SS_t} + \frac{SS_b}{SS_t} + \frac{SS_{sp}}{SS_t} + \frac{SS_e}{SS_t} \quad \cdots\cdots\cdots\cdots\cdots\cdots (4)$$

(4) 式中，等式右端前三項之和，以 r_{tt} 表示，這是「信度」部份；而右端的前兩項之和以「h」表之，即共同性，此值即為「效度」。

例如：SS_a、SS_b、SS_{sp} 及 SS_e 之值，各佔總變異之 20%、25%、30%、15%，即表示總變異中，有 85% 是信度變異，其中，因素 A 之貢獻為 20%、因素 B 之貢獻為 25%，另有 30% 是該測驗之所特有的，其他所剩餘的 15% 則是誤差變異；本例之「效度」即為 45%。

另外，以信度與效度在統計上的關係而言，還有以下之說明：

(1) 「信度」與「效度」兩者都是衡量測驗工具之優良程度，此兩者並非相互獨立的。

(2) 具有「信度」不一定具有「效度」。

(3) 一個有「效度」的測驗，通常也是具有「信度」的。

(4) 當測驗之長度增加時，在正相關的情形下，可以增加「信度」，卻不能因此也增加「效度」。

(5) 如果有足夠的題項使「信度係數」加倍，則「效度係數」通常會增加41%。

(6) 通常，「信度係數」是以「效度係數」之極大值作為預估。因此，經常會出現「效度係數」大於「信度係數」之情形，當然，這種情形很難發生。

(7) 大部份的研究者都集中在「效度」上；「信度」的取得大部份是技術上的考量；然而，「效度」並不僅止於技術，它牽涉到科學本身的基本性質，特別是「構念效度」，因為它所關心的是「真實」以及所衡量屬性的性質，更是高度哲學性的。

15. 信度至少要達到 0.65 以上。

16. 真實分數之95% 信賴區間 = [135 − 1.96 × 4, 135 + 1.96 × 4]
    = [127.16, 142.84]

17. 不同時間的複本測驗之係數又稱為「等值穩定係數」，此種測驗可了解內容及時間的差異情形。如果間隔一段時間再測之分數，與前次測驗分數之相關係數很高，就表示該測驗很穩定。

18. 通常 Cronbach's α 是各種信度的最低信度。因此，折半信度之係數值較高。

19. $X = T + E$。

20. 以再測信度可以看出時間上的差異，因此再測信度又稱為穩定信度。

21. 時間是其誤差來源。

22. 折半信度的誤差來源有內容取樣，而複本信度是以間隔一段時間的測驗，其誤差來源有內容取樣及時間取樣之誤差。

23. 在其他條件不變的情況下，「信度」與「標準誤」成反比。

24. 以折半信度而言，其內容取樣誤差為 1 − 0.90 = 0.10；評分者誤差為 1 − 0.95 = 0.05；時間及內容取樣誤差為 1 − 0.85 = 0.15，故知，時間取樣誤差為 0.15 − 0.10 = 0.05。總誤差變異量為 0.10 + 0.05 + 0.05 = 0.20，真實特質變異量所佔之比例為 1 − 0.20 = 0.80。

25.
$$一致性 PA = \frac{A、B 皆及格 + A、B 皆不及格}{總數}$$

$$= \frac{42 + 23}{100}$$

$$= 0.65 \text{ (故知百分比一致性為 0.65)}$$

26. 由前題知 $PA = 0.65$

$$柯恆 K 係數 PC = \left(PA \times \frac{A 及格}{總數}\right) + \left(\frac{B 不及格數}{總數} \times \frac{A 不及格數}{總數}\right)$$

$$= \left(0.65 \times \frac{57}{100}\right) + \left(\frac{38}{100} \times \frac{43}{100}\right)$$

$$= 0.65 \times 0.57 + 0.38 \times 0.43$$

$$= 0.5339$$

27. $r_x = 0.90$，$S_x = 10$

$$SE_{means} = S_x \sqrt{1 - r_x}$$

$$= 10 \cdot \sqrt{1 - 0.90}$$

$$= 3.16$$

真正分數之 95% 信賴區間 = [95 − 1.96 × 3.16, 95 + 1.96 × 3.16]

$$= [88.81, 101.19]$$

28. (1) 信度之意義就是「可靠性」、「可信之程度」，也就是指該項測驗的一致性或穩定性。若是同一個人在同一份測驗上的測驗成績、測驗數次都不會改變結果，這種測驗就是具有高度的「信度」。

(2) 對於同一種測驗以相類似的內容區分成兩種，然後分別對於同一群受試者測試，計算這兩次的測驗成績，並求其相關係數，此即複本信度。此種測試不必擔心受試者的記憶影響，但是編製此種兩份問卷並不容易。

(3) 測量標準誤，在標準的情形下使用相同的測驗問卷，測量同一位受試者許多次，將此多次之平均分數，即可視為受試者的「真實分數」，

而每次測驗之分數與「真實分數」之差額,這些差額之標準差,即稱之為「測量標準誤」。差額分數通常假設滿足常態分配,其標準差又常稱之為「分數的標準誤差」,簡寫為 SE_{means}。

$$SE_{\text{meas}} = S_x \sqrt{1-r_{xx}}$$

式中 S_x = 測量之標準差,

r_{xx} = 測驗之信度係數。

(4) 差異標準誤,對於兩種性質或數據不同單位之兩種測驗,不能直接加以相比,但是若能事先參照相同樣本所建立的「常模」,改變為相同尺度的標準分數,此時才能互相比較。此時以「差異標準誤」作為檢定是否具有顯著之差異,其公式為

$$SE_{\text{diff}} = S \sqrt{2-r_{xx}-r_{yy}}$$

式中 S = 標準分數之標準差

r_{xx}、r_{yy} 分別為 X、Y 測驗之信度係數。

29. 以 EXCEL 統計軟體,對於「題項」及「顧客」作為二因子,以「雙因子變異數分析:無重複試驗」,其 ANOVA 報表如下:

變異	SS	自由度	MS	T.N.R	P-值	臨界值
列	6.5	5	1.3	0.7452	0.601884	2.901295
欄	3.3333	3	1.11	0.6369	0.60276	3.287383
錯誤	26.1667	15	1.7444			
總和	36	23				

則,
$$\alpha = 1 - \frac{MS(錯誤)}{MS(顧客)}$$
$$= 1 - 1.7444 / 1.3$$
$$= -0.3419$$

(* 上式之分母應為 MS(列),本例題刻意將行、列顛倒,目的為了提醒讀者,分母應為「顧客」或「回答問卷者」之變異數,不要弄混。)

信度與效度

此題所得出之 α 信度非常不理想，欲改進信度值，則再以問卷之各題項為準，計算各題項之間的相關係數，其結果如下：

	欄1	欄2	欄3	欄4
欄1	1.0000			
欄2	−0.0692	1.0000		
欄3	−0.5585	−0.5709	1.0000	
欄4	0.0493	0.3239	0.2518	1.0000

由此相關係數矩陣可看出，「欄3」與「欄1」、「欄2」皆為負相關，若無修定此題項之說明可將此題項刪除，再重新評估此問卷之信度值。將 ANOVA 列表如下：

ANOVA						
變源	SS	自由度	MS	F	P-值	臨界值
列	10.2777	5	2.05556	1.3214	0.330008	3.325837
欄	3.1111	2	1.55556	1	0.4128160	4.102816
錯誤	15.5555	10	1.55556			
總和	28.9444	17				

再計算

$$\alpha = 1 - 1.55556 / 2.05556$$
$$= 0.2432$$

雖然 α 值已經有了大幅度之上升，然而信度係數仍然不高，此時「欄2」仍然與「欄1」呈負相關，此時之做法，應該再檢視第2題之內容，並修改與其他題項成同質性題意，若有可能應再增加其他同質性之題項。

30. 若是各題項之間皆為 0 相關，則 $\Sigma V(x_i) = V(H)$，則

$$\alpha = (10/9)(1 - \Sigma V(x_i) / V(H)) = 0$$

31. 當各題項之間為負相關時，有可能使得 $\alpha < 0$，若是任何兩題項之間皆為負相關，必定使得 $\Sigma V(x_i) > V(H)$，則必然使得 $\alpha < 0$。

32. 計算習題29之各行平均數及標準差，如下：

$$X_1 = 3.5, \quad S_1 = 1.2583$$
$$X_3 = 2.8333, \quad S_3 = 1.0672$$
$$X_4 = 3.16667, \quad S_4 = 1.3437$$

將習題 29 各行皆減去平均數再除以標準差之後，所得資料數據如下：

顧客＼題項	1	2	3	4
A	1.9208	0.5222	−0.7808	0.6202
B	−1.1921	−1.5667	2.0302	−0.1240
C	0.3974	−0.5222	−0.7808	−0.8683
D	−0.3974	0.5222	−0.7808	−1.6128
E	−1.1921	1.5667	0.1562	1.3644
F	1.1921	−0.5222	0.1562	0.6202

以「題項」及「顧客」為二因子，其變異數分析結果如下：

ANOVA

變源	SS	自由度	MS	F	P-值	臨界值
列	4.279248	5	0.85585	0.650965	0.665341	2.901295
欄	4.65E−09	3	1.55E−09	1.18E−09	1	3.287383
錯誤	19.72109	15	1.314739			
總和	24.00034	23				

由此計算

$$\alpha = 1 - (1.314739 / 0.85585)$$
$$= -0.536179$$

此結果與習題 29 所計算之值並不相同，此即可驗證，標準化數據後之 α 信度，與未標準化之信度值並不相同。

33. (1) $\Sigma V(x_i) = 2.3 + 3.5 + \cdots + 4.1 = 31.6 > V(H) = 30.5$

因此可知，各題項之間必為負相關之情形，而且，

$$1 - (\Sigma V(x_i) / V(H)) < 0$$

則知 Cronbach's $\alpha < 0$。

(2) 由於題項 3 與題項 1 及題項 7 皆為負相關，刪除題項 3 之後，可使 $V(H)$ 值上升、並使 $\Sigma V(x_i)$ 值下降，因此，必會使 Cronbach's α 值提升。

34. 計算以上 9 位顧客評分之相關係數，如下：

	行1	行2	行3	行4	行5	行6	行7	行8	行9
行1	1								
行2	0.728869	1							
行3	0.771744	0.176471	1						
行4	0.728869	0.852941	0.323529	1					
行5	0.375	0.085749	0.342997	0.514496	1				
行6	0.408248	0.385077	0.140028	0.735147	0.918559	1			
行7	0.838525	0.766965	0.575224	0.958706	0.559017	0.684653	1		
行8	0.534522	0.045835	0.870864	0.045835	0.13363	0.32733	0.298807	1	
行9	0.408248	0.210042	0.490098	0.14003	0.61237	0.66667	0	0.763763	1

發現第 8 位與第 5、6 位之意見呈負相關，又第 9 位顧客與第 4、5 及第 6 位顧客之意見呈負相關，若是沒有特殊原因或理由，可將第 8 及第 9 位之意見刪除，再重新做雙因子變異數分析，其 ANOVA 如下：

ANOVA						
變源	SS	自由度	MS	F	P-值	臨界值
列	19.6	4	4.9	8.647059	0.00018	2.776289
欄	9.542857	6	1.5904	2.806723	0.032584	2.508187
錯誤	13.6	24	0.566667			
總和	42.7428	34				

由 ANOVA 之變異數可知，

$$\alpha = 1 - \frac{MS(錯誤)}{MS(欄)}$$
$$= 1 - 0.566667 / 1.5904$$
$$= 0.6437$$

此時之 α 值已經大於未刪除 8、9 兩題所計算之 α 值。

35. 此句話不一定正確。茲舉例說明：

設有三個題項，四位考生，其意見評分如下：

題項＼考生	1	2	3	4
A	1	3	5	7
B	2	4	6	9
C	2	6	14	19

以「雙因子變異數分析：無重複試驗」，得出 ANOVA 如下：

ANOVA

變源	SS	自由度	MS	F 值	臨界值
列	87.5	2	43.75	5.3389	5.1432
欄	174.33	3	58.1111	7.0915	4.7571
錯誤	49.16	6	8.1944		
總和	311	11			

由此結果可計算內部一致性

$$\alpha = 1 - 8.1944 / 58.111 = 0.8589$$

若是，再增加一個題項，四位考生的評分依序為 25、18、14、6，再以二因子變異數分析，得出 ANOVA 如下：

ANOVA

變源	SS	自由度	MS	F 值	臨界值
列	344.1875	3	114.7292	2.6539	3.8625
欄	23.1875	3	7.7291	0.1788	3.8625
錯誤	389.0625	9	43.2292		
總和	756.4375	15			

計算內部一致性 $\alpha = 1 - 43.2292 / 7.7291 = -4.5918$。由此例證可知，題項愈多，內部一致性不一定會愈高，究其原因可發現，此四個題項之相關係數矩陣為：

	A	B	C	D
A	1.00			
B	0.9944	1.00		
C	0.9923	0.9853	1.00	
D	0.9928	0.9957	0.9732	1.00

最後新增加的題項,與其他個題項之相關係數皆為「負值」,將會使得計算 α 的公式之分母 MS (欄) 變「小」,因而,也使得 α 值變小。

36. 缺乏信度之原因有:

    (1) 題目有瑕疵,受試者看不懂題意。

    (2) 題目太難或太容易,無法區別。

    (3) 題數太多,受試者無法集中全力。

    (4) 類似性的題項,得出的結果沒有顯著差異。

    (5) 受試者的特質、當時的心情,會影響回答的內容。

    (6) 施測工具太簡陋,或是未考慮詳盡,會影響受試者的認真度。

    (7) 計分程序是否合理,將會影響測驗之信度。

37. 增加信度的方法有:

    (1) 題意明確而且清楚。

    (2) 根據受試者的狀態,題項應有適當的難易度。

    (3) 計分程序要有標準化。

    (4) 受試者不在十分勞累或是處在激動情況下,而應處在正常狀態下的施測。

    (5) 題數不宜太多,但也要有足夠的題數。

    (6) 測驗的各題項,都是在測試相同的成果。

    (7) 增加同質性的題項。

38. 進入 SPSS 12.0 系統後,先將習題 29 之資料輸入。

    (1) 按 SPSS 系統之「尺度」、「信度分析」。

    (2) 將所輸入之四個變項資料,移至右邊項目框內。

    (3) 點「統計量」,得出畫面點選「刪除項目後之量尺摘要」。

    (4) 按「繼續」、「確定」,即會出現「信度分析」之視窗,再按「確定」即會得出以下報表:

警 告

使用節省空間的方法。也就是不計算共變異數矩陣,或用於分析中。

觀察值處理摘要

觀察值	有效	6	100.0
	排除[a]	0	.0
	總計	6	100.0

a. 根據程序中的所有變數刪除全部遺漏值。

信度統計量

Cronbach's α 值[a]	項目的個數
−.342	4

a. 此值因項目中的負平均共變異數而成為負值。這違反了信度模式假設。您可能要檢查項目編碼。

項目總和統計量

	項目刪除時的尺度平均數	項目前除時的尺度變異數	修正的項目總相關	項目刪除時的Cronbach's α 值
VAR00001	8.5000	5.100	−.289	.137
VAR00002	9.5000	4.700	−.132	.234[a]
VAR00003	9.1667	6.167	−.402	.243
VAR00004	8.8333	.967	−.714	5.276[a]

a. 此值因項目中的負平均共變異數而成為負值。這違反了信度模式假設。您可能要檢查項目編碼。

由「信度統計量」之列表，可看出 Cronbach's α 為 −0.342，與以 EXCEL (習題 29) 之結果相同。並且由「項目總和統計量」之列表，可看出，若刪除了 VAR00003 之後，Cronbach's α 值為 0.243，亦與習題 34 之結果相同。

39. (1)首先以各次考試成績決定測驗之信度，以「雙因子變異數分析：無重複試驗」，其 ANOVA 如下：

ANOVA

變源	SS	自由度	MS	F	P-值	臨界值
列	1313.72	4	328.43	20.222	8.37E−09	2.633534
欄	6469.62	9	718.8467	44.260	8.19E−17	2.152607
錯誤	584.68	36	16.24111			
總和	8368.02	49				

首先計算出全班之平均分數為 66.14 分，計算信度係數：

$$\alpha = 1 - (16.24111 / 718.8467)$$
$$= 0.9774$$

$$SE_{\text{means}} = S_x \sqrt{1-\alpha} = 13 \times \sqrt{1-0.9774}$$
$$= 1.9543$$

217

則，全班真正分數之 95% 信賴區間
= [66.14 − 1.96 × $\sqrt{1.9543}$, 66.14 + 1.96 × $\sqrt{1.9543}$]
= [63.4, 68.88]

此生成績為 57 分，不在 95％ 之信賴區間之內，亦即可認為此生之成績不合標準，故其成績不及格。

40. Likert 分量表係由 R. Likert 於 1932 年所發展的，由於以 1-5 或 1-7、1-9 分量表評分，很明顯地這些評分是「離散變項」，絕不是連續變項的「常態分配」。因此，要以加總方式來計分，才不致偏離常態太遠，單獨或個別項目，則不宜直接以一般統計檢定之。

41. 正向問題與反向問題之給分方法完全相反，譬如，正向問題的「非常同意」應給 5 分，則反向問題的「非常同意」應給予 1 分。為了取得內部一致性，當問卷完畢之後，研究者記得應將反向問題恢復正常，亦即原來在反向問題所得分為 5 分，此時應修改為 1 分；反之，原來得分為 1 分者，此時應修改為 5 分；其餘依此類推。

42. 一般的內部一致性之檢定，目前學者們多傾向採用 Cronbach's α 檢定，一方面此方法檢定方便 (以 SPSS 或 EXCEL 實施都很方便)。另一方面，以此方法可以很容易看出究竟是哪一題項不合乎內部一致性，以此考慮將不合內部一致性之題項刪除或修改，比較容易實施。

第二章　習題解答

1. 使用常態檢定或是 t 檢定，其先決之條件，各數據資料應滿足常態分配，由於常態分配是屬於連續變量之分配，因此，離散變項基本上不適於以常態或 t 檢定。

   所謂連續變項，譬如，「身高」、「體重」或是「溫度」，這些變項之中，任何兩個數據之間必然可以找到第三個數據；而離散變項中的兩個數據之間，並不一定能找到第三個數據。譬如，「三個人」與「兩個人」屬於離散變項的兩個數據，因為，此兩數據之間不可能再找到第三個數據。

2. 內容效度主要是用在學科考試時，檢測出考題是否分配恰當，至於其他的測驗，若是也需要考量到內容分配是否恰當的情形，也可以使用此種效度檢定。

3. (1) 所謂信度是衡量沒有誤差的程度,也是測量結果的一致性程度,信度是以衡量的變異理論為基礎。

設樣本整體之變異為 SS_o,其中包含了真實變異 SS_t、獨特變異 SS_u 以及誤差變異 SS_E,此四者之關係為 $SS_o = SS_t + SS_u + SS_e$,其中,即可視 $1 - SS_e / SS_o$ 為信度之評估,通常令

$$信度係數 = (SS_t + SS_u) / SS_o = (SS_o - SS_e) / SS_o$$

效度則是指衡量的工具,是否能真正衡量到研究者想要衡量的問題。常見的效度有:內容效度、效標關聯效度、構念效度及學說效度。(學說效度有時被稱為通則化效度,這是基於構念和從理論架構的正式假設而來衡量項目的明確調查。)

(2) 常用的效標之種類可分為以下各種:學業成就以智力測驗為效標;特殊化訓練成績以性向測驗為效標;實際的工作成績以性向測驗為效標;對照團體以性向測驗為效標;精神病之診斷以人格測驗為效標;評定成績以人格測驗為效標;先後有效之測驗以新編測驗為效標。

4. 令測驗之總變異量為 $SS(X_o)$、共同因素變異量為 $SS(X_{co})$、獨特因素變異量為 $SS(X_{sp})$、誤差變異量為 $SS(X_e)$。此四者之關係為:

$$SS(X_o) = SS(X_{co}) + SS(X_{sp}) + SS(X_e)$$

而效度

$$val = SS(X_{co}) / SS(X_o)$$

故知效度是以共同因素變異量佔總變異之比例。

5. 若是以測驗來選擇人員之分配,需要考量到該測驗在預測方面的準確性,因此適合使用預測效度。

6. 因素分析主要的是用以確認心理學上的特質,以共同因素之觀念,確定理論觀念之結構成份。因此可知,因素分析適用於以研究構念效度的適當方法。

7. 以「雙向細目分析表」用來判斷工具之內容效度。

8. 以效度之計算求得以及測驗工具之使用目的而言,效標關聯效度是實用性最高的效度。

9. 效標關聯效度。指測量工具之內容具有預測或估計能力的程度,其有效程度則依據測量結果,與效標的關聯程度而定。通常多用在學科考試或是心

信度與效度

理測驗上,其主要的目的是在分析該項測驗,可以預測到多少研究者想要探究的特質。

效標關聯效度又可區分為三種:

(1) **預測效度** (Prediction Validity)。譬如,以智力測驗之成績,若能很有效地預測出學生的某種數學成績,就可稱智力測驗對於此一數學成績之預測力高,亦即,預測效度高。

(2) **同時效度** (Concurrent Validity)。譬如,使用某種性向測驗問卷,能夠很有效地區分出某一群人的個性是「外向」或是「內向」,則此種性向測驗,就可稱之為具有高度的同時效度。

(3) **事後效度** (Postdiction Validity)。譬如,若有某種測驗,能有效地預測出經過一段時間之後的結果,則此種測驗就是具有高度的事後效度。

10. 估計標準誤 $S_{est} = S_y \sqrt{1-r}$
    $= 8 \times \sqrt{1-0.92}$
    $= 8 \times 0.2828$
    $= 2.9027$

11. 因為估計標準誤 $S_{est} = S_y \sqrt{1-r}$ 由此公式可知,效度愈高,則標準誤愈低。

12. 當效度數為 0 時,估計標準誤就等於效標之標準差,由於估計標準誤是完全隨機性誤差,因此,此時預測估計與胡亂猜測沒有很大差異。

13. 信度係數之平方根是效度係數之上限,亦即其效度係數之上限為 $\sqrt{0.85} = 0.9219$。

14. 雙向細目是編製成就測驗的藍圖,也是考驗成就測驗內容效度的一種工具。

15. 性向測驗之功能在於發現受測者的潛能與專長,用以預測受試者在未來發展的可能性,因此最重視預測效度。

16. 此種效度以內容效度為宜,因為,內容效度是指測驗內容之代表性或取樣的適通性,可以此種測驗用來判定樣本知識領域的程度。

17. 所謂效度就是指「正確性」,是指該一測驗能測量出所欲量測的特質或功能的程度,測驗的效度愈高,就表示使用該測驗方法愈能有效地測量出真正的分數。

(1) 構念效度是指測量分數能以某種心理學理論之構念，用以解釋的程度。因此可知，構念效度是強調以心理學的角度，來說明測驗分數之意義。構念效度可分為「收斂效度」與「區別效度」兩類。

(2) 區別效度是以兩種不同的類別為效標，分別求出測驗分數，計算此兩類分數之相關係數，再以兩類之差作為區別效度，用此效度可以作為選擇此兩類之可能性。以因素分析實施區別效度時，將各變項進行因素分析，若是能有效地符合因素分析的「簡單結構」原則，即表示各變項間具有良好的區別效度。

(3) 收斂效度是指來自相同構念的這些項目，彼此之間的相關性是否夠高，在因素分析中代表相同構念的「因素負荷量」是否夠高？若是「因素負荷量」夠高，則各變項在此一因素下，具有高收斂效度。

(4) 內容效度主要是指測量工具的適切性，其目的在有系統地檢視測驗內容之適切性，檢視測驗之內容是否包括足夠之樣本以及適切的比例分配。通常都是利用雙向細目表，以測驗是否具有內容效度。

內容效度的本質：內容效度是對於測驗內容作系統化地檢驗，以確定測驗內容涵蓋所有欲測量特質的代表性試題。

內容效度的實施方法：
a. 以專家就教學目標，選擇適當內容之試題。
b. 建立主題內容分析表，以確定涵蓋適當之內容及適當比例之試題。

內容效度的目的：
a. 確定測驗包含具有代表性之試題。
b. 確定測驗內容不受不相關變數之影響。
c. 這是發展一份有效問卷的基本要求。

限制：對於所取得行為樣本以外之行為，不可過度推論。

應用：適用於成就測驗及精熟測驗，但不適用於性向測驗及人格測驗。

(5) 表面效度是指該測驗給人的外表觀感，以受試者主觀上的看法，感覺此一測驗是為了測量哪一種特性，亦即，以主觀上的認定，感覺此一測驗有效的程度。當然，此種效度缺乏系統的邏輯分析，並不能代替內容效度。雖然如此，研究者為了取信於受試者，也不可忽視表面效度。

信度與效度

(6) 雙向細目分析表是一種評估的表格。例如，其左方是表示教材的範圍、上方表示教材所欲達成之目標，逐一檢驗每一問題，用以考驗整份測驗之內容效度。

(7) 多項特質－多項方法分析是用來建立區別性效度和收斂性效度的主要方法。例如，數學性測驗分數和學生的數學成績有高度相關，此即收斂性效度；而此測驗分數與理解能力測驗之分數無關，此即區別性效度。

(8) 訪問效度是訪問者能否在訪問的過程中和受訪者建立良好、互信的關係？這是關係於該次訪問有無成效的重要關鍵。

訪問者的專業知識、訪問時的穿著打扮、年齡、性別以及相互應對的態度，對於訪問時的和睦氣氛，都有重要的影響。

訪問之前，如有完善的結構設計，經由訪問過程，就能引發出重要的內容線索，這種訪問的效度就比較大。

(9) 收斂效度主要是測試以一個變項所發展出的多項問題，最後是否會收斂於一個因素中，可經由「主成份分析」實施，若是各變項所萃取的第一個因素之特性，能解釋的變異量高於 60%，即表示具有高度的收斂性。

(10) 內部效度是指測量工具的設計能得出所欲測量之特質的程度。

(11) 外部效度是指該一測驗測量成果「概化」的能力，譬如以「全民英檢」之成績能推論一般英文能力的程度。

(12) 測量效度是指此一測量能夠反應現實現象的程度。譬如，以 1～100 分測量學生程度，或是以「甲」、「乙」、「丙」、「丁」測驗學生程度的能力，以上兩種方法何者最能反映出學生的能力？此即測量效度的功用。

(13) 設計效度指研究設計中，各變數之間的關係，是否能如預期的想像，能夠不受外來變數影響的程度。

(14) 分析效度是指進行資料分析後，所得出的結果能和預期相同的程度。

(15) 推論效度亦即外部效度。

(16) 抽樣效度屬於內容效度的一種，是指量表所包含的項目能夠真正代表母體構念項目的程度。

18. 此題是完全放水之測驗，並不能測出學生的歷史程度。此一測驗的效度近

於零。

此測驗不具高的效度。以外表來看,感到研究者的「玩笑」意味濃厚,因此不具表面效度。再以內容來看,也無法測出受試者對於「歷史」的了解程度,因此,內容效度也不高。

19. 學者柯惠貞 (2005) 曾以 t 檢定比較毒品使用組與未曾使用組之得分差異,以驗證量表之「效度」。亦即,若是 t 檢定具有顯著,即認為此一量表具有顯著之區別效度。

20. 複核效度之檢核目的,是為了再度驗證所編製量表之效度,以不同於量表編製時之受試群,檢驗該量表所能正確量測之程度。複核效度又稱為交叉效度。對於已經建立的效度,再以不同之樣本施測,比較這兩次測驗的結果,以檢定效度的準確性,此種過程稱之為「效度複核」。因此,有些學者即已挑明,並不認為效度複核是一種效度,而只是檢驗效度的一個過程。

21. 測量誤差的來源有兩大類:

(1) 系統性誤差:這類誤差會對測量結果產生一致性固定的影響。只要使用測量工具,就會有系統性誤差,此種誤差不受情境之影響,亦即,不論對於相同或不相同情境的受訪者,都會產生此種誤差 (譬如,測量儀器之偏誤、量表設計之偏差、……)。

測量工具誤差的可能來源:題意混淆 (區別效度不佳)、語意不清 (信度不佳)、編排不良 (外表屬於表面效度不佳,內涵不佳屬於構念效度不佳),測量項目不足,測驗題項未能涵蓋所有所欲測量的內容 (內容效度不佳)。

(2) 隨機性誤差:此類誤差主要來自於受試者的身心狀態 (例如受試者的情緒、動機、心態、……)、環境因素 (例如受訪時的噪音、外人在場、急躁、趕時間、……),以及測驗試題之內容 (例如試題太長、試題內容難以回答、……) 等問題的干擾。

受試者誤差的可能來源:受測者本身特質之不同、受測者當時情緒之好壞,都會導致測試結果的不同。例如,受測者的社經地位、所屬的政黨社群、階級、生理心理因素、……,都是影響測驗結果的因素。

施測者的誤差可能來源有:由於訪談者的語言、解釋、肢體動作、語氣、態度、是否和藹可親、草率等,都會影響測試結果。

22. 為了證明「構念效度」的存在，研究應顯示：
    (1) 測驗分數與理論有關的變項呈高度相關 (即收斂效度)。
    (2) 測驗分數與理論上不相干的變項間，不應有太高的相關 (即區別效度)，同時檢定此兩種效度的方法，可使用多項特質一多項方法。是檢測構念效度之一種方法。例如，某研究者採用兩種測量方法，測量兩種以上特質。其中以「性向量表」和「主管評分」兩種測量方法，測量員工之「依賴性」、「成就感」，評定得分之後，計算此兩種測量方法對於員工的兩種特質評分之相關係數或一致性評分如下：

特質	方法	依賴感 性向量表	依賴感 主管評分	成就感 性向量表	成就感 主管評分
依賴感	性向量表	A (0.76)	B	C	D
依賴感	主管評分	B (0.71)	A (0.75)		
成就感	性向量表	C (0.70)	D (0.62)	A (0.76)	B
成就感	主管評分	D (0.58)	C (0.64)	B (0.68)	A (0.74)

以上之 A、B、C、D 代號，其表示意義為：

A：以相同的方法測量相同之特質 (重測信度)

B：以不同的方法測量相同之特質 (收斂效度)

C：以相同的方法測量不同之特質 (區別效度)

D：以不同的方法測量不同之特質 (區別效度)

代號為 A 之係數，係以內部一致性之 Cronbach's α 表示，其他 B、C、D 之係數，則以相關項目之相關係數表示。

以上各係數之間的關係，應以 $A > B > C > D$ 為宜。

23. 某些效標可能會對於測驗分數產生不正常的影響，這種不正常之影響稱之為「效標汙染」。譬如，某員工的智力測驗成績不高，該員工的主管就會因此而認定此人的工作能力不佳，這就是效標汙染的情形。在實施與效標有關的測驗時，應注意避免發生。

24. 常用的效度檢定方法有：
    (1) 內部凝聚性檢驗。主要在檢定內部測驗之品質，是否能測出相同的心理構念。其方法有：
        a. 以測驗總分為效標，計算各試題與效標間之相關係數，相關係數愈高，即代表內部凝聚程度愈高。

b. 以測驗總分為基準，區分出「高分者」與「低分者」兩個子群，比較這兩個子群在每一題項上的差異，其中呈現顯著差異的題項，有較高的「效度」。

(2) 外在相關係數檢定。此種檢測是為了檢定與其他檢測工具之間的關係，其方法包括有：

a. 符合效度 (Congruent Validity)：首先選擇一個已經具有良好效度的測驗作為效標，然後對於所欲檢測之測驗分數，與此效標得分求其相關係數，此種效度稱為「測驗效度」。

b. 對於所欲檢測的測驗和其他類似之測驗，以相同之樣本去檢覈這兩者之相同情形，若是具有高度相關，就表示這些測驗所測得的是同一個心理構念。

(3) 因素分析。這是檢驗構念效度最常用的方法。因素分析是一種多變量統計方法，分析大量變項間之關係，並要找出其中的共同性。若是產生之分數結構，能符合因素分析的特質結構，即表示該測驗具有良好的「因素效度」。

(4) 收斂效度及區別效度。同時能辨別此兩種效度的方法，可採用 Campbell、Fiske 所提出之多特質多方法 (Multitrait Multimethod Matrix, MTMM)。

(5) 按程度發展之檢驗。譬如，理論上，學歷愈高，所得也應該愈高，若有此種測驗，而其測驗結果能夠符合此一理論，即表示此一測驗具有「效度」。

(6) 以實驗設計所得之效果檢驗。藉由實驗設計中的自變項之操縱，研究者觀察其對依變項之影響效果，若能符合理論，即表示此一測驗具有高的「效度」。

25. 影響效度係數之因素：

(1) 用以建立效度團體之本質：

a. 不同的年齡、職業、性別、教育程度、宗教信仰，縱然使用相同的測驗，其測驗之「效度係數」也可能不相同。

b. 以某測驗使用於特定之群體，用以檢測某一種效標時，其效度高於不是此測驗所欲施測群體之效度。

(2) 樣本之異質性。若測驗之分數其分佈愈廣，則變異數愈大，其相關就

愈高，則施測之信度、效度就愈高。因此，取樣時儘量以變異性高者為樣本。

(3) 事先選擇適合的樣本，可以提高效度。

(4) 不同時間所測驗的效度會不相同，時間愈長，則效度就愈低。

(5) 測驗與效標之關係情形會影響施測之效度，測驗與效標之關係愈密切，施測之效度就愈高。

26. 一般而言，研究者若是使用了「構念結構」，則應該先檢測所假設的「構念」是否合乎理論？亦即先要以因素分析來確定，此處的因素分析，就是先決定了是否具有良好的「構念效度」，接著再作「信度」分析。但是，若研究之內容並未如此複雜，則不必硬性先作效度檢定，由於使用 Cronbach's α 之信度檢定非常方便，很多學者仍是先作信度檢定。

27. 以研究之題目內容而定。最基本的效度檢定可使用「內容效度」，這是請學者專家，就這份問卷的內容檢視，是否具有合理的邏輯性、文字表達是否能讓人接受等。若是研究者所討論的內容，是一些理論的概念問題，而這些概念之形成，在理論上可由一些可觀測的變項所組成，此時就可應用「構念效度」檢測研究者的假設是否合理，「構念效度」之檢測則需透過因素分析來實施。

第三章　習題解答

1. (1) 因素分析是研究測驗中哪些因素是有效的測量因素。

   (2) 透過因素分析可以找出相互獨立的因素。

   (3) 因素分析是為了找出少數幾個因素，來解釋一群相互之間有著某些關係存在的變項。

   (4) 因素分析的「因素」是不能直接觀察到的，而需透過觀察變項的運算，才能得出這些「因素」，每個觀察變項可區分為「共同因素」及「獨特因素」。

   (5) 因素分析是主成份分析的擴展，是針對各觀察變項之間，相關性較高的變項，簡化各變項的數量，使分析後的各「主成份」相互獨立。

   (6) 主成份分析是以「變異數」為主要分析導向，第一個主成份之變異數最大，第二個主成份、第三個主成份之變異，依次遞減；而因素分析

則是以「共變異數」為導向。此兩者都是關注於各變項與其他變項間的相關與結合情形。

(7) 主成份分析是精煉出一些「成份」，以此「成份」能夠解釋原變項之最大變異；而因素分析則是提煉出一些「因素」，以這些「因素」可以解釋原觀察變項間的相關情形。

(8) 每一個主成份都是原觀察變項的線性組合，此點與因素分析並不相同。

(9) 為能解釋得更清楚，通常因素分析都要再作「轉軸」，並且需要達到「最簡矩陣」之要求，而主成份分析則通常不必作轉軸分析。

(10) 若是主成份不滿足「常態分配」，則其原觀察變項亦不會滿足「常態分配」。必要時可用此一方法檢定各數據是否滿足常態分配。

(11) 在迴歸分析時，經常令分析者感到困擾的，是各自變項間的「共線性」問題，若將各觀察變項以主成份表示，則可避免共線性的問題發生，此一特性與因素分析不同。

(12) 不論是主成份分析或因素分析，開始運作時都要求出「共變異矩陣」或是「相關係數矩陣」之「特徵值」及「特徵向量」。(各觀察變項之間的單位不同時，實施主成份分析，宜先作數據標準化，則此時的「共變異矩陣」就變成了「相關係數矩陣」。)

(13) 若是已知各自變項之間「相互獨立」，就不必再實施主成份分析。

2. 令 λ 為特徵值、$\mathbf{X}$ 為特徵向量，則令：

$$\det(\mathbf{S} - \lambda \mathbf{X}) = 0$$

$$\begin{vmatrix} 2-\lambda & 5 \\ 5 & 1-\lambda \end{vmatrix} = \lambda^2 - 3\lambda - 23 = 0$$

則 $\lambda = 6.525$ 或 -3.525，設特徵向量為：

$$\mathbf{X} = \begin{bmatrix} x_1 \\ x_2 \end{bmatrix}$$

$SX = \lambda X$，以及

$$x_1^2 + x_2^2 = 1$$
$$\begin{bmatrix} 2 & 5 \\ 5 & 1 \end{bmatrix} \begin{bmatrix} x_1 \\ x_2 \end{bmatrix} = 6.525 \begin{bmatrix} x_1 \\ x_2 \end{bmatrix}$$

$$x_1^2 + x_2^2 = 1$$
$$\begin{bmatrix} 2 & 5 \\ 5 & 1 \end{bmatrix} \begin{bmatrix} x_1 \\ x_2 \end{bmatrix} = -3.525 \begin{bmatrix} x_1 \\ x_2 \end{bmatrix}$$

當 $\lambda = 6.525$ 時，

$$\begin{bmatrix} x_1 \\ x_2 \end{bmatrix} = \begin{bmatrix} 0.741 \\ 0.671 \end{bmatrix}$$

同理，當 $\lambda = -3.525$ 時，

$$\begin{bmatrix} x_1 \\ x_2 \end{bmatrix} = \begin{bmatrix} -0.671 \\ 0.741 \end{bmatrix}$$

3. 以 EXCEL 按「工具」、「資料分析」、「共變數」，即得出以「共變數」之視窗。

將三組成績標在「輸入範圍」，設定「輸出範圍」，按「確定」，則出現此三組資料之「共變數矩陣」：

	國文	英文	數學
國文	86.49		
英文	91.41	187.29	
數學	135.25	173.85	312.25

為求特徵值及特徵向量，再以 MathCAD 計算。進入 MathCAD 系統，首先定義矩陣 S，按 S 及 ":="，此時，矩陣為 3×3，即按 "OK"，再按順序輸入矩陣 S 之各元素：

$$S := \begin{bmatrix} 86.49 & 91.41 & 135.25 \\ 91.41 & 187.29 & 173.85 \\ 135.25 & 173.85 & 312.25 \end{bmatrix}$$

再定義特徵值：設定 "v:= eigenvals(S)"，再按 "v ="，即會出現：

$$v := \text{eigenvals}(A)$$

$$v = \begin{bmatrix} 21.74 \\ 65.214 \\ 499.076 \end{bmatrix}$$

再定義特徵值：設定 "t:= eigenvals(S)"，即會出現：

$$t := \text{eigenvecs}(S)$$

$$t = \begin{bmatrix} 0.928 & 0.059 & 0.368 \\ -0.158 & -0.831 & 0.533 \\ -0.337 & 0.553 & 0.762 \end{bmatrix}$$

將三種成績之資料標至輸入範圍，以「逐欄」方式，並選定「輸出範圍」，即可得出以下之相關係數矩陣：

$$\boldsymbol{R} = \begin{bmatrix} 1.000 & 0.718 & 0.823 \\ 0.718 & 1.000 & 0.719 \\ 0.823 & 0.719 & 1.000 \end{bmatrix}$$

再以 MathCAD 求得特徵值及特徵向量如下：

$$v = \begin{bmatrix} 0.315 \\ 0.177 \\ 2.508 \end{bmatrix}$$

$$\mathbf{t} = \begin{bmatrix} 0.398 & 0.706 & -0.586 \\ -0.829 & 0.00036 & -0.559 \\ 0.392 & -0.709 & -0.586 \end{bmatrix}$$

以此例題可以看出，以共變異矩陣和以相關係數矩陣，所求得之特徵及特徵向量完全不同。

4. 為求標準化，必須先求出各組數據之平均數及標準差，此時可應用 EXCEL 系統，按「工具」、「資料分析」、「敘述統計」，即可得出「敘述統計」之視窗。

將三科成績標進「輸入範圍」以逐欄方式，按「摘要統計」，尋找一適當之「輸出範圍」，即會得出以下報表：

	欄 1	欄 2	欄 3
平均數	74.9	59.1	58.5
標準誤	3.1	4.561798	5.890199
中間值	78.5	57	63
眾　數	#N/A	#N/A	79
標準差	9.803061	14.42567	18.62644
變異數	96.1	208.1	346.9444
峰　度	−0.43591	−0.15546	−1.28765
偏　態	−0.80843	0.248036	−0.43766
範　圍	29	49	51
最小值	56	36	28
最大值	85	85	79
總　和	749	591	585
個　數	10	10	10

「摘要統計」中，只有「平均數」與「標準差」是標準化所需之數據，此三種成績之平均數及標準差分別為：

$$\overline{X}_1 = 74.9 \text{、} S_1 = 9.803061$$

$$\overline{X}_2 = 59.1 \text{、} S_2 = 14.42567$$

$$\overline{X}_3 = 58.5 \text{、} S_3 = 18.62644$$

此時請注意，以 EXCEL 所計算之標準差，是以「樣本」計算之，而標準化之標準差應以「母體」所計算之標準差。因此，各成績之變異數應先乘以"9"，再除以"10"，再開根號，所得出之三組「母體」標準差各為 9.3、13.68539 以及 17.6706。將三組成績各減去該組平均數，再除以「母體」標準差，得出以下標準化數據：

$$\begin{bmatrix} -1.06452 & -1.68793 & -1.72603 \\ 0.333333 & -0.5188 & -0.76398 \\ -2.03226 & -1.0303 & -1.32989 \\ -0.74194 & 0.431117 & -0.0283 \\ -0.63441 & -0.59187 & -0.59421 \\ 0.978495 & 0.942611 & 0.990346 \\ 0.763441 & 0.86954 & 0.537616 \\ 0.870968 & -0.22652 & 1.160119 \\ 1.086022 & 1.892529 & 0.594207 \\ 0.44086 & -0.08038 & 1.160119 \end{bmatrix} \begin{pmatrix} \text{以 9.3、13.68539、17.6706 作為各} \\ \text{組之標準差，所得之標準化數據} \end{pmatrix}$$

再以 EXCEL 系統，按「工具」、「資料分析」、「共變數」，即會得出如題 3 之視窗。將標準化後之數據輸入，即得出以下「共變異矩陣」：

$$\begin{array}{c c} & \begin{array}{ccc} \text{欄 1} & \text{欄 2} & \text{欄 3} \end{array} \\ \begin{array}{c} \text{欄 1} \\ \text{欄 2} \\ \text{欄 3} \end{array} & \begin{bmatrix} 1.000 & & \\ 0.718213 & 1.000 & \\ 0.823006 & 0.718896 & 1.000 \end{bmatrix} \end{array}$$

此「共變異矩陣」與題 3 之「相關係數矩陣 R」完全相同。

5. 以習題 3 之標準化數據「相關矩陣」，其第一個特徵值及相對應之特徵向量，分別為：

$$\lambda_1 = 2.508 \text{，} \mathbf{V}_1 = \begin{bmatrix} -0.586 \\ -0.559 \\ -0.586 \end{bmatrix}$$

$$\lambda_2 = 0.315 \text{，} \mathbf{V}_2 = \begin{bmatrix} 0.397 \\ -0.829 \\ 0.393 \end{bmatrix}$$

$$\lambda_3 = 0.177 \text{，} \mathbf{V}_3 = \begin{bmatrix} 0.706 \\ 2.468 \times 10^{-3} \\ -0.708 \end{bmatrix}$$

故第一個主成份為

$$y_{1j} = -0.586\,(x_{1j}) - 0.559\,(x_{2j}) - 0.586\,(x_{3j})$$
$$x_{ij},\ i = 1,2,3\ ;\ i = 1,2,\cdots\cdots,10$$

為各組標準化數據。例如，第一位同學成績，其第一主成份分數為：

$$y_{11} = -0.586\times(-1.06452) - 0.559\times(-1.68793) - 0.586\times(-1.72603)$$
$$= 2.5788$$

6. 第一主成份能解釋全體變異之百分比，為

$$\lambda_1 / (\lambda_1 + \lambda_2 + \lambda_3) = 2.508 / (2.508 + 0.315 + 0.177)$$
$$= 0.836$$

7. 各觀察變項與各主成份之相關係數，即構成了「主成份負荷量」，其計算公式為：

$$ry_j x_i = a_{ji}\sqrt{\lambda_j / S_i}$$

a_{ji} = 第 i 個觀察變項與第 j 個主成份之特徵向量元素
λ_j = 第 j 個特徵值
S_i = 第 i 個觀察變項之標準差

當各觀察變項數據皆為標準化時，此時，各 S_i 皆為 "1"。因此，主成份負荷量即等於各特徵項元素乘以該特徵值開根號：

$$\sqrt{\lambda_1} = 1.5837,\ \sqrt{\lambda_2} = 0.5612,\ \sqrt{\lambda_3} = 0.4207$$

以此各乘以特徵向量，則各主成份負荷量如下：由題 4 各特徵向量 V_i，各乘以 $\sqrt{\lambda_i}$，則

$$主成份\,1 = \sqrt{\lambda_1}\,V_1$$
$$主成份\,2 = \sqrt{\lambda_2}\,V_2$$
$$主成份\,3 = \sqrt{\lambda_3}\,V_3$$

	主成份 1	主成份 2	主成份 3
x_1	−0.92803	0.223377	0.297024
x_2	−0.88527	−0.46528	0.000151
x_3	−0.92803	0.220009	−0.29829

因此，以各主成份之線性組合各觀察變項為：

$$x_1 = -0.92803y_1 + 0.223377y_2 + 0.297024y_3$$
$$x_2 = -0.88527y_1 - 0.46528y_2 + 0.000151y_3$$
$$x_3 = -0.92803y_1 + 0.220009y_2 - 0.29829y_3$$

8. 由於特徵向量各元素構成了各主成份之係數，而各特徵向量中，各元素平方和為"1"，本題之前四個係數平方和為"0.434425"，因此可知，第 5 個係數為 $\sqrt{1-0.434425}$，亦即第五個係數為"± 0.752047"。

9. 第一個主成份之「共同性」(第一主成份 y_1，解釋各觀察變項 x_1、x_2、x_3 之變異數比例)。

$$h_1^2 = (-0.92803)^2 = 0.861239$$
$$h_2^2 = (-0.88527)^2 = 0.7837029$$
$$h_3^2 = (-0.92803)^2 = 0.861239$$
$$\Sigma h_i^2 = 0.861239 + 0.7837029 + 0.861239$$
$$= 2.508$$
$$= \lambda_1$$

10. 為了將各觀察變項標準化，首先以 EXCEL 計算出各觀察變項之平均數及標準差。按「工具」、「資料分析」、「敘述統計」，即得出敘述統計報表，取其中的各欄變異數：

$$(S_1')^2 = 12.2889$$
$$(S_2')^2 = 7.9556$$
$$(S_3')^2 = 14.2667$$
$$(S_4')^2 = 15.1221$$

請注意，此處所得之變異數是以「樣本」之變異數，因此，各觀察變項之變異數應皆乘以"9"再除以"10"。即：

$$S_1^2 = 11.06, \quad S_1 = 3.3256$$
$$S_2^2 = 7.16, \quad S_2 = 2.6758$$
$$S_3^2 = 12.84, \quad S_3 = 3.5833$$
$$S_4^2 = 13.6099, \quad S_4 = 3.6892$$

信度與效度

以標準化後之各變項相關係數矩陣，以 MathCAD 計算其特徵值及特徵向量如下：

$$\lambda_1 = 2.265，\lambda_2 = 1.327，\lambda_3 = 0.306，\lambda_4 = 0.103$$

相對應之特徵向量為：

$$\mathbf{A} = \begin{bmatrix} -0.458 & -0.54 & 0.657 & -0.259 \\ -0.519 & -0.455 & -0.549 & 0.471 \\ -0.567 & 0.383 & -0.336 & -0.647 \\ -0.447 & 0.596 & 0.392 & 0.54 \end{bmatrix}$$

$$\sqrt{\lambda_1} = 1.504659，\sqrt{\lambda_2} = 1.151955，\sqrt{\lambda_3} = 0.553173，\sqrt{\lambda_4} = 0.319374$$

計算「主成份」：為求主成份，應先將各觀察變項「標準化」，亦即，各觀察數據減去該變項之「平均數」，再除以該變項之「標準差」，即得出標準化後之觀察變項：

0.768025	0.074744	−0.16744	−1.274
0.288009	−0.29897	0.948847	1.165573
0.288009	0.822179	−0.72559	−1.274
0.048002	1.569614	2.065139	1.436636
−0.432014	−1.42013	−0.44652	0.623446
−1.392045	−1.04641	0.390702	0.081319
−0.672022	−0.67269	−1.00466	−0.18974
1.008032	0.822179	−1.00466	−1.00293
1.728055	1.195896	0.948847	1.165573
−1.632052	−1.04641	−1.00466	−0.73187

對於已「標準化」觀察變項，將其乘以「特徵向量」，即可得出「主成份」為：

$$y_1 = -0.458x_1 - 0.519x_2 - 0.567x_3 - 0.447x_4$$
$$y_2 = -0.54x_1 - 0.455x_2 + 0.383x_3 + 0.596x_4$$
$$y_3 = 0.657x_1 - 0.549x_2 - 0.336x_3 + 0.392x_4$$
$$y_4 = -0.259x_1 + 0.471x_2 - 0.647x_3 + 0.54x_4$$

令 $f_i = y_i / \sqrt{\lambda_i}$，$i = 1, \cdots, 4$，即，

$f_1 = y_1 / 1.504659 \quad f_2 = y_2 / 1.151955 \quad f_3 = y_3 / 0.553173 \quad f_4 = y_4 / 0.319374$

$y_1 = 1.504659 f_1 \quad y_2 = 1.151955 f_2 \quad y_3 = 0.553173 f_3 \quad y_4 = 0.319374 f_4$

$f_1 = (-0.458 / 1.504659)x_1 + (-0.519 / 1.504659)x_2 + (-0.567 / 1.50659)x_3$
$\quad + (-0.447 / 1.504659)x_4$
$\quad = -0.3044 x_1 - 0.3449 x_2 - 0.3768 x_3 - 0.2971 x_4$

$f_2 = -0.4688 x_1 - 0.39498 x_2 + 0.3325 x_3 + 0.5174 x_4$

$f_3 = 1.1877 x_1 - 0.9925 x_2 - 0.6074 x_3 + 0.7086 x_4$

$f_4 = -0.8109 x_1 + 1.4748 x_2 - 2.0258 x_3 + 1.6908 x_4$

$$\begin{bmatrix} x_1 \\ x_2 \\ x_3 \\ x_4 \end{bmatrix} = \begin{bmatrix} -0.3044 & -0.3449 & -0.3768 & -0.2971 \\ -0.4688 & -0.3949 & 0.3325 & 0.5174 \\ 1.1877 & -0.9925 & -0.6074 & 0.7086 \\ -0.8109 & 1.4748 & -2.0258 & 1.6908 \end{bmatrix}^{-1} \begin{bmatrix} f_1 \\ f_2 \\ f_3 \\ f_4 \end{bmatrix}$$

$$= \begin{bmatrix} -0.688 & -0.622 & 0.363 & -0.083 \\ -0.781 & -0.524 & -0.304 & 0.15 \\ -0.853 & 0.441 & -0.186 & -0.207 \\ -0.671 & 0.686 & 0.217 & 0.173 \end{bmatrix} \begin{bmatrix} f_1 \\ f_2 \\ f_3 \\ f_4 \end{bmatrix}$$

若只取到第二個特徵值，則取兩個「共同因素」f_1 及 f_2，則：

$$x_1 = -0.688 f_1 - 0.622 f_2 + \varepsilon_1$$
$$x_2 = -0.781 f_1 - 0.524 f_2 + \varepsilon_2$$
$$x_3 = -0.853 f_1 + 0.441 f_2 + \varepsilon_3$$
$$x_4 = -0.671 f_1 + 0.686 f_2 + \varepsilon_4$$

計算各 x_i 之「共同性」：

x_1 之共同性　$h_1^2 = (-0.688)^2 + (-0.622)^2 = 0.8575$

x_2 之共同性　$h_2^2 = (-0.781)^2 + (-0.524)^2 = 0.8845$

x_3 之共同性　$h_3^2 = (-0.853)^2 + (0.441)^2 = 0.9221$

x_4 之共同性　$h_4^2 = (-0.671)^2 + (0.686)^2 = 0.9208$

$$h_1^2 + h_2^2 + h_3^2 + h_4^2 = 0.8575 + 0.8845 + 0.9221 + 0.9208$$
$$= 3.5849 \sim \lambda_1 + \lambda_2$$
$$= 3.592$$

特徵值大於"1"的只有兩個,因此只取前兩個因素。計算其「成份矩陣」如下:

$$A = \begin{bmatrix} \sqrt{\lambda_1} & 0 \\ 0 & \sqrt{\lambda_2} \\ 0 & 0 \\ 0 & 0 \end{bmatrix} = \begin{bmatrix} -0.689134 & -0.62206 \\ -0.780918 & -0.52414 \\ -0.853142 & 0.441199 \\ -0.672583 & 0.686565 \end{bmatrix}$$

此一計算結果,與使用 SPSS 所計算之「主成份矩陣」,矩陣內之元素,稱之為「主成份負荷量」,除正負號相反之外,結果相同。

以 SPSS 之分析,首先將數據資料建立檔案,進入 SPSS 系統,然後按「分析」、「因子」,即會出現「因子分析」之視窗,將各變項移至右邊的「變項 (V)」後再點選「萃取」,即會出現「因子分析:萃取」之視窗。

以「主成份」方法,再點選「繼續」,以「最大變異」,點選「確定」,即會得出以下報表:

因子分析

相關矩陣		VAR00001	VAR00002	VAR00003	VAR00004
相關	VAR00001	1.000	0.741	0.263	0.100
	VAR00002	0.741	1.000	0.461	0.126
	VAR00003	0.263	0.461	1.000	0.800
	VAR00004	0.100	0.126	0.800	1.000

相關矩陣轉換	VAR00001	VAR00002	VAR00003	VAR00004
VAR00001	2.382	−2.086	0.883	−.684
VAR00002	−2.086	3.433	−2.384	1.686
VAR00003	0.883	−2.384	4.724	−3.570
VAR00004	−0.684	1.686	−3.570	3.714

習題解答

KMO 與 Bartlett 檢定		
Kaiser-Meyer-Olkin 取樣適切性量數。		0.434
Bartlett 球形檢定	近似卡方分配	16.159
	自由度	6
	顯著性	0.013

共同性		
	初　始	萃　取
VAR00001	1.000	0.861
VAR00002	1.000	0.885
VAR00003	1.000	0.923
VAR00004	1.000	0.923

萃取法：主成份分析。

解說總變異量						
成份	初始特徵值			平方和負荷量萃取		
	總和	變異數的%	累積%	總和	變異數的%	累積%
1	2.264	56.609	56.609	2.264	56.609	56.609
2	1.327	33.185	89.794	1.327	33.185	89.794
3	0.306	7.653	97.447			
4	0.102	2.553	100.000			

萃取法：主成份分析。

解說總變異量			
成　份	轉軸平方和負荷量		
	總　和	變異數的%	累積%
1	1.800	44.995	44.995
2	1.792	44.799	89.794
3			
4			

萃取法：主成份分析。

成份矩陣[a]		
	成　份	
	1	2
VAR00001	0.688	0.622
VAR00002	0.781	0.524
VAR00003	0.853	−0.441
VAR00004	0.672	−0.686

萃取方法：主成份分析。

a. 萃取了 2 個成份。

信度與效度

轉軸後的成份矩陣[a]

	成　份	
	1	2
VAR00001	0.051	0.927
VAR00002	0.186	0.922
VAR00003	0.916	0.288
VAR00004	0.961	−0.014

萃取方法：主成份分析。
旋轉方法：含 Kaiser 常態化的 Varimax 法。
a. 轉軸收斂於 3 個疊代。

成份轉軸矩陣

成　份	變異數的%	累積%
1	0.710	0.704
2	−0.704	0.710

萃取法：主成份分析。
旋轉方法：含 Kaiser 常態化的 Varimax 法。

轉軸後空間中的成份圖

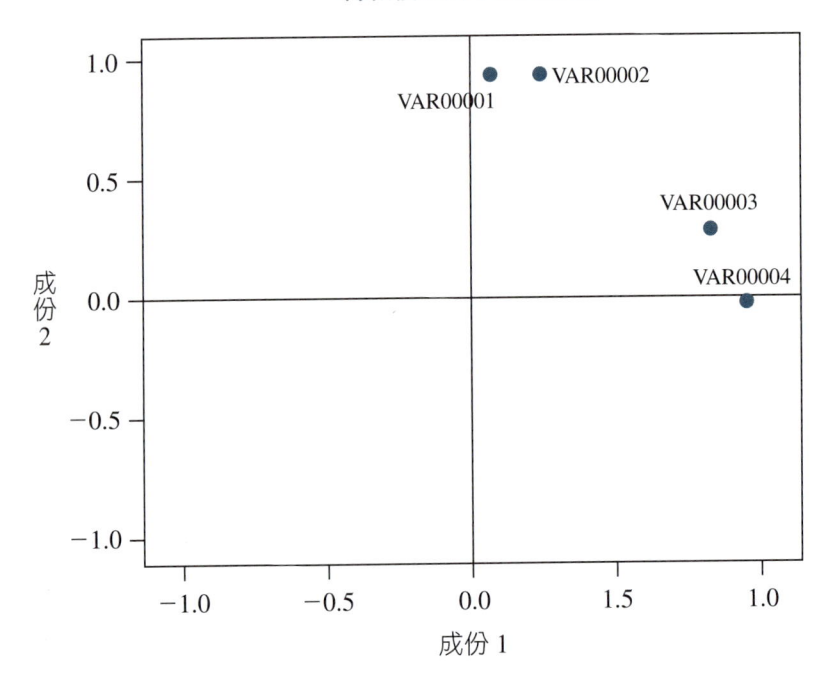

轉軸後的成份矩陣		
	成份	
	1	2
VAR00001	−0.114	0.547
VAR00002	−0.033	0.523
VAR00003	0.501	0.030
VAR00004	0.575	−0.158

萃取方法：主成份分析。
旋轉方法：含 Kaiser 常態化的 Varimax 法。

成份分數共變數矩陣		
成份	1	2
1	1.000	0.000
2	0.000	1.000

萃取法：主成份分析。
旋轉方法：含 Kaiser 常態化的 Varimax 法。

報表中的 KMO 與 Bartlett 檢定，其中 KMO = 0.434 < 1.0、顯著性 = 0.013 < 0.05，故知本例之資料適合作「因素分析」。

在「共同性」的萃取欄，可看出變項 3 及變項 4 之解釋能力最好 (各解釋了 92.3% 的變異性)。

解說總變異量之報表中，可看出第一個因素解釋全部資料 56.609% 變異量 (特徵值 = 2.264)，第二個因素解釋全體變異之 33.185% (特徵值 = 1.3278)，此二個因素一共可解釋全體變異之 89.794%，而且也是前兩個特徵值大於 "1"，因此，本例選定以兩個因素之模型。

「成份矩陣」是未旋轉前之「因素負荷量」，此時「變數」與「因素」之間的關係尚不明確，因此，按照「成份轉換矩陣」轉軸，亦即將「成份矩陣」乘以「成份轉換矩陣」，即可得出「轉軸後的成份矩陣」。

由「轉軸後空間中的成份圖」可看出，變項 1 與變項 2 與因素 1 有關，變項 3 與變項 4 與因素 2 有關。

由「成份分數共變數矩陣」，兩成份 (因素) 之間的共變異數為 "0"，可知此二因素為統計獨立。

11. 以 SPSS 12.0 之因子分析執行步驟如下：

(1) 在 SPSS 12.0 系統中，點選「分析」、「資料縮減」、「因子」，即會出現「因子分析」視窗。

信度與效度

(2) 將 VAR00001－VAR00006 移至視窗右端「變數 (V)」框內。
(3) 選視窗內的「描述性統計」：再點選「單變量描述性統計」及「KMO 與 Bartlett 的球形檢定」，按「繼續」。
(4) 選「萃取」。在「方法」框內，選「主軸因子」及「未旋轉因子解」、「陡坡圖」，按「繼續」。
(5) 選「轉軸法」。點選「最大變異法」、「旋轉後的解」及「因子負荷圖」，按「繼續」。
(6) 選「分數」。點選「因素儲存成變數」、「顯示因素分數係數矩陣」，按「繼續」。
(7) 選「選項」。按「依據因素負荷排序」。
(8) 按「確定」，即會出現以下畫面：

因子分析

敘述統計			
	平均數	標準差	分析個數
VAR00001	3.1820	0.59127	30
VAR00002	3.8417	0.96990	30
VAR00003	3.4563	1.00675	30
VAR00004	3.8967	0.93758	30
VAR00005	4.0947	0.79143	30
VAR00006	4.0510	0.83995	30

KMO 與 Bartlett 檢定[a]		
Kaiser-Meyer-Olkin 取樣適切性量數		0.790
Bartlett 球形檢定	近似卡方分配	105.519
	自由度	15
	顯著性	0.000

a. 以相關為準

共同性				
	原　始		重新量尺化	
	初　始	萃　取	初　始	萃　取
VAR00001	0.101	0.344	0.288	0.984
VAR00002	0.648	0.759	0.689	0.807
VAR00003	0.562	0.641	0.555	0.633
VAR00004	0.559	0.677	0.636	0.770
VAR00005	0.230	0.357	0.367	0.570
VAR00006	0.176	0.266	0.249	0.378

萃取法：主軸因子萃取法。

解說總變異量				
		初始特徵值[a]		
	因　子	總　和	變異數的%	累積%
原　始	1	2.851	63.150	63.150
	2	0.758	16.787	79.936
	3	0.362	8.009	87.946
	4	0.308	6.820	94.766
	5	0.185	4.089	98.855
	6	0.052	1.145	100.000
重新量尺化	1	2.851	63.150	63.150
	2	0.758	16.787	79.936
	3	0.362	8.009	87.946
	4	0.308	6.820	94.766
	5	0.185	4.089	98.855
	6	0.052	1.145	100.000

萃取法：主軸因子萃取法。

信度與效度

解說總變異量

因子		平方和負荷量萃取 總和	變異數的%	累積%	轉軸平方和負荷量 總和	變異數的%	累積%
原始	1	2.615	57.927	57.927	1.847	40.914	40.914
	2	0.430	9.517	67.443	1.198	26.529	67.443
	3						
	4						
	5						
	6						
重新量尺化	1	3.488	58.128	58.128	2.123	35.387	35.387
	2	0.654	10.898	69.026	2.018	33.639	69.026
	3						
	4						
	5						
	6						

萃取法：主軸因子萃取法。
a. 分析共變數矩陣時，原始和重新計算的解擁有相同的初始特徵值。

因素陡坡圖

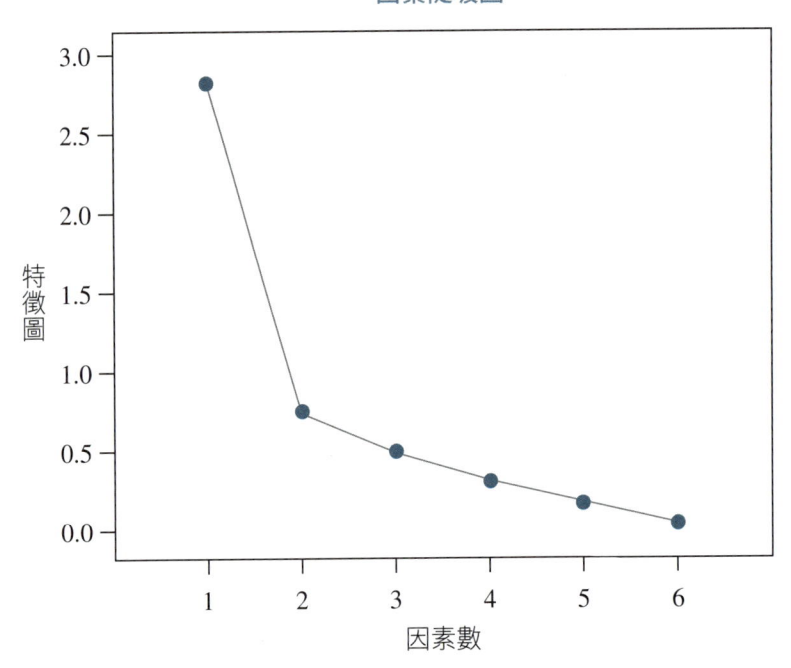

習題解答

<table>
<tr><th colspan="5">因子矩陣^a</th></tr>
<tr><th></th><th colspan="2">原　始</th><th colspan="2">重新量尺化</th></tr>
<tr><th></th><th colspan="2">因　子</th><th colspan="2">因　子</th></tr>
<tr><th></th><th>1</th><th>2</th><th>1</th><th>2</th></tr>
<tr><td>VAR00001</td><td>0.533</td><td>0.244</td><td>0.902</td><td>0.413</td></tr>
<tr><td>VAR00004</td><td>0.823</td><td>−0.14</td><td>0.877</td><td>−0.014</td></tr>
<tr><td>VAR00002</td><td>0.846</td><td>−0.210</td><td>0.872</td><td>−0.217</td></tr>
<tr><td>VAR00003</td><td>0.732</td><td>−0.325</td><td>0.727</td><td>−0.323</td></tr>
<tr><td>VAR00005</td><td>0.495</td><td>0.335</td><td>0.625</td><td>0.423</td></tr>
<tr><td>VAR00006</td><td>0.398</td><td>0.329</td><td>0.473</td><td>0.392</td></tr>
</table>

萃取法：主軸因子。

a. 萃取了 2 個因子。需要 7 個疊代。

<table>
<tr><th colspan="5">轉軸後的因子矩陣^a</th></tr>
<tr><th></th><th colspan="2">原　始</th><th colspan="2">重新量尺化</th></tr>
<tr><th></th><th colspan="2">因　子</th><th colspan="2">因　子</th></tr>
<tr><th></th><th>1</th><th>2</th><th>1</th><th>2</th></tr>
<tr><td>VAR00002</td><td>0.806</td><td>0.332</td><td>0.831</td><td>0.342</td></tr>
<tr><td>VAR00003</td><td>0.782</td><td>0.172</td><td>0.777</td><td>0.171</td></tr>
<tr><td>VAR00004</td><td>0.670</td><td>0.477</td><td>0.715</td><td>0.509</td></tr>
<tr><td>VAR00001</td><td>0.285</td><td>0.513</td><td>0.482</td><td>0.867</td></tr>
<tr><td>VAR00005</td><td>0.200</td><td>0.563</td><td>0.253</td><td>0.711</td></tr>
<tr><td>VAR00006</td><td>0.125</td><td>0.501</td><td>0.149</td><td>0.596</td></tr>
</table>

萃取法：主軸因子。

旋轉方法：含 Kaiser 常態化的 Varimax 法。

a. 轉軸收斂於 3 個疊代。

<table>
<tr><th colspan="3">因子轉換矩陣</th></tr>
<tr><th>因　子</th><th>1</th><th>2</th></tr>
<tr><td>1</td><td>0.805</td><td>0.593</td></tr>
<tr><td>2</td><td>−0.593</td><td>0.805</td></tr>
</table>

萃取方法：主軸因子。

旋轉方法：含 Kaiser 常態化的 Varimax 法。

a. 敘述統計是說明各觀察變數之「平均數」、「標準差」及「分析個數」。

b. KMO 與 Bartlett 檢定：其中 KMO = 0.790 接近於 "1"；Bartlett 之近似卡方值 = 105.519 (顯著性 = 0.000 < 0.05)，故知，此組資料適合因素分析。

c. 共同性：在萃取欄可看出，VAR2 之共同性為 0.759，此變數之解釋力最大，能有 75.9% 的變異解釋力，解釋力最差的變數為 VAR00001，只能有 34.4% 的變異解釋力。

d. 解說總變異量：第一個因子解釋資料中 63.15% 變異量 (特徵值 = 2.815 > 1)，第二個因子解釋了 16.787% 變異量 (特徵值 = 0.758 < 1)，因此，若以 "1" 為臨界值，則只應取一個因子，但為了說明，本題特取 2 個因子。

e. 由因素陡坡圖可看出，第一個特徵值至第二個特徵值為急速下降，而自第二個至第三個特徵值以後，其下降速度趨緩，因此也應只取一個因子即可。

f. 因子矩陣是未旋轉前的「因素負荷量」，此時尚無法明顯看出觀察變項與因素之間的關係。

g. 旋轉後的因子矩陣，可看出變數 2、3、4 與因子 1 有關，而變數 1、5、6 與因子 2 有關。

h. 因子旋轉矩陣是「因子矩陣」乘以「因子轉換矩陣」，即會得出「旋轉後的因子矩陣」。此時請注意，因子矩陣中，各變數之次序因為設定時以「按大小順序排列」，其次序為 VAR00001、VAR00004、VAR00002、VAR00003、VAR00005、VAR00006，為能得出轉軸後之因子矩陣，本題將因子矩陣個變項之次序，按 VAR00002、VAR00003、VAR00004、VAR00001、VAR00005、VAR00006 重新排列，再乘以「因子轉換矩陣」得出：

$$\begin{bmatrix} 0.846 & -0.210 \\ 0.732 & -0.325 \\ 0.823 & -0.014 \\ 0.533 & 0.244 \\ 0.495 & 0.335 \\ 0.398 & 0.329 \end{bmatrix} \begin{bmatrix} 0.805 & 0.593 \\ -0.593 & 0.805 \end{bmatrix} = \begin{bmatrix} 0.806 & 0.332 \\ 0.782 & 0.172 \\ 0.670 & 0.477 \\ 0.285 & 0.513 \\ 0.200 & 0.563 \\ 0.125 & 0.501 \end{bmatrix}$$

12. 此結構中，共有 7 個觀察變項、7 個誤差變項變異數估計，以及 5 個觀察變項與潛在變項之係數估計、1 個潛在變項與潛在變項間之關係估計，合計 $k = 7$，$t = 7 + 5 + 1 = 13$，故：

$$df = (7 \times 8) / 2 - 13 = 15$$

索 引

Likert 量表 (Likert Scales)　42

一 劃

一致性 (Consistency)　1
一致性係數 (Coefficient of Internal Consistency)　18

三 劃

三角校正 (Triangulation)　194, 196
三角資料檢測法 (Triangulation)　196

四 劃

不同方法之間 (Between-method)　197
互評信度 (Scorer Reliability)　31
內因變項 (Endogenous Variables)　168
內容 (Content)　67
內容效度 (Content Validity)　66
內部單一方法 (Within-method)　197
內部一致性 (Internal Consistency)　207
分析歸納 (Analytic Induction)　196
方法論的三角校正 (Methodological Triangulation)　197
方法適切的判準 (Method-appropriate Criteria)　196

五 劃

比率尺度 (Ratio Scale)　37
代表性 (Representativeness)　66
可信靠度 (Dependability)　194
可信賴性 (Reliability)　84
可證實 (Confirmability)　194
古特曼最強下限 (Gutman's strongest low-bound)　141
外因變項 (Exogenous Variables)　168
平均變異抽取量 (Average Variance Extracted, AVE)　176, 177
本質 (Substance)　67
正交轉軸 (Orthogonal Rotation)　147
正規化最大變異法 (Normalized Varimax Rotation)　147

六 劃

先前有效的測驗 (Previously Available Tests)　86
共同因素負荷量 (Common Factor Loadings)　132
共同因素變量 (Common Factor Variate)　119
共同性 (Communality)　112, 122, 132
共同性指數 (Communality)　162
共變異數 (Covariance)　119

信度與效度

再測信度 (Test-retest Reliability)　14
同時效度 (Concurrent Validity)　84, 220
同儕簡報 (Peer Debriefing)　194
名目尺度 (Nominal Scale)　37
合成效度 (hetic ValiSyntdity)　84
因素分析 (Factor Analysis)　117
因素負荷量 (Factor Loading)　99
因素效度 (Factorial Validity)　96, 117
多元方法 (Multimethod)　197
多特質多方法 (Multitrait Multimethod Matrix, KTMM)　225
成員檢核 (Member Check)　194
收斂效度 (Convergent Validity)　117
有效性宣稱 (Claims for Validity)　194

七　劃

判定係數 (Determinante Coefficients)　138
判準 (Criteria)　194
否證 (假設) 原則 (Falsification)　197
折半信度 (Split-half Reliability)　18

八　劃

取樣適切量數 (KMO, Kaiser-Meyer-Olkin Measure of Sampling Adequacy)　161
抽樣效度 (Sampling Validity)　69
表面效度 (Face Validity)　67, 69
長期的投入 (Prolonged Engagement)　194
非奇異矩陣 (Non-singular Matrix)　168
非策略溝通的條件 (Conditions of Non-strategic Communication)　195
事後效度 (Postdiction Validity)　220

九　劃

信度 (Reliability)　1
信實度 (Credibility)　194
俗民誌 (Ethnography)　195
持續性的觀察 (Persistent Observation)　194
相關係數 (Correlation Coefficient)　86
致中和 (Neutralized)　196
負荷係數 (Factor Loading)　131

十　劃

真正分數 (True Score)　6
值得信任度 (Trustworthiness)　194
差異標準誤 (Standard Error of Difference)　34
庫-理信度 (Kuder-Richardson Reliability)　21
效度 (Validity)　64
效標汙染 (Criterion Contamination)　115
效標關聯效度 (Criterion-related Validity)　66, 83
特別變異數 (Specific Variance)　131
特殊化的訓練成績 (Performance in Specialized Training)　85
特徵值 (Eigen Values)　94
特徵向量 (Eigenvectors)　94

十一劃

區別效度 (Differential Validity)　84, 97, 117
區間尺度 (Interval Scale)　37
巢套比較 (Nested Comparison)　97
斜交轉軸法 (Oblique Rotation)　157
深度訪談 (In-depth Interviewing)　197
淨相關係數 (Partial Correlation)　161

理論的三角校正 (Theory Triangulation)　197
理論模式 (Theoretical Model)　169
統計效度 (Statistical Validity)　83
組成信度 (Composie Reliability, CR)　102
訪問效度 (Interview Validity)　69
符合效度 (Congruent Validity)　225

十二劃

最大變異法 (Varimax Rotation)　147, 152
測量尺度 (Measurement Scale)　37
測量誤差 (Measurement Error)　131
測量誤差 (Error of Measurement)　6
測量標準誤 (Standard Error of Measurement)　33
測量模式 (Measurement Model)　168
無扭曲性 (Lack of Distortion)　2
等求值得信賴的解釋 (Seeking Trustworthiness)　197
等值係數 (Coefficient of Equivalence)　16
結構方程式 (Structure Equation Modeling, SEM)　167
結構模式 (Structure Equation Model)　168
評定成績 (Ratings)　86
順序尺度 (Ordinal Scale)　37

十三劃

資料的三角校正 (Data Triangulation)　197
資料結構 (Structure Equition Method, SEM)　97
違反估計值 (Offending Estimates)　173
預測效度 (Predictive Validity)　83, 220

十四劃

實用性 (Availability)　85
實際工作的成就 (Actual Job Performance)　85
實徵效度 (Empirical Validity)　83
實測分數 (Obtained Score)　6
構念 (Construct)　90, 205
構念信度 (Construct Reliability)　175, 176
構念效度 (Construct Validity)　66, 90
精準性 (Precision)　2
誤差變異數 (Error Variance)　131

十五劃

標準化變數 (Stadardized Variables)　153
模式內在結構適合度 (Fit of Internal Structure of Model)　173
潛在自變項 (Latent Independent Variables)　168
潛在依變項 (Latent Dependent Variables)　168
複本信度 (Alternate Forms Reliability)　16
複核效度 (Cross-Validation)　115
課程效度 (Curriculum Validity)　66
調查人員的三角校正 (Investigator Triangulation)　197
適切性 (Relevance)　85
適切性 (Sampling Adequacy)　66
適合標準 (Preliminary Fit Criteria)　173
遷移應用性 (Transferability)　194

十六劃以上

學業成就效標 (Academic Achievement)　85
整體模式適合度 (Overall Model Fit)　173

獨具變量 (Unique Variate)　119
獨特性變異量 (Unique Variance)　131
避免效標混淆性 (Criterion Contamination)　85
簡單結構 (Simple Structure)　147
簡單結構原則 (Rules of Simple Structure)　95
轉軸問題 (Rotation Problem)　146

穩定性 (Stability)　1
變異數抽取量 (Variance Extracted, VE)　97
邏輯效度 (Logical Validity)　66, 69
驗證性因素分析 (Confirmatory Factor Analysis, CFA)　167
題目效度 (Item Validity)　207